UFO DI DIO

UFO DI DIO

La Straordinaria Storia Vera di Chris Bledsoe

Un viaggio spirituale attraverso tempo mancante,
nuvole di fuoco, guarigioni, e trasformazione.

CHRIS BLEDSOE

Copertina: David Broadwell
Impaginazione: Creative Publishing Book Design
Traduzione italiana: Adriana Galimberti

ISBN Paperback: 979-8-9865711-5-7
ISBN Hardcover: 979-8-9865711-6-4
ISBN eBook: 979-8-9865711-7-1

Alla mia famiglia

PREFAZIONE

Jim Semivan,
Ex CIA, Direzione delle
Operazioni Clandestine

Se c'è una verità generalmente accettata nello studio degli UFO e del fenomeno è che l'intero soggetto è straordinariamente complesso e forse, in definitiva, insolubile. Questa situazione può cambiare, naturalmente, ma penso non senza l'aiuto del fenomeno stesso. E tale prospettiva – un'introduzione formale o forse un lungo dialogo socratico – non sembra essere plausibile. Al momento, stiamo intrattenendo una conversazione a senso unico con il fenomeno, nonostante i messaggi e gli avvertimenti che occasionalmente dispensa ai contattati, ai testimoni e ai rapiti. Gli UFO sono apparsi così spesso nella nostra storia che ormai sono stampati nella nostra immaginazione in maniera indelebile. Eppure non offrono biglietti da visita o indirizzo fisso, tranne una nota occasionale che provengono da una distante galassia o da una realtà diversa.

Per aumentare il groviglio, la scienza necessaria per spiegare il fenomeno, o collocarlo in un contesto, e la filosofia per comprenderlo ontologicamente non sono di fatto disponibili o esistono solo in forma embrionale. E forse ancor più importante, i governi di tutto il mondo, scienziati e accademici semplicemente non stanno mostrando il coraggio e la forza d'animo che servono per accettare finalmente che questo fenomeno è una parte chiara e inalterabile della nostra realtà. Malgrado la recente accettazione del governo statunitense sulla possibilità che nella realtà del consenso esista qualcosa di più di quanto si voglia ammettere, il soggetto è ancora visto come marginale, da essere discusso soltanto con una buona dose di trepidazione e scetticismo. Ciò che dovrebbe essere "la storia del millennio" è troppo spesso relegato ai media alternativi, a seminari informali del governo, o usato come foraggio stuzzicante per programmi televisivi di tarda sera. Quello che il folklorista ed etnografo David Hufford chiama "tradizione dell'incredulità" è ancora incoraggiato malgrado le prove schiaccianti della realtà del paranormale, dei fenomeni metafisici e degli UFO. Ma il non avere un contesto o un ramo della scienza dove collocare specificamente il fenomeno non è una scusa per ignorarlo.

Eppure non dovremmo cadere nel pessimismo. Nonostante la natura oscura del fenomeno, dovremmo trovare speranza nel lavoro dei tanti e vari ricercatori intrepidi e degli storici che eseguono una ricerca attendibile. E soprattutto, dovremmo guardare ai testimoni diretti, quei pochi prescelti le cui storie ci coinvolgono e ci illuminano, e offrono un assaggio nella selvaggia natura di specchi attribuita al fenomeno. Col tempo, se iniziassimo a prestare maggiore attenzione, potremmo finalmente giungere al punto in cui cominceremo a farci le domande giuste.

Ho incontrato Chris Bledsoe per la prima volta tramite un amico comune, Larry Frascella, che aveva insistito per farmelo conoscere, viste alcune similitudini tra le nostre rispettive esperienze con il fenomeno. Gentilmente, Larry organizzò un incontro a New York che includeva mia moglie Debbie (psicologa), Yvonne, moglie di Chris, e due dei loro figli. Durante il meeting, entrambe le famiglie si scambiarono le reciproche esperienze in modo dettagliato, insieme agli effetti emotivi e psicologici da esse trasmessi (sia che il fenomeno appaia a una persona sia che appaia a diverse persone, le conseguenze delle esperienze sono sempre assorbite e affrontate dall'intero gruppo familiare). Il meeting fu emozionante per tutti noi, e l'effetto di condividere le nostre storie ha creato un legame che rimane forte ad oggi.

A seguire, fino ai giorni attuali, sono nate occasionali conversazioni private con Chris che trovo sempre stimolanti e illuminanti. Chris continua anche a inviarmi video davvero straordinari di *orbs* che si manifestano a casa sua. Chris è una delle persone più umili, oneste, compassionevoli e leali che si possano incontrare. Chi conosce Chris molto meglio di me, mi dice che possedeva le stesse qualità prima ancora della sua esperienza, e non ho alcun dubbio in merito. Con Chris, hai sempre la verità e senti l'amore. Come chiaramente dimostrato in questo libro, l'esperienza di Chris l'ha cambiato drasticamente. È ancora la stessa brava persona, naturalmente, ma è anche diventato più "spirituale", nel senso che è più in sintonia con il concetto dell'Amore eterno e costante che governa l'universo. Ciò diventa evidente in ogni conversazione che hai con lui; nessuna malizia, nessun tentativo di apparire in qualche modo speciale, e sempre una dedizione a restare su una rotta moralmente ed eticamente centrata.

Ciò che accadde a Chris l'8 gennaio 2007 gli cambiò la vita e fu fondamentale per il suo susseguente sviluppo come insegnante e guaritore. La sua esperienza fu fantastica, così lontana dalla nostra realtà del consenso come qualunque persona si potrebbe aspettare. E la sua esperienza sembra toccare quasi tutte, se non tutte, le varianti del classico contatto e di *abduction:* tempo mancante, *orbs*, astronavi, contatto ravvicinato e personale con presenze aliene, guarigioni, visioni assurde, e naturalmente l'apparizione della *Lady,* per citarne alcune. Quando Chris mi raccontò la sua storia per la prima volta, rimasi sbalordito. Il resoconto era davvero incredibile. E sapevo che era una rievocazione onesta degli eventi occorsi a lui e a suo figlio Chris Junior. E non sono l'unico a pensarla così. Chris ha avuto più visite ufficiali e non ufficiali da parte di "individui governativi" e ricercatori di UFO che qualunque altro contattista o testimone. C'è una ragione per questo: la storia raccontata da Chris tocca da vicino molti ufficiali governativi, scienziati e accademici che hanno avuto esperienze simili loro stessi o sono a conoscenza di alcuni elementi nella storia di Chris che hanno visto o sperimentato in precedenza, ufficialmente o meno. Il "Collegio Invisibile" ha di certo preso nota… e dovreste farlo anche voi.

Non sono un ricercatore, ma come molti di voi che hanno acquistato questo libro meraviglioso sono uno studente devoto del fenomeno. e sebbene ci siano molti studenti del fenomeno che affermano di avere una comprensione di tutte le variabili e i sottogruppi del soggetto, nessuno che io sappia ha una teoria adeguata o un'ipotesi per spiegare tutte le stranezze, le assurdità, e le grandi anomalie associate al fenomeno. Chris ha le sue proprie idee sul fenomeno come espresso in questo meraviglioso racconto della sua storia, e io ne condivido molte. Per me comunque, uno degli aspetti più convincenti della storia di Chris è la sua rappresentazione di "The Lady", una figura veramente enigmatica con ovvie corrispondenze religiose e culturali. È apparsa precedentemente, spesso in contesti semi-religiosi, e il suo ruolo è sempre stato di protettrice, guida, e ierofante dell'altro mondo.

Il recente interesse del governo USA per gli UFO e il fenomeno è anche, credo, una notevole rivendicazione per Chris e la sua famiglia, un tardivo ma importante riconoscimento che, come molti altri testimoni governativi USA e mondiali, si sono scontrati a capofitto contro una parte della nostra realtà che rifiuta di rimanere nascosta. Ora il nostro ruolo è di provare a discernere il loro messaggio.

Desidero anche aggiungere una nota finale sull'importanza della famiglia e di quanto abbia sofferto Chris, in questo libro, per descrivere come le esperienze sue e di Chris Junior avessero inavvertitamente messo a dura prova il legame di una famiglia molto unita. Confusione, solitudine, disperazione, frustrazione e paura seguono di solito i tipi di trauma vissuti da Chris e Chris Junior, e questi sentimenti si riverberano sempre tra la famiglia e la comunità. Si sperimentano come una famiglia e si superano, e in questo caso diventano una benedizione, come una famiglia. Il fatto che Chris riconosca il dolore sofferto dalla sua famiglia e la disperazione provata nel non avere una soluzione per alleviare il dolore familiare è un testamento alla sua onestà e al suo grande valore morale. Inoltre, voglio personalmente riconoscere la famiglia di Chris – Yvonne, Chris Junior, Jeremy, Ryan ed Emily – per essere stati al fianco del padre e avergli mostrato l'amore e la comprensione di cui aveva disperatamente bisogno per guarire, sorprendentemente, anche nel mezzo delle loro crisi personali. È per me una benedizione conoscere e amare tutti loro.

Jim Semivan
Gennaio 2023

INTRODUZIONE

Colonnello John B. Alexander,
ex militare dell'Esercito USA

Benvenuti alla grande avventura. Quello che state per incontrare è un *entanglement* complicatissimo di fenomeni che sfidano ogni spiegazione e immaginazione. Soprattutto, gli eventi continuano a trasformarsi e a svelarsi, spesso in direzioni non anticipate, mentre osservatori esterni diventano partecipi e riferiscono le loro osservazioni indipendenti. Non essere sorpreso se tu, lettore, diventerai uno di loro.

Se sei venuto a conoscenza delle esperienze di Chris Bledsoe con gli UFO, potresti avere molte domande. La principale sarebbe, "Ma possono essere reali?" La risposta breve è... YES. La risposta più completa è molto più complessa e profonda. In realtà, come molti hanno appreso, già il fatto di esporsi alle sue osservazioni potrebbe addirittura condurre a un'esperienza in prima persona. Cosa già successa a molti testimoni.

Ti prego di considerare che quello che stai per leggere ha implicazioni ben al di là della nostra comprensione attuale. Come alcuni di noi credono, ci sono conseguenze spirituali collegate all'osservazione di questi fenomeni che superano i limiti della nostra conoscenza attuale.

Poiché possiedo un solido background scientifico, sarebbe necessario spiegare i motivi per cui sono un fervido sostenitore di Chris e della sua famiglia. Chris Bledsoe catturò la mia attenzione per la prima volta molti anni fa a casa di un nostro amico comune, a Bucks County in Pennsylvania. In quell'occasione registrai una lunga intervista con lui. Per diverse ore Chris dettagliò dolorosamente molto di ciò che state per leggere. In tutta onestà, quell'intervista mi spinse a fare molte delle stesse domande che la maggior parte dei lettori avrebbe fatto. Poco dopo, nel 2015, io e mia moglie Victoria avemmo la fortuna di far visita a Chris, Yvonne e i loro figli in North Carolina. La loro modesta casa si trovava su un lotto di cinque acri in un'area di transizione tra piccoli insediamenti residenziali e aree rurali con fattorie. Geograficamente, era situata a sud della vasta Fort Bragg (più tardi Fort Liberty), dove alcuni decenni prima ero stato assegnato al 7° gruppo delle forze speciali dell'esercito. Contigua alla base, c'è la rinomata città di supporto militare di Fayetteville. Venendo dall'aeroporto, notammo che non lontana dalla loro dimora c'era Bledsoe Street, il cui nome derivava dagli antenati di Chris che avevano vissuto nell'area per oltre un secolo.

Insieme ai rumorosi canili situati da una parte della strada c'erano numerose alte querce caducifoglie a protezione, e spessi bordi verdi ad adornare la superficie. Vicino al centro della proprietà c'era un albero di catalpa, particolarmente scavato, con chiare macchie carbonizzate visibili all'interno. Quell'albero diventerà prominente nei prossimi capitoli, ma è sufficiente dire che mostrava qualcosa di insolito. Durante la visita avemmo l'opportunità di osservare in prima persona alcuni fenomeni che avevano citato, e sentimmo che veramente lì ci fosse qualcosa di strano, quasi magico. Notammo addirittura del fumo nella registrazione, sebbene non fosse fisicamente presente nell'aria quella sera. Molti altri dettagli di quella visita sono descritti in questo libro.

Il più significativo fu l'osservazione avvenuta mentre eravamo insieme al campo sopra le sponde del fiume di Cape Fear, laddove Chris ebbe il suo primo incontro nel gennaio 2007. Vale la pena di raccontare nuovamente l'evento che cambiò totalmente la mia percezione e mi convinse che Chris stava dicendo la verità. In quel tardo pomeriggio di metà ottobre visitammo il luogo dove era accaduto il grande evento originale. Dopo aver attraversato la strada fangosa fino al fiume, tornammo verso l'auto noleggiata che era parcheggiata su un terreno più in alto, a soli duecento metri di distanza dalla sponda. Stava appena facendo buio. Victoria ed Emily, la figlia di Chris, erano sedute a parlare sui sedili posteriori dell'auto, mentre io e Chris stavamo appoggiati sulla parte anteriore a sinistra a discutere degli eventi straordinari e scatenanti del gennaio 2007. Nel mezzo di quella discussione, e senza avviso o introduzione, Chris mi riferì all'improvviso, «Oh, penso che siano qui.» Qualche secondo più tardi un brillante oggetto luminoso si manifestò spontaneamente proprio sopra di noi e immediatamente sfrecciò via. Fu il mio secondo avvistamento di UFO, breve ma significativo e indelebile. La relazione temporale tra l'annuncio di Chris e l'apparizione dell'oggetto mi convinse dell'autenticità delle sue esperienze. Pur non essendo in grado di descrivere la struttura dell'oggetto, la sua realtà e brillantezza erano innegabili.

La nostra relazione è proseguita per anni e Chris mi ha continuamente aggiornato con video di *orbs* riprese da lui. A ottobre 2022, durante la stesura di questo libro, sono accaduti eventi significativi. Un martedì pomeriggio (orario del Pacifico) ho chiamato Chris per discutere delle riprese di un prossimo programma televisivo. Mentre era al telefono con me, Chris uscì di casa e fece un'osservazione molto particolare. Là nell'oscurità (si trovava nella zona orientale degli Stati Uniti) osservò molte *orbs* e le filmò mentre me le descriveva al telefono. Innanzitutto, la registrazione include parti della nostra discussione mentre guarda le sfere che si muovono intorno a lui. Pertanto, non ci furono dubbi sul tempo e sull'autenticità dell'evento. Soprattutto, Chris mi inviò la registrazione dopo qualche minuto dal termine della nostra chiamata. Sorprendentemente, una situazione simile fu ripresa due giorni più tardi durante un'altra delle nostre telefonate. Questo non è capitato soltanto a me, poiché Chris ha sperimentato simili coincidenze anche con altre persone.

La quasi onnipresenza di *orbs* (sfere di luce) in molti, se non la maggior parte, di eventi è estremamente significativa. Per Chris, e molti altri osservatori, sembra esserci una palese connessione tra i loro pensieri coscienti e gli avvistamenti e le attività di queste sfere. Alcuni intuiscono la comunicazione e persino quella che può essere descritta come un'interazione spirituale tra gli osservatori umani e le sfere. L'impatto può essere di natura profonda. Da persona coinvolta in esperimenti di telepatia con delfini e balene nel loro habitat naturale, sto postulando che queste interazioni tra umani e *orbs* possano essere una forma embrionica di comunicazione interspecie o interdimensionale. Ciò che manca è una "stele di Rosetta" che offra la chiave per la nostra comprensione umana dell'informazione.

Verso l'inizio di tutte le mie presentazioni c'è una tabella che elenca molti fenomeni, inclusi UFO, visione remota, comunicazione post-mortem, telecinesi, guarigione spontanea, esperienze di premorte, comunicazione interspecie, e persino criptozoologia. L'implicazione è che questi, e altri fenomeni, hanno un fattore comune nella coscienza umana. Sebbene normalmente riportati ed esaminati separatamente, gli eventi descritti in questo libro da Chris Bledsoe racchiudono molti di essi. Raramente, abbiamo riscontrato osservazioni di così tanti elementi separati raccolti in un singolo caso. Questo è uno di quegli esempi eccezionali. Ed è la confluenza di così tanti fenomeni multiformi a dare adito all'ipotesi che la coscienza sia il cuore di questi eventi messi in luce da Chris. I lettori dovrebbero sapere che questi concetti sono direttamente collegati alla spiritualità.

Quasi un secolo fa, fu il fisico Max Planck (premio Nobel) ad affermare, "Considero fondamentale la coscienza. Considero la materia come derivata dalla coscienza. Non possiamo trascurare la coscienza. Tutto ciò di cui parliamo, tutto ciò che consideriamo esistente, postula la coscienza." A far da eco a questo pensiero, il mio amico dott. Larry Dossey, dottore in Medicina, nel 1987 fu il primo ad indirizzare la non località della coscienza e scrisse, "la coscienza non locale e la spiritualità sono viste come una diade complementare". È la natura complessa e intrecciata degli eventi multiformi che Chris enumera in questo libro che dà credito e supporto alle postulazioni di questi eminenti scienziati.

Tieniti forte per una corsa sfrenata. Come tanti esploratori prima di me hanno detto, "Sei un essere spirituale che ha un'esperienza umana". Questo libro, UFO di DIO, sarà un'importante addizione al tuo repertorio.

Shanti, Shanti, Shanti
Col. John B. Alexander, PhD

CAPITOLO 1

All'imbrunire eravamo radunati in piedi intorno all'Albero Infuocato, un albero nerastro e cavernoso che dopo aver misteriosamente preso fuoco per tre volte era in qualche modo rimasto vivo. Mi sentivo rabbrividire e tenevo le mani infilate in fondo alle mie tasche. L'autunno stava arrivando. L'investigatrice mi diede una piccola scatola quadrata e un registratore digitale, collegati da un filo nero lungo quasi un metro. Tenendoli uno per mano mi avvicinai alla cavità arsa, mentre tutto il gruppo prestava attenzione al ronzio che si contraeva. L'investigatrice prendeva appunti, segnando gli intervalli tra ogni cambio del flusso statico con la penna che ticchettava sulla lavagna.

«Jason», echeggiò nell'oscurità.

Ci guardammo per capire chi avesse parlato, ma il suono proveniva dalla scatola. Gli occhi del mio amico si riempirono di lacrime. Suo figlio Jason era morto di recente per un'overdose di eroina. Il mio amico era così straziato per la perdita del figlio che aveva completamente rinunciato a vivere, tentando il suicidio due volte. Riuscivamo a sentire il frinire dei grilli, sovrapposto al suono della scatola, mentre cercavamo di lasciargli un po' di privacy. Sentire chiaramente il nome Jason fu per lui uno shock, e si capiva il legame profondo che ancora esisteva tra padre e figlio. Mi voltai a guardarlo e mi accorsi che stava provando a controllare le proprie emozioni con grande forza di volontà. Poi rivolsi lo sguardo all'apertura carbonizzata dell'albero e all'apparecchio dell'investigatrice nella mia mano, cercando di captare parole nel suo caotico fruscio.

«Papa. Pericolo. Attenzione. Pericolo papa. Avvisa il papa.»

Nuovamente increduli, ci guardammo intorno per capire chi potesse aver pronunciato quelle parole. L'investigatrice chiese prontamente il luogo del pericolo.

«Philadelphia.»

Non avevo mai immaginato che una macchina potesse dare risposte così dirette e chiare. Chiunque o qualunque cosa ci stesse parlando aveva un messaggio urgente, e avendo pure inserito il nome Jason sembrava proprio intenzionato a ottenere la nostra attenzione a ogni costo. Mi spostai un minuto per mandare un messaggio al mio amico Larry Frascella, che viveva nei sobborghi di Philadelphia e aveva agganci e risorse importanti. Larry mi richiamò subito e mi chiese di raccontargli tutto, spronandomi a continuare a fare domande per ottenere più dettagli possibili. Il papa era proprio atteso in visita a Philadelphia la settimana seguente. Mentre chiedevamo da quale palazzo sarebbe giunto il pericolo, avvicinai il telefono al registratore per permettere a Larry di ascoltare. Il tronco bruciacchiato dell'albero s'innalzava immobile davanti a noi.

«Congresso. Colpo.»

Sentendo queste due parole, Larry mi suggerì di andare in Pennsylvania per riuscire a scoprire altro, mentre lui avrebbe fatto il possibile per modificare l'itinerario del papa. L'investigatrice chiese al registratore se fosse giusto coinvolgere Larry. La macchina replicò, «Aiuto, aiuto, aiuto. Chris. Il papa. Abbiamo bisogno di lui. Abbiamo bisogno di lui.»

Il lunedì successivo arrivarono per posta i biglietti aerei per me e mia moglie Yvonne. Larry era benestante e da tempo si interessava alle esperienze come la mia, ed era evidente che stava prendendo sul serio l'ammonimento. Il 22 settembre 2015, un giovedì, Yvonne ed io ci imbarcammo sul volo per Philadelphia. All'arrivo, nell'area ritiro bagagli, trovammo ad attenderci un uomo che reggeva un iPad con la scritta Bledsoe. Il gentiluomo recuperò i nostri effetti personali e ci guidò verso una limousine nera in attesa. Ogni cosa era di prima classe quando c'era di mezzo Larry. Ci sedemmo sui sedili posteriori, tenendoci per mano e guardando fuori dal finestrino nel tragitto di quarantacinque minuti verso il palazzo residenziale di Larry, appena fuori dalla città. Il papa sarebbe arrivato a Philadelphia di sabato e sarebbe rimasto fino a domenica. Avevamo tre giorni di tempo per capire cosa doveva succedere. Ci sarebbe stato un tentativo di assassinio? Il rappresentante di Cristo in terra, come viene descritto dalla dottrina cattolica, era in pericolo di vita?

Larry è un uomo serio. Era deciso ad aiutare in ogni modo possibile e anche a comprendere il fenomeno. Ci eravamo incontrati tre anni prima a una festa organizzata da lui per riunire persone di simili vedute e realmente interessate a investigare gli UFO: ricercatori, scienziati, contattisti, ufficiali governativi, ricchi donatori e altri ancora. Non c'era nessuno in quel campo che Larry non fosse in grado di raggiungere. Lasciai i bagagli nella stanza per gli ospiti a nostra disposizione e mi misi a girare per casa. Rimasi di stucco quando, svoltando dietro un angolo, incrociai la figura immobile del colonnello John B. Alexander. Ero impietrito, mentre mi passava per la mente tutto ciò che mi era stato raccontato sul famigerato colonnello. Era colui che proteggeva tutti i segreti. Era il personaggio interpretato da George Clooney nel film *L'uomo che fissa le capre*, basato sul libro best seller che narra i tentativi di John di sfruttare le tecniche paranormali in campo militare. Il giorno in cui il miliardario Robert Bigelow acquistò lo Skywalker Ranch, il colonnello Alexander era al suo fianco e là fuori trascorse la prima notte. A mio parere, nessuna figura nell'ambiente degli UFO era più pericolosa e intimidatoria di John Alexander e io mi trovavo proprio faccia a faccia con lui. Non sapendo cosa fare, scambiai soltanto un grande abbraccio. Sorpreso, John fece una smorfia e disse dolcemente, «Molto lieto di conoscerla». Quella sera restammo seduti a parlare della questione del papa e delle mie esperienze con il fenomeno UFO. Esaminammo i potenziali itinerari che il papa avrebbe dovuto percorrere tra un evento e l'altro, considerando i vari livelli di pericolo che solo il colonnello sarebbe stato in grado di anticipare.

Il giorno seguente, Larry, John ed io girammo per la città sulla Mercedes Benz di Larry, e camminammo per le strade il più possibile. Osservai attentamente i diversi palazzi coloniali in mattone, le statue di uomini con il cappello a tre punte, i bar di quartiere e le chiese, cercando di rivivere le sensazioni provate mentre ascoltavo il nastro davanti all'Albero Infuocato. Dove volevano dirigerci quelle voci? Ricordai a Larry e John la trascrizione delle parole pronunciate: «Congresso. Colpo.»

Il programma del papa prevedeva un discorso alla Congress Hall, ma c'era una marea di turisti e la situazione era difficile da sbrogliare. Avevamo bisogno di maggiore certezza e di prove convincenti per provocare la cancellazione di un discorso del papa per motivi di sicurezza.

C'era voluto almeno un anno per programmare la visita del papa e sarebbero stati presenti i servizi segreti americani, insieme alle guardie svizzere pontificie che componevano la sicurezza privata di Papa Francesco. Il tempo stringeva e noi avevamo terminato l'ispezione giornaliera, quindi tornammo a casa di Larry. Quando arrivammo a casa, John mi prese in disparte e con parole sussurrate mi disse che voleva compiere uno speciale esercizio. Mi condusse nel sotterraneo, che riteneva la zona più tranquilla della casa. Lo seguii giù per le strette scale fino a una stanza insonorizzata con le pareti scure imbottite. A ogni passo potevo sentire il mio cuore battere sempre più forte. La stanza era piena di poltrone di pelle reclinabili ed era dotata di un grande schermo su una parete. Accorgendomi di essere nella sala cinema privata di Larry, mi tranquillizzai. John disse che voleva tentare una sessione di visione remota, cosa che non solo non avevo mai fatto, ma di cui non avevo mai nemmeno sentito parlare. La visione remota è la capacità di vedere una persona, un luogo, un evento o qualunque cosa lontana da te, a cui non hai assolutamente accesso e di cui nessuno ti ha mai parlato. Può essere passato, presente o futuro e il tempo e lo spazio non sono fattori relativi.

John smorzò le luci e mi fece accomodare su una poltrona confortevole. Mi guidò in uno stato meditativo. Varie immagini iniziarono a fluttuare nella mia testa. Le descrissi nel miglior modo possibile: acqua, ponte, autostrada, metallo, rampa navale. John prendeva appunti e ogni tanto faceva domande. Feci un disegno della rampa navale che avevo visto in stato meditativo. Pensai a Papa Francesco e a questa ambigua sensazione di dover fare qualcosa. Mi concentrai intensamente su ciò che avevo visto, ma riuscii a evocare solo quelle parole. Pensai a questo ufficiale governativo di alto rango seduto di fianco a me e che credeva in me. Pensai anche al motivo per cui un individuo di tale importanza mi stava mostrando così tanto rispetto e attenzione. Un uomo con il suo background, la sua educazione e le sue credenziali di accesso alla sicurezza doveva ovviamente possedere una conoscenza superiore a una persona comune, in relazione allo studio scientifico del paranormale.

Terminata la sessione di visione remota, John chiamò un suo amico. Senza darmi alcun preavviso, aveva chiamato Joe

McMoneagle, *"Remote Viewer 001"*. Questo era il numero assegnato a Joe da parte del programma segreto di visione remota del governo Usa. Joe era un capo ufficiale militare che aveva ricevuto la medaglia della *Legione al merito* per eccezionale condotta nel conseguimento di risultati impressionanti tramite la visione remota. Joe era stato coinvolto in operazioni di visione remota ed esperimenti condotti dall'Esercito degli Stati Uniti d'America e dallo *Stanford Research Institute* (SRI) fin dal 1978. John chiese a Joe di tentare una visione remota della situazione attuale. Ciò comportava attenersi a una serie di protocolli più stretti di quelli che mi erano stati assegnati, in quanto io ero del tutto un novizio senza alcun addestramento o idea di cosa stessi facendo. Joe acconsentì alla richiesta e le informazioni ottenute dalla sua visione remota furono simili alle mie. Fu individuato il ponte Ben Franklin, il più vicino alle aree del discorso del papa, come probabile candidato da abbinare alle nostre informazioni incrociate. Sembrava un punto rischioso dell'itinerario. Larry fece una telefonata a un contatto all'interno della CIA. Il servizio di sicurezza si strinse sui ponti Walt Whitman e Betsy Roos, e il traffico automobilistico fu totalmente interrotto sul ponte Ben Franklin. In confronto alle sue due precedenti visite a New York e Washington, la parata del pontefice a Philadelphia fu abbreviata a un semplice giro intorno a Independence Hall. Gli agenti federali alla fine incriminarono un uomo locale per aver complottato l'assassinio del papa intorno al ponte Ben Franklin. Non posso sapere se ci sia un collegamento tra questo arresto e la nostra indagine. Di certo, fu posta seria attenzione su ciò che mi era capitato nei giorni precedenti, davanti all'Albero Infuocato. Avevo appena partecipato all'investigazione di un piano per assassinare il papa e mentalmente mi ritrovavo in un vortice che si domandava: "Come ci sono finito qui?"

CAPITOLO 2

Lungo una strada sterrata in qualche parte del North Carolina, una pila di rifiuti bruciava dietro a una roulotte. Uno strano fumo emergeva tra i rami degli alberi, nello spiazzo di nostra proprietà. Avevo due anni e mezzo ed ero attirato da ciò che non comprendevo. Credo che mia madre fosse alla lavanderia automatica in città. Mio padre stava probabilmente lavorando ad apportare delle migliorie alla nostra casa prefabbricata, che aveva la solidità di una scatoletta di latta. C'era sempre del lavoro da fare. La mia occupazione era non meno importante. Dovevo crescere ed evitare di farmi male. Durante il giorno, mentre i miei genitori erano al lavoro, io restavo dai miei nonni nella casa di fianco alla nostra.

Il fumo giallo-grigio si alzava da un ammasso di macerie e rifiuti nell'angolo in fondo al cortile. Uscii dalla porta del retro e mi diressi là, vacillando sul percorso polveroso, tra le erbacce che mi arrivavano alle spalle. Riconobbi alcuni degli oggetti della nostra vita tra i detriti fumanti: una lattina di fagioli, i resti di una pannocchia sgranocchiata da un lato, un pacchetto annerito di Lucky Strikes. Nella luce mattutina, le fiamme apparivano affievolite e docili. Mi avvicinai, curioso di capire cos'era successo, come mai erano calde e perché mio padre aveva piazzato una cosa talmente bella così lontano. Ci finii dentro. Il dolore attanagliò le mie gambe ed io gridai per farlo smettere, mentre le fiamme attecchivano sui pantaloni. Dal nulla, apparve mio nonno che mi scaraventò a terra, soffocando simultaneamente me e le fiamme con il suo torace imponente. Nell'oscurità, fui travolto da un nuovo tipo di dolore, dalla sua puzza di sudore, dalla terra dura contro cui mi pressava. Fu come ricevere una nuova consapevolezza.

Il medico disse che le ustioni di terzo grado sarebbero state molto più serie se non fossi stato così piccolo, con la pelle ancora in fase di crescita e ricrescita. Possiamo senz'altro dire che in quanto ad abitudine al dolore, o al livello di tolleranza verso il dolore, il mio apprendistato iniziò presto e si intensificò anno dopo anno. A sei anni, caddi da un letto a castello e colpii il tavolo con la bocca. Di conseguenza mi ritrovai con metà dei denti dondolanti, e furono necessari ventiquattro punti di sutura. Jeffrey McDonald, il dottore che ricucì la mia bocca, mi sgridava e mi insultava mentre applicava i punti. Tre anni più tardi, McDonald salì alle cronache per essere stato incriminato dell'omicidio di sua moglie e di sua figlia a Fort Bragg. Un braccio salva, l'altro colpisce.

Il sangue che ho versato nelle contee di Cumberland e Robeson potrebbe tingere di rosso un ruscello, però sono sempre guarito. Questo libro è anche un registro del mio vaga-bondaggio intorno al fuoco, delle lezioni che mi ha insegnato, delle persone e delle forze che mi hanno salvato.

Mia madre Carrie Faye e mio padre Tom avevano entrambi radici profonde nell'area intorno a Saint Paul's e Fayetteville, nel North Carolina. Come me, erano cresciuti con poco denaro e avevano lavorato sodo tutta la vita. Il nonno di mia madre era conosciuto come un guaritore tra la comunità locale. Mia madre era cresciuta con sua madre a Saint Paul's, un piccolo paese in mezzo a due grandi città della zona, e dipendevano l'una dall'altra per vivere. Mia nonna lavorava nei campi di cotone e mia madre dietro al bancone delle bevande nella drogheria *Rexall,* al negozio di alimentari *Winn-Dixie,* e per ventun anni come contabile alla *A&P.*

Il cognome di mio padre proviene dalla famiglia Bledsoe che nel tardo medioevo viveva in Inghilterra nel Bedforshire, dove nel castello di Bledsoe nacque Lady Margaret Beaufort, la madre di Enrico VII. Gli antenati di mio padre giunsero nei dintorni di Fayetteville quando veniva ancora chiamata Cambellton, in riferimento a Cambelltown, la città scozzese da cui proveniva la maggior parte della gente insediatasi nell'area agli inizi del 1700. Col passare degli anni, i Bledsoe avevano accumulato centinaia di acri, che però erano stati suddivisi varie volte tra i diversi discendenti, a partire dalla generazione di mio nonno. Dunque mio padre passò l'in-fanzia a Grays Creek, una piccola comunità agricola a sud di Fayetteville. In questi stessi terreni passati da un membro all'altro della famiglia io giocavo, coltivavo la terra, andavo a caccia e pesca. Se la memoria viene tramandata nel DNA, allora ho trascorso la mia vita in un ambiente paesaggistico a me noto già dalla nascita.

Crescendo in piena campagna, lontano diverse miglia da altre case, il mondo naturale rappresentava più di un semplice contorno. Ogni giorno, vedevamo passare al massimo una o due automobili davanti casa. Come tutti gli animali intorno a noi, vivevamo condizionati dalla generosità e dalle punizioni della terra. Quando mio nonno si lanciò su di me per spegnere il fuoco, iniziò una brusca istruzione sulle gioie e sui pericoli della natura. Trascorsi la mia infanzia con più utensili che giocattoli, una piccola tv in bianco e nero che prendeva due canali nei giorni buoni, e con un nucleo familiare di quattro persone in una roulotte di dodici metri per tre. Gli spazi esterni erano un'estensione di quelli interni. Uscire all'aperto era come entrare in un'altra stanza, pericolosa o accogliente al pari della struttura famigliare. C'era sempre tanto lavoro da svolgere e ciò mi portava ad avvicinarmi alla terra. Curavo l'orto di mia nonna e davo da mangiare a decine di maiali, e anche a capre e cavalli. Osservavo mio padre all'opera come abile carpentiere. Papà mi dava un gran numero di responsabilità in casa, fin dalla tenera età. Dovevo tagliare il prato, e guai se lasciavo crescere l'erba dei nostri quattro acri e mezzo troppo a lungo. L'erba andava tagliata quattro giorni alla settimana. Un impegno faticoso e di precisione che non finiva mai. Si doveva sempre fare qualcosa di nuovo. La cosa peggiore era prendermi cura dei cani da caccia di papà, che andavano nutriti e lavati ogni giorno, e i loro recinti puliti e spalati due volte alla settimana. Ho riempito tante carriole di escrementi di cani nella mia vita. Ad oggi, non sopporto quella puzza. Il canile puzzava peggio di una fattoria. Mi esauriva, eppure mi ha insegnato tanto. Come quel vecchio detto: "Dimmi e io dimenticherò, insegnami e io ricorderò, coinvolgimi e io imparerò". Pertanto, essendo l'unico figlio maschio, venivo coinvolto da mio padre in tutti i suoi progetti e in ambizioni di vario tipo. Ero sia figlio che impiegato. Quando avevo solo otto anni, si fidò a darmi in mano una sega circolare. E fu allora che imparai ad usarla. Apprendevo ogni cosa sul campo, e presto mi resi conto di quanto fosse importante calcolare il rischio ed essere responsabile del mio benessere. Mio padre era un omaccione di 190 centimetri d'altezza e 113 chilogrammi di peso, tutto muscoli. Era amato e rispettato dalla comunità come cacciatore, pescatore e costruttore. I miei genitori, che avevano un anno di differenza, si erano incontrati durante il liceo, dove frequentavano distretti scolastici adiacenti. Mia madre era cheerleader alla St Paul's e sosteneva la squadra di pallacanestro rivale della squadra dove giocava mio padre, e fu così che lo notò. I loro paesi erano separati da tredici miglia, che lui percorreva a piedi quasi quotidianamente per andare a trovarla e corteggiarla. Diventarono fidanzatini e, dopo il diploma di mia madre all'ultimo anno di scuola superiore, si sposarono. Mia sorella maggiore venne al mondo l'anno successivo e tre anni dopo nacqui io. Trasformarsi da agricoltore a costruttore e carpentiere era ciò che mio padre desiderava più di qualunque cosa, e mentre mia madre faceva i turni al negozio e cresceva i figli, lui imparò il nuovo mestiere da autodidatta. Le loro due famiglie non avevano molti soldi, per cui entrambi lavoravano costantemente e spesso ci lasciavano dalla nonna paterna.

Ben presto, papà cominciò a portarmi a caccia e pesca con lui. Era la sua vita, come per la maggior parte degli uomini della nostra comunità quando non lavoravano. Si occupava sia di allevare e addestrare i cani, sia di pulire e cucinare la cacciagione. La campagna era bella e invitante. Andare appresso a loro significava per me addentrarmi in boschi e lungo fiumi e torrenti mai raggiunti prima. Alcuni cani venivano spinti sul bordo della spianata verso il bosco per stanare i cervi. Erano cani ben addestrati e papà mi spiegò come utilizzarli, sguinzagliarli intorno e fare in modo che eseguissero i nostri ordini. Osservavo il branco circondare animali che pensavano di essere riusciti a sfuggire e invece venivano bersagliati da una raffica di colpi di fucile. Sentivamo i cani abbaiare mentre formavano un gran cerchio, correndo verso di noi tra i cespugli. Se c'erano dei cerbiatti, i cani si precipitavano.

Quando non si andava a caccia e non c'erano altri impegni stagionali, mio padre mi portava a giocare a golf. Anche in questo, fu un bravo maestro ed io arrivai a vincere un torneo juniores al liceo.

Di sera, mi piazzavo sotto la finestra in fondo alla roulotte e osservavo la luna e le stelle. Pur tenendo la roulotte pulita e ordinata, gli spazi ristretti erano insufficienti per tutti noi. A volte, gli odori del canile e del pollaio penetravano attraverso le pareti. Trascorrevo ore a far visita alla mia amica luna. Stavo incollato all'angolo posteriore della nostra dimora, a fissare quella cosa brillante e libera che dondolava nel cielo notturno. La luna non era mai la stessa per due notti consecutive. Mostrava sempre una brillantezza diversa, una nuova prospettiva della gobba rigonfia o dello spicchio crescente. Nelle notti di cielo coperto cercavo il chiarore pallido della luna dietro le nuvole, in un ideale abbraccio. La mia attrazione per la luna colpì mia madre a tal punto da comprarmi delle palle che brillavano al buio per poterci giocare. La loro fosforescenza mi affascinava, e di giorno le mettevo a caricare sotto il sole affinché tutta la luce assorbita le facesse risplendere di notte. Non so perché diventai così infatuato dalla luna, ma so che fu il primo incontro con una particolare forma che nel corso della mia vita mi sarebbe apparsa in maniera sempre più inconsueta.

Da piccoli, eravamo noi a trovare modi per divertirci, e la nostra casa con lo spiazzo davanti al bosco diventò un punto di riferimento per tutti i bambini dei dintorni. Il prato di fronte si tramutava presto in terra polverosa, a causa dei nostri giochi che duravano intere giornate. Ovviamente, solo quando non c'era lavoro da svolgere. Gli adulti ascoltavano il programma radiofonico *Grand Ole Opry* con le finestre aperte e noi sentivano la musica da fuori. La superficie compatta diede vita a giochi da bambini come la campana e "ce l'hai", e fu teatro di molti dei miei ricordi felici. Uno dei miei giochi preferiti era disegnare da solo dei cerchi nella terra e far finta che appartenessero ad un'astronave. Mi lasciavo guidare dall'istinto mentre li componevo. Come per la luna, due cerchi non erano mai uguali tra loro, e nessuno era perfetto come la luna piena al culmine del suo ciclo. L'importanza di questa forma circolare, ricorrente nella mia vita, combacia con la natura stessa della forma: come le orbite si ripetono indefinitamente, così la costanza della curva rende una porzione del suo arco indistinguibile da qualsiasi altro, e la materia di tutti i pianeti, delle lune e delle stelle si raccoglie in quella stessa forma. Persino la pallina da golf, con la superficie piena di mini crateri, che sfrecciava sopra il fairway o rotolava verso la buca del green era un'altra iterazione della luna.

La mia curiosità era stimolata anche dal volo: mi affascinavano le anatre e le tortore che mio padre cacciava, o gli apparecchi militari di Fort Bragg che vedevo sorvolare sopra la mia testa. Fu così che scoprii il potere e il piacere della contemplazione, e fu così che scoprii la mia abilità di comprendere e ottenere le stesse cose di mio padre. La mia mente si accendeva, sognando ad occhi aperti su questa lavagna polverosa. Fare cerchi sulla terra era anche uno sfogo creativo per la mia immaginazione che avevo sviluppato in gran parte senza libri, televisione e film. La mamma aveva una radiolina con cui ascoltava Perry Como, Elvis e altra musica degli anni '50. Cucinava rape e cavolo riccio, freschi dall'orto di casa. Lavorando da *Winn-Dixie* e *A&P*, aveva sempre accesso al pane e alla carne ancora edibili, ma non più vendibili. Grazie ai maiali e alle battute di caccia di mio padre, c'era sempre carne nel congelatore. Due volte al mese andavamo al circolo di caccia per la grigliata che mio padre aiutava a organizzare. Pur con tutti i sacrifici, si viveva bene e onestamente. I miei primi anni di scuola furono faticosi, ma dopo la terza elementare tornavo sempre a casa con sette e otto in pagella, nonostante il tempo dedicato ai compiti fosse scarsissimo a causa degli altri impegni più pressanti. Negli ultimi due anni di liceo mi diedero il permesso di uscire da scuola in anticipo, per andare ad aiutare papà nel suo lavoro di costruttore. Avrei voluto andare al college dopo il liceo, ma la mattina del lunedì successivo al mio diploma mio padre mi chiamò subito al lavoro. Per questo motivo, col tempo diventai bravo a maneggiare tutte le cose meccaniche. Già da quando avevo nove anni, si era sparsa la voce che fossi in grado di riparare lavatrici, tostapane ed altri elettrodomestici. Riuscivo anche a sintonizzare sui segnali FM le autoradio che solitamente prendevano solo frequenze AM. Potevo aprire qualsiasi pannello meccanico e capire come funzionava e come ripararlo. Mia madre doveva nascondere i cacciavite per evitare che mettessi la casa a soqquadro. Comprendevo modelli e logiche dei meccanismi come nessun altro. Il sistema di un carburatore era paragonabile al modo in cui mio padre costruiva una serie di armadietti, e persino all'organizzazione di una caccia alla volpe con i suoi amici. Ho sempre ritenuto sfocato il confine tra il mondo della natura e quello dell'uomo.

Ad esempio, un insieme di fili elettrici e una ragnatela di ragno hanno una logica comune.

Quando mio padre decise di costruire una dimora stabile sulla stessa area della roulotte, mi coinvolse in tutti i passaggi. A nove anni, scavavo le fondamenta e imparavo a tirar su una casa, a lavorare con una squadra di amici e vicini, a rendermi utile alle persone intorno. Gradualmente, mio padre creò un business che sarebbe diventato anche la mia carriera.

Pur amando stare all'aria aperta, durante la mia infanzia accaddero fatti misteriosi che mi destabilizzarono. Una sera del 1971, appena trascorso il Natale, ero solo ad aspettare che mia madre passasse a prendermi davanti alla chiesa battista di Cape Fear, dove i bambini si incontravano per giocare. Frequentavamo quella chiesa perché era, come per tante altre cose, l'unica nei dintorni. Ero appoggiato a un albero di corniolo, e non volevo tornare dentro alla chiesa per paura che la mamma arrivasse e non mi trovasse nel punto esatto dove mi aveva detto di attenderla. Mia madre era protettiva come una chioccia e determinata a tenermi lontano dai pericoli. Non potevo mai passare la notte a casa di amici, dovevano venire loro a dormire da noi. Aspettai a lungo il suo arrivo, tenendomi occupato a guardare le stelle. Il rumore familiare della sua auto Chevelle azzurra aumentava lentamente nell'aria serale. Mentre i suoi fari si materializzavano all'orizzonte, vidi improvvisamente un gufo a sessanta centimetri da me. I nostri sguardi si fissarono l'uno sull'altro. Era enorme, con occhi grandi come dei piattini. Ero quasi in trance, per nulla spaventato. Illuminati dall'auto, nessuno dei due toglieva lo sguardo. Non sapevo da quanto tempo mi stesse osservando. Quando salii in macchina, mia madre disse che aveva visto soltanto me, nessuna traccia del gufo. Qualche giorno dopo, a capodanno, mio padre mi portò a cacciare nell'area di cinquemila acri che lui e i suoi amici avevano affittato durante la stagione di caccia: le prede erano cervi, procioni, conigli, quaglie, anatre, orsi e qualsiasi altro animale. Il giorno precedente, al circolo di caccia, avevano festeggiato la fine della stagione venatoria. Mio cugino Kenny e il mio vicino di casa Vance vennero per giocare insieme a me, mentre papà e gli amici riparavano le strade che attraversavano la proprietà, come da accordo stipulato con il proprietario. Essendo festa, mio nonno si aggregò e si mise a cuocere un maiale per tutto il gruppo. Kenny, Vance ed io decidemmo di andare a caccia di tortore. Avevo dieci anni e loro un anno in meno di me. Ci allontanammo dalla griglia di mio nonno per oltre un miglio, dove credevamo che sarebbero passati alcuni volatili. Avevamo dei fucili che ci arrivavano alle spalle ed erano carichi di pallini da caccia calibro venti. Ci posizionammo distanziandoci circa un centinaio di metri tra di noi, lungo lo stesso lato di un campo di grano. Tra le spighe di grano c'erano dei corridoi che attiravano le tortore. Restammo immobili, osservando in attesa.

Ne giunse una davanti a Vance, che sparò più colpi con la sua carabina *Bolt Action*, con cui era difficile sparare in rapida frequenza. La tortora continuò il volo nella mia direzione.

Ormai ero abbastanza grande da non essere rimbalzato indietro dal rinculo del fucile e riuscii a colpire due volte la tortora grigio acciaio dalla soffice pancia bianca. Dopo lo sparo, il pennuto iniziò a planare raggiungendo dei cespugli sulla linea boschiva dalla parte opposta del campo di grano. Le sue zampette rosse si affannavano a trovare un appoggio. Mi affrettai verso la preda per porre fine alla sua agonia. Aprii il fucile Stevens a doppia canna, facendo cadere i bossoli sul terreno cosparso di aghi di pino. Frugai nelle tasche del gilet da caccia alla ricerca di altre due cartucce. Era più buio tra gli alberi. Sarebbe stato difficile trovarla se fosse finita su un ramo alto e fosse rimasta immobile. Una cartuccia s'infilò nella canna, ma nella fretta di trovare l'uccello colpito feci cadere la seconda cartuccia. Mi piegai per riprenderla. Mi rialzai e, mentre stavo per infilarla nell'altra canna, un palpito, un passo, un boato assordante, la sensazione di una martellata con forza bruta nella schiena e franai di faccia sul terreno.

La mia schiena era stata martoriata da oltre trecento schegge di proiettili, che avevano procurato un buco grande quanto una palla da baseball nella scapola sinistra. Sapevo che le persone non sopravvivevano in tali situazioni, perché la stessa sorte toccava agli animali. Io stesso avevo visto un gran numero di animali morire per un colpo di sparo del genere. La morte per me non rappresentava nulla di rimarchevole. Era un processo che capitava a esseri diversi in momenti diversi. Prima sgorgava il sangue, poi forse un po' di contorsione, il respiro affannato, e infine si sperava che la preda non soffrisse troppo, o peggio ancora sfuggisse alla cattura dei cani.

Con un sussurro dissi: «Chi mi ha sparato? Perché mi avete sparato?» Fu Vance a sprintare verso di me, con la speranza di recuperare e finire l'uccello che credeva di aver colpito di fronte a me. Muovendosi tra la vegetazione, Vance pensava di aver visto una tortora e aveva sparato, colpendo invece me mentre mi stavo rialzando dopo aver recuperato la cartuccia. Non volendo farsi sfuggire il volatile in difficoltà, aveva sparato sopra di me. Alzandomi, ero finito io nella sua traiettoria.

Kenny e Vance si misero a discutere su chi fosse colpevole e, vedendomi agonizzante, su chi dei due dovesse andare a chiedere aiuto, e a chi toccasse rimanere e vedermi morire. Litigarono intensamente, urlandosi contro con le loro voci stridule da bambini di nove anni. Andarono avanti senza riuscire a trovare una soluzione, perché nessuno dei due voleva andare, ma neppure restare da solo con me. Non ricordo molto, tranne il dolore e la sensazione di fluttuare fuori dal mio corpo, e aver rinunciato a rientrarci. Il padre di Vance stava controllando insieme a mio nonno la cottura del maiale. Distante mezzo miglio, aveva sentito le loro urla ed era arrivato con il suo vecchio veicolo che usava nella fattoria. Il vecchio Ford del '65, di colore bianco e verde agrifoglio, zeppo di terra, cartacce e ricambi d'auto, veniva giù per le corsie tagliate in mezzo al campo di grano in cerca della provenienza di quelle urla. In silenzio si precipitò da me, mi caricò in spalla e mi portò in fretta e furia all'ospedale, spingendo il vecchio camioncino al massimo delle sue possibilità. Mentre sanguinavo sul sedile anteriore, ricordo che si fermò un attimo ad avvisare mio nonno devastato e convinto di non rivedermi più vivo. Mio nonno corse ad avvisare mio padre. Ricordo le mani ruvide del contadino sul volante, il camioncino che sobbalzava sulla strada sterrata, e infine un senso di sconfitta, che tutto sarebbe finito in tempi brevi. Quando giungemmo all'ospedale, mio padre non era molto lontano.

Dovetti subire molteplici interventi. Erano state trovate oltre trecento schegge nel mio corpo, e ne ho ancora diciassette tra torace, spalla e braccio. Una è uscita dal mio torace proprio recentemente, di punto in bianco, come se avesse semplicemente deciso di proseguire la propria esistenza altrove. Ne sento un'altra, posizionata sotto al cuore, che sta per tornare in superficie. Nessuno fu in grado di capire come mai nessun organo vitale restò danneggiato. I raggi X mostrarono che le sfere di piombo erano inoperabili, imprigionate a un centimetro e mezzo dalla spina dorsale, di fianco al cuore e all'interno del collo. Nel corpo di un bimbo di appena dieci anni questi organi sono ravvicinati, e il buco era più profondo e largo di quello che si sarebbe formato in un uomo adulto. Quel giorno, fui tenuto in vita da qualcosa di misterioso, che io ricollego alla forza protettiva dell'enorme gufo che mi stupì e mi incantò. Un presagio divino, della natura, o della terra che mi volle comunicare che sarei sopravvissuto. Fuori dalla chiesa, quando credevo di essere solo, con la testa tra i rami di un corniolo, avevo un amico accanto a me. Silenziosamente, segretamente ero protetto quella notte, e credo che quella forza non mi abbia mai lasciato da allora.

Nell'anno della mia nascita, John F. Kennedy chiese al congresso di inviare un uomo sulla luna. Kennedy dichiarò che le mani di un essere umano avrebbero toccato il suolo lunare e riportato la sua sostanza sulla terra. Ovviamente la richiesta di organizzare questa missione aveva motivazioni politiche e militari, ma era pure una specie d'invocazione. Saremmo riusciti a mettere piede su quel corpo celeste? Ci sarei riuscito io? Durante la mia infanzia, la corsa allo spazio – questa esigenza nazionale – spinse scienziati, astronauti e ingegneri a rendere possibile l'impossibile. La speranza veniva affiancata dal dubbio e dalla paura, ma un numero sufficiente di persone credeva che fosse realizzabile. Il mondo intero era investito dall'audace potenzialità e dal timore esistenziale di questa missione. Così come la scissione dell'atomo, questo balzo da una sfera all'altra avrebbe scatenato una forza che non saremmo stati in grado di domare?

CAPITOLO 3

Era un cantiere dopo l'altro. Durante il liceo possedevo uno staff di operai, e quasi ogni giorno uscivo dalla scuola in anticipo per recarmi ai cantieri di mio padre, dove lavoravo come collaboratore indipendente. Passavo i pomeriggi e i weekend a misurare e tagliare il legname necessario per rivestire la struttura di una casa. Di solito arrivavamo in un luogo liberato di recente dalla foresta e preparato per lo sviluppo edilizio. Nuove strade, nuove linee fognarie ed elettriche indicavano la via verso quelle aree interne. A volte si trattava di foreste mai disboscate in precedenza. Venivano raggiunte dal nostro staff che le trasformava in un luogo per viverci. Gli alberi, gli arbusti e la terra venivano sostituiti da un agglomerato di caselle postali, portici e camini. Mentre il paese cresceva, la gente aveva bisogno di case. Mio padre ed io sapevamo come costruirle.

Un nuovo progetto di sviluppo bussò alla nostra porta. Il golfista locale L.B. Floyd, veterano di guerra di Fort Bragg, aveva acquistato il terreno su cui giaceva la nostra roulotte per creare un campo da golf. Ci spostammo semplicemente quattrocento metri più in là. Dopo aver rimosso gli alberi, comparvero bulldozer e scavatrici per disegnare i fairway, i bunker e i green, secondo il progetto di Floyd. Quando i fairway erano ancora spogli e l'erba doveva ancora spuntare, io e mio padre ci allenavamo colpendo la mazza da golf dove una volta c'era una foresta di pini. Mi piaceva la concentrazione e la tecnica richiesta da questo sport. Mostrava una similitudine con il mio lavoro di carpentiere: misura due volte, taglia una. Fai pratica, colpisci bene, vinci. Mi piaceva l'arco seguito dalla pallina in aria, la distanza che riusciva a coprire con un minimo sforzo. Giocare lì sopra era un modo per ricreare una connessione tra noi due, con la nostra vecchia vita e la natura. C'erano sempre animali selvatici intorno: un gruppo di cervi che si muoveva lungo il margine del bosco, uccelli azzurrini che beccavano sul prato a caccia di insetti. A differenza della caccia, il golf era praticabile in ogni stagione. Mi impegnavo tantissimo per migliorare seguendo i consigli di L.B., che avviò anche due dei suoi figli alla carriera professionistica. L.B. amava avere intorno alla clubhouse bambini che si davano da fare come caddy e allo stesso tempo imparavano a giocare. Suo figlio Raymond Floyd vinse il torneo Masters nel 1976 e sua figlia Marlene giocò nel Tour LPGA.

Tra il golf, il lavoro, la scuola e i miei impegni a casa ero totalmente isolato nel mio mondo. Solo quando presi la patente di guida a sedici anni imparai a muovermi tra Hope Mills e la città più vicina, Fayetteville. Finalmente mi resi conto che i boati assordanti che sentivo da piccolo e che scuotevano la nostra roulotte non erano altro che il rumore dei jet militari di Fort Bragg nell'attimo in cui rompevano la barriera del suono. Quando non ero a scuola o al lavoro, io e papà giocavamo a golf o andavamo a caccia. Andando alla scoperta della città fui sorpreso di notare quante strutture portavano anche la sua firma.

Forse ebbi esperienze limitate durante la mia infanzia: non girai per l'Europa e non imparai lingue straniere, ma c'erano sempre tante cose da scoprire. La natura è una fonte inesauribile. La famiglia un amore mai troppo forte. Lavoro duro, una partita a golf, una bella storia da ascoltare ed ecco spiegata la chiave per star bene. Sono alcuni dei principi fondamentali che mi hanno permesso di avere una vita piena e benedetta.

Come mio padre, incontrai la donna che sarebbe diventata mia moglie durante il liceo. Avevo iniziato a guadagnare discretamente, costruendo case in legno e aggiustando elettrodomestici, autoradio e apparecchi elettronici nel vicinato. Con i miei guadagni, a soli diciassette anni comprai una macchina nuova, una Trans Am rossa del 1979. Ce l'avevo da poche settimane quando il motore s'inceppò mentre io, la mia futura moglie e una coppia di amici stavamo andando al cinema. Mi fermai in una stazione di servizio, aprii il cofano e andai a controllare il motore. C'era del vapore sopra gli ingranaggi dell'auto in panne, seppur nuova e potente. Controllai il radiatore. All'improvviso, fui travolto da un'ondata di liquido verde surriscaldato, mentre il tappino del radiatore volò a qualche metro di distanza. La parte sinistra del mio viso, il braccio e la spalla subirono serie ustioni causate dal liquido bollente.

Trascorsi le due settimane successive in ospedale, con bagni quotidiani di iodio. Il dolore provocato dalle ustioni e dalle terapie fu tra i peggiori della mia vita. Mentre la mia pelle veniva strofinata con il disinfettante, vedevo lunghe strisce staccarsi da essa. Quella piccola parte ancora viva dentro me era terrorizzata da quei bagni. Così, stufo di quei trattamenti brutali uscii dall'ospedale, camminando con indosso solo il camice da letto. Mi feci prestare un dollaro da una signora e chiamai mio cugino per farmi venire a prendere. Arrivai a casa, ma mia madre mi fece tornare all'ospedale. Finalmente, riconobbero il dolore che provavo e decisero di sedarmi prima di rimuovere gli strati di pelle. Al pari di quando ero rimasto ustionato all'età di tre anni, ci fu una transizione con questa nuova ondata di sofferenza. Se a tredici anni venivo già trattato come un giovane adulto, ora ero un uomo fatto e finito, che soffriva e lavorava come un uomo. Anche questo evento drammatico mi segnò.

Dopo il mio ultimo anno di liceo, ci fu il matrimonio con mia moglie. Avremmo vissuto insieme in zona se non ci fosse stata una recessione, con il conseguente stop a tutti i progetti edilizi. Avevo pensato di iscrivermi all'Università di North Carolina a Chapel Hill, ma mancavano i fondi necessari. Mio padre suggerì di aspettare qualche anno. I prestiti per le case aumentarono del 21% e nessuno voleva costruire. Siccome papà aveva una buona reputazione come costruttore edile e anche molti dipendenti in attesa di lavoro, vinse un contratto per costruire un complesso residenziale a un'ora e mezza da noi a Wilmington, North Carolina. Naturalmente anche io dovetti andare dove c'era lavoro e mi trasferii insieme al suo staff di centodieci uomini in un hotel preso in affitto da mio padre per i suoi operai. Nel corso di cinque anni e mezzo, completammo oltre seicento unità residenziali nell'area di Wilmington.

Da sposi novelli, io e mia moglie facevamo del nostro meglio per superare la distanza imposta dal mio lavoro. Io vivevo davanti alla spiaggia, lei era tornata a stare in una casa mobile a Fayetteville. Era dura riuscire a bilanciare le visite con il lavoro. Entrambi speravamo in un'impennata del mercato immobiliare per poter passare più tempo insieme, ma i soliti ostacoli ci tenevano separati. Eravamo solo ventenni e stavamo insieme già da quattro anni. Erano trascorsi undici mesi dalle nostre nozze, quando un giorno mi trovavo a caccia con i cani su una piccola isola, di fronte alla costa di Wilmington. La sera era in programma una grande festa per giovani al nostro circolo di caccia, quindi tornai a casa per far visita a mia moglie e ai nostri amici. Al mio arrivo mia moglie non era a casa, per cui immaginai che fosse già andata alla festa. Infatti quando scesi dall'auto la vidi ai margini di un gruppo di ragazzi, mentre parlava con una sua vecchia fiamma del liceo. Era proprio ciò che avevo temuto e la scena mi turbò. Non volendo andare alla festa così scosso e neppure inscenare una lite, preferii salire in auto e tornare a casa. Premetti sull'acceleratore per qualche minuto. Mi calmai. Accostai nel parcheggio della stessa chiesa dove una decina d'anni prima avevo avvistato il gufo. Poi decisi di fare dietro front e presentarmi alla festa. Avevo percorso tutta la strada da Wilmington apposta e poi stavano solo parlando, cosa normale in una comunità piccola come la nostra. Era quasi impossibile non imbattersi l'uno nell'altro e far rivivere vecchi aneddoti, pur sforzandosi di evitarlo. Tornando indietro, sempre in prossimità della chiesa, vidi un'auto in fumo al lato della strada, ribaltata dentro un fosso e con le ruote ancora che giravano. Scioccato e inorridito, accostai e saltai fuori dalla mia macchina per prestare soccorso. Era buio. Sentivo il motore ancora acceso, ma non vedevo nessuno. Si accese la luce di fronte a una casa e chiesi alle persone apparse se fossero riuscite a vedere chi c'era nell'auto. Risposero di no e tornai verso le lamiere dove, con la luce proveniente dalla casa, avvistai una sagoma sul prato. Nell'erba, espulso dall'auto, c'era un corpo straziato e sanguinante. Mi precipitai. Lo presi tra le mie braccia e fui avvolto da una tremenda sensazione d'impotenza mentre assistevo al suo ultimo respiro. Mi girai di nuovo verso i rottami. Era l'auto di mia moglie. Il corpo era quello di mia moglie. Era mia moglie.

Fa ancora male. Diedi la colpa della sua morte ai miei sospetti e alla mia gelosia. Pensai a come sarebbe andata quella sera se fossi tornato indietro prima, se non mi fossi fatto prendere dalla rabbia, se fossi stato più presente nei mesi precedenti. Non c'era fine al mio tormento. Il trauma di averla sorretta senza riconoscerla, mentre la vita la stava lasciando, mi ha accompagnato per tutta la vita. Il ricordo riemerge sempre in superficie ancora fresco e doloroso, come in quell'istante. Bevevo per scappare da quelle sensazioni, ma mi aggrappavo al mio lavoro di costruire case sulla spiaggia. Laggiù, c'erano meno legami con la mia vecchia vita e avevo qualche amico con cui lavoravo. Abitavo a sud di Wilmington, a Carolina Beach, una striscia di terra lunga un miglio, con l'oceano Atlantico da un lato e il fiume Cape Fear che si allarga dall'altro lato. A diciannove anni stavo lavorando sul bordo del tetto di una casa a tre piani, sorretta da alcuni piloni sulla spiaggia. L'impalcatura su cui mi reggevo cedette e crollò, trascinandomi giù con sé. Precipitai come un sacco di patate per quattro piani, tra un groviglio di rinforzi metallici e pavimenti provvisori di compensato. Le sbarre di metallo aprirono squarci su un braccio, sullo stomaco e il torace. Mi fratturai la vertebra T6. Col tempo, recuperai le forze e tornai al lavoro. Non avevo alternativa. Il mio appartamento fronteggiava l'oceano e l'orizzonte ininterrotto. Arazzi grandiosi, creati dalle variazioni del meteo, scorrevano con noncuranza. Nei giorni di temporale gli spruzzi d'acqua si allungavano verso le nuvole tra il grigio caos carico di pioggia, le onde si infrangevano sulla riva e gli arbusti oscillavano sulla spiaggia. Vedevo coni gelato cadere dalle mani di turisti dalla pelle scottata.

Al termine di quei due anni mi ritrovai pieno di cicatrici, ma pressoché intatto. Un giorno, un mio amico mi invitò a pranzo per farmi incontrare sua sorella Yvonne, in visita a casa dal college che frequentava, la East Carolina University.

Forse lui aveva una grande opinione di me o forse non gli piacevano i ragazzi frequentati dalla sorella al college. Non aveva importanza per me. Fu amore a prima vista. Anche suo padre, come il mio, era un costruttore e amava andare a caccia e pesca. Andammo subito d'accordo durante il pranzo, ma lei tornò al college e per un po' non ci rivedemmo. Intanto continuavo a costruire un residence dopo l'altro sulla spiaggia.

Un giorno decisi di andare al negozio di equipaggiamento sportivo aperto da mio padre, diventato un punto di riferimento per gli appassionati di caccia e pesca. Vidi mio padre dietro al bancone intento a parlare con un businessman, che guarda caso era il padre di Yvonne. Gli dissi che sarei stato felice di incontrare sua figlia e lui mi diede un passaggio fino a casa loro. Appena entrati in casa, l'uomo mi presentò alla figlia non sapendo che ci eravamo già conosciuti. Di nuovo, ci fu subito una grande intesa e la invitai a un primo appuntamento la sera stessa.

Il 30 gennaio del 1911, un uomo di nome Sam D. Page entrò in un'affollata chiesa ottagonale di Falcon, North Carolina. La chiesa era stata costruita con legname strappato ai tetti da un tornado, e aveva quella forma perché al costruttore ricordava le tende d'emergenza. Sam era stato nominato a capo della prima convenzione generale della nuova *Pentecostal Holiness Church*, che quel giorno si era unita ufficialmente alla *Fire-Babtized Holiness Association*. I fedeli utilizzarono la loro combattiva ingegnosità per costruire una nuova struttura dalle vecchie macerie, compreso il tabernacolo.

Sam D. Page era un parente di Yvonne, ed ebbe un ruolo fondamentale nell'istituzione della chiesa, che attualmente conta oltre un milione di membri internazionali. Ad oggi, la chiesa è ancora una presenza forte nella famiglia di Yvonne. Dopo i primi appuntamenti, diventò ben chiaro che se avessi voluto una vita insieme a lei avrei anche dovuto partecipare alla vita di chiesa.

Ero cresciuto con l'ordine battista, in gran parte perché battista era la chiesa più vicina alla nostra roulotte. Eravamo cristiani, ma non seguivano nessuna di quelle regole restrittive seguite dai membri della *Pentecostal Holiness Church*, come la proibizione di bere alcool e fumare. D'altra parte, le messe battiste erano riservate e monotone, in confronto alle esternazioni appassionate che avvenivano nella maggior parte delle chiese pentecostali. Nella chiesa battista della mia infanzia si poteva sentir cadere uno spillo, tranne quando il prete predicava o i fedeli cantavano. Nella *Pentecostal Holiness Church*, credevano nel battesimo dallo spirito santo e che parlare in altre lingue fosse un segno della presenza di Dio in una persona. Avevo sentito storie di estasi mistiche in comunione con lo spirito santo: la zia di Yvonne correva all'indietro a occhi chiusi sulla parte alta dei banchi. Forse avevano un tipo di approccio particolare, che io dovevo ancora sperimentare per comprenderne il significato.

Le mie molteplici esperienze ai confini con la morte mi avevano indotto ad approfondire l'interesse verso la chiesa, partendo dal presagio del gufo incontrato pochi giorni prima che mi sparassero. Queste vicende mi spinsero a pormi delle domande che tuttora mi assillano. Perché sono sopravvissuto quando ho preso fuoco all'età di tre anni, quando ho rischiato di perdere i denti frontali a sei anni, quando mi hanno sparato a dieci anni, dopo le ustioni di terzo grado a sedici anni, dopo la caduta dal quarto piano dell'impalcatura all'età di diciannove? Quale significato dare a tutti quei pericoli scampati e a tanta sofferenza? Cosa potevo aspettarmi dalla vita futura se avessi proseguito su questo schema? Intanto continuavo a bere e Yvonne lo tollerava purché frequentassi la chiesa ogni domenica, e il nostro rapporto si fece rapidamente più serio. Ci sposammo lo stesso anno, nel 1983 e ci trasferimmo insieme a Carolina Beach. Le onde andavano avanti e indietro, le stagioni si alternavano e noi vivevamo insieme felici.

Nei weekend tornavamo nell'area di Fayetteville a trovare i nostri genitori. Dopo un anno di matrimonio, Yvonne mi portò alla pista aerea di Fayetteville e mi regalò la mia prima lezione di volo. Fu un caso, ma anche volare fu amore a prima vista. Ogni weekend andavo alla pista per accumulare le ore di volo necessarie a ottenere la mia licenza privata di pilota. Ci vollero mesi, e mi appassionai sempre di più.

Volare era per me un misto di pace e delizia, una sensazione che non avevo mai provato prima. Credo che trovassi pace in volo proprio perché era pericoloso. Mi sorprende sempre come una cosa così sottile come l'aria possa sorreggere tonnellate di metallo e carburante. Ogni volo era diverso dal precedente, il panorama così ampio e intricato che era impossibile annoiarsi:

una strana composizione delle nuvole, il vento proveniente da una direzione insolita per quel periodo dell'anno o momento della giornata, collegare luoghi da me già visitati che mostravano una forma diversa se osservata dall'alto. Da tremila metri di altitudine, leggevo la regione a me familiare come un libro continuamente in evoluzione. Per tutta la durata del volo, il mio unico pensiero era di mantenere il velivolo in aria.

Stare insieme a Yvonne era importante. A quell'età, tra i venti e i trent'anni, invece di vivere in una casa, dove uno dei due sarebbe inevitabilmente rimasto bloccato, comprammo insieme un camper di dieci metri per due e mezzo. Vista l'imprevedibilità del mio lavoro che mi portava da un luogo all'altro, volevo la certezza di avere Yvonne al mio fianco. Quando ebbi l'opportunità di costruire un palazzo di sei piani e una marina a Myrtle Beach ci trasferimmo là, insieme.

La famiglia di mia madre era originaria di quell'area, così ci stabilimmo sul terreno della fattoria di proprietà dello zio Gus. Mentre io ero impegnato alla costruzione di un faro di fronte al mare, Yvonne dava una mano lavorando alla bancarella di frutta e verdura dello zio settantenne, a lato della strada. Era una giovane ragazza di città che girava con lui sul suo vecchio camion. Per divertimento imparai anche a pilotare alianti, apparecchi acrobatici ultra leggeri privi di motore e con grandi ali. A metà tra un deltaplano e un Cessna, venivano trainati in aria da un aereo e poi sganciati. Era eccitante manovrarli e si potevano fare manovre a cavatappi e avvitamenti con meno pericolo di un aereo normale. Vedevo la mia marina, scolpita lungo la linea costiera. Non pensavo alle marche temporali, ai problemi d'erosione, o agli appuntamenti con gli ispettori della guardia costiera. Semmai osservavo come ogni cosa scivolava sotto di me, rimpiazzata dalla prossima spiaggia, il prossimo pontile, la prossima palude.

∞

Nei quattro anni successivi, Yvonne ed io ci spostavamo nella regione con il nostro camper, ovunque ci fosse lavoro. Una torre d'addestramento per i Marines qui, un complesso residenziale là. Avevo appena ventisei anni ed avevo già sviluppato una buona reputazione come costruttore. Se ci trovavamo troppo lontano per andare a visitare i nostri genitori a Fayetteville, noleggiavamo un aereo e volavamo da loro. C'erano piste d'atterraggio e gente entusiasta ovunque. La comunità locale era sempre accogliente ed eccitata.

Alla fine, costruimmo la nostra casa a Fayetteville. Acquistai un vecchio Aeronca del 1946 e lo restaurai nel mio garage. Come con i frigoriferi e le lavatrici dei vicini, non vedevo l'ora di smontarlo e capire il suo funzionamento. Era un apparecchio con un solo motore e un propulsore sul muso, con due sedili affiancati. Smontai le ali e, nel giro di qualche mese, mi assicurai che ogni parte fosse funzionante. Essendo un velivolo datato, gli unici strumenti di navigazione erano un altimetro e un compasso.

Una volta, portai Yvonne in volo con me. Era una brutta giornata e c'era nebbia. Capivo dal suo sguardo che lei non fosse contenta di me, del tempo e dell'aereo su cui avevo impegnato tante ore per farlo a pezzi e riassemblarlo. In mezzo alla nebbia persi l'orientamento e dovetti guardare il grafico VFR, ossia una mappa della regione con punti di riferimento come torri idriche e strade. Serve da supporto per i piloti che volano a vista o non sanno dove si trovano. Tenevo la cartina aperta sulle cosce nell'abitacolo, ma una turbolenza improvvisa la risucchiò fuori dal finestrino.

Yvonne volse il suo sguardo su di me. Le sorrisi implicando che andava tutto bene, e subito ripresi a guardare davanti a me. Con il ronzio del motore e le cuffie sulle nostre orecchie, era una situazione rocambolesca al di là del nostro controllo, quasi divertente almeno in retrospettiva. Un passeggero farebbe il possibile per supportare un pilota esperto in qualunque tipo di emergenza, e un pilota farebbe il possibile per mostrarsi calmo e sicuro malgrado la situazione appaia fuori controllo. Entrambi provavamo la medesima paura del pericolo fisico e il conforto dato dalla vicinanza dell'altro, entrambi affrontavamo lo stesso vuoto informe. Vedevo solo bianco tutto intorno e, nei rari spazi creati dalle nuvole, cime di alberi a caso sotto di noi. Con prudenza, portai l'aereo leggermente ad altezza inferiore, sempre tenendo d'occhio l'altimetro.

Cercavo di individuare qualche torre idrica in lontananza per sperare di riconoscere la posizione. A un tratto sorvolammo un'autostrada, però non avevo idea di quale fosse. Il vecchio aereo ultraleggero aveva un limite di settantacinque miglia all'ora, quindi molte auto sotto di noi ci superavano in velocità verso la destinazione finale. Nessuno di noi due apriva bocca. Finalmente fummo abbastanza vicini da riuscire a leggere il nome del paese su una torre idrica. Mi ricordavo come tornare verso casa da lì.

Dopo quella disavventura, acquistai un aereo più veloce, un *M20-E Mooney* bianco e blu, che poteva coprire la tratta da Fayetteville a Disneyworld in un'ora e mezza. Yvonne ed io eravamo spesso in viaggio. Il mio lavoro diventò più flessibile e i guadagni iniziavano ad essere cospicui. Era bello volare. Mi feci crescere i baffi e quando indossavo i miei occhiali Aviator sembravo la copia magra di Mike Ditka sul campo di aviazione. Prendevamo il volo per vedere un parco dei divertimenti, una fiera o qualunque cosa desiderassimo. Avevamo una piccola tenda blu e nessun obbligo oltre al lavoro, alla chiesa e verso noi stessi.

Nel 1987, avevo accumulato sufficienti ore di volo per il test di pilota commerciale. Avrei potuto guadagnare bene con una compagnia aerea, facendo come lavoro ciò che amavo maggiormente. Inoltre, avrei avuto l'opportunità di pilotare grandi aerei. Ero intenzionato a svolgere il test in modo da valutare questa opzione, ma Yvonne venne da me con una notizia importante. Era incinta del nostro primo figlio. Volevo volare, ma ebbi lunghe conversazioni con lei e con la mia famiglia, durante le quali ricordammo i primi anni di matrimonio sempre in giro con il camper. Consideravamo casa ovunque ci trovassimo insieme. Dormire da tre a cinque notti a settimana in hotel, lontano dai miei affetti, rinunciare alle recite dei figli, alle ricorrenze, agli eventi: quella carriera avrebbe significato sacrificare tutti quei valori con cui ero cresciuto e su cui avevo costruito la mia vita. Scelsi l'imprenditoria edile e la mia famiglia.

CAPITOLO 4

Nel 1989, dopo la nascita del primo figlio Chris Junior (da noi soprannominato Junior), lavoravo come manager nel settore edile e negli allevamenti di maiali della zona. Con i miei guadagni pagai tutte le spese, fui in grado di lasciare il camper e acquistare una casa in mattoni. Avevamo anche una piscina e tanto spazio da utilizzare. Ero orgoglioso di noi.

Fu in quel periodo che apparirono i primi sintomi di sindrome del colon irritabile (IBS), diagnosticata dal mio gastroenterologo. Non è facile guarire da questa malattia e tantomeno conviverci. Iniziò a causarmi problemi sia al lavoro che alla *Pentecostal Holiness Church*, dove da poco tempo prestavo servizio come Diacono nelle serate di domenica e mercoledì. Il disagio era causato dalla costrizione a passare tanto tempo in bagno, dal fastidio costante e dalla difficoltà a spiegare la situazione per via dell'imbarazzo.

Le cause della IBS e della malattia di Crohn non erano chiare, ma lo stress portò a un peggioramento. In quegli anni dovevo spesso trascorrere la notte fuori casa. Venivo chiamato dalle fattorie e dovevo guidare tre o quattro ore per verificare cos'era successo. E allora non potevo nuovamente evitare di essere avvolto dalla puzza, la stessa che sentivo da ragazzino quando mi toccava pulire i recinti dei cani da caccia e vivere vicino ai maiali. Sentivo già quell'odore tremendo quando mancavano ancora dieci minuti per raggiungere in auto quegli enormi stabilimenti. Poiché i maiali sono privi di ghiandole sudoripare, appena giunto al parcheggio si sentiva il frastuono del sistema di ventilazione che manteneva freschi gli animali.

Mi sentivo responsabile per quei suini rosa. E mi sentivo ancor più responsabile per Yvonne sola con un neonato. Il benessere degli animali dipendeva in gran parte dal buon funzionamento dei componenti di queste fattorie meccanizzate, e veniva compromesso quando l'equipaggiamento subiva qualche danno. Facevo il possibile per aggiustare il guasto rapidamente, ma a volte bisognava aspettare l'arrivo di un pezzo di ricambio o persone qualificate in grado di risolvere il problema. Trovavo orribile avere a che fare con macchinari che permettevano massima efficienza in quel settore alimentare. Il successo non era una cosa facile: quegli animali erano totalmente diversi dai maialetti cresciuti da mio nonno dietro alla roulotte, che sguazzavano tutto il giorno per rinfrescarsi. Quando ero in trasferta lavorativa prendevo una stanza in un motel da cui, se non era troppo tardi, chiamavo Yvonne. Risolta la situazione, tornavo da lei per qualche giorno finché una nuova crisi in qualche fattoria non mi costringeva a ripartire da casa. Un altro motel e un altro branco di animali imprigionati e sofferenti.

Nel frattempo, il mio impegno con la chiesa aumentò. Studiavo la Bibbia notte e giorno, come non avevo mai fatto. Sperimentai le più ricche esperienze religiose della mia vita e appresi tantissimo sulla fede. Era una comunità appassionata e incoraggiante, con varie opportunità di interagire con gli altri congregati e con Dio. Partecipavo ai concerti e alle riunioni sempre più frequentemente.

Cercavo di adempiere alle mie responsabilità con il massimo impegno, ma più mi sforzavo più sentivo peggiorare i sintomi legati alla IBS. Al lavoro e in chiesa, la gente si era abituata ai miei ritardi e alle mie sparizioni, tuttavia non avevano realizzato il vero motivo. Non era facile, ma riuscivo a gestire tutto.

Nel 1991, *l'Environmental Protection Agency* fece chiudere definitivamente gli stabilimenti dei maiali, in quanto erano state trovate sostanze inquinanti sia nell'aria circostante che nell'acqua potabile. Erano residui tossici provenienti dagli scarti degli stabilimenti. Contemporaneamente mio padre scoprì nei libretti contabili un buco di centinaia di migliaia di dollari sottratti alla sua azienda edilizia. Rischiò di perdere la sua casa e il business. Per fortuna fui in grado di saldare i debiti, rilevare la sua compagnia e in seguito vincere la causa per ottenere il risarcimento del denaro sottratto. Tutto ciò mi procurò un notevole livello di stress e incertezza che contribuirono a intensificare la mia malattia. Mi misi a lavorare come caposquadra e a vendere le case che costruivamo. Ero sempre molto impegnato, ma avevo più controllo sugli orari e riuscivo a passare più tempo accanto a Yvonne, Junior e Jeremy, che era nato nel 1991.

Nel 1994 mio suocero, che era stato il mio compagno di volo, morì improvvisamente, per cui smisi di volare e ripresi ad andare a pesca con mio padre nei weekend. Cercavo di passare più tempo possibile con lui perché era sempre piacevole per entrambi. Intanto la mia famiglia continuava a crescere con la nascita di Ryan nel 1993 ed Emily nel 1996. La mia reputazione crebbe e il mio business decollò. Arrivai a vendere anche sei case in solo giorno, incontrando persone che passavano in auto e aiutandoli a scegliere un lotto. Purtroppo il boom dei miei affari fu troppo rapido e io non possedevo le capacità manageriali necessarie per gestire la crescita.

Negli anni '90 avevamo spesso settanta case in costruzione e trenta progetti di ristrutturazione. Ero bombardato da una mole di dettagli che dovevo monitorare, come forniture, drenaggi, gestione del personale e altro ancora. Era una quantità di cose impossibile da tenere sotto controllo, ciascuna di importanza vitale per almeno una persona. Gli acquirenti avevano bisogno di una casa dove dormire, i miei operai di un lavoro. I fornitori si aspettavano di essere pagati. Dovevo assicurarmi che tutti i codici fossero in regola per non perdere la mia licenza. Avrei fatto meglio a dire di no a certi progetti, ma era difficile rinunciare a un nuovo business. Fin dall'infanzia, se c'era una possibilità di guadagno extra ero abituato a rimboccarmi le maniche.

Era evidente che non tutto poteva essere risolto soltanto con il mio olio di gomito. I sintomi della malattia peggioravano, e a casa avevo quattro figli da crescere. La situazione era diventata insostenibile. Quando il mercato subì una grave inflessione in seguito all'attacco dell'11 settembre, iniziai a precipitare in una spirale. La mia salute, la mia carriera e la mia reputazione ebbero un crollo repentino. Le case restavano invendute e gli interessi sui pagamenti anticipati si accumulavano. Nel giro di un paio di anni, la compagnia aveva bruciato tutte le riserve di denaro liquido. Il declino era stato previsto fin dal primo momento, ma non c'era alcuna possibilità di fermare l'emorragia. Restava solo la speranza che la gente tornasse a comprare case. La popolazione locale era scoraggiata dopo la chiusura di Fort Bragg e la fine dell'attività di addestramento.

Fui colto da una sensazione di impotenza che rese la mia IBS ancor più debilitante. Non potevo uscire di casa. Se lo facevo, dopo solo una decina di minuti ero costretto a far marcia indietro. Malgrado la mia volontà di salvare l'azienda, ogni giorno ero invischiato nella stessa storia. Ero responsabile di oltre un centinaio di persone, tra cui molti famigliari o cari amici, e stavo fallendo. Era frustrante cercare di gestire molteplici cantieri telefonicamente. L'intestino era così rigonfio che i medicinali non avevano nessuna efficacia. Inoltre, ero così oberato dagli impegni che spesso saltavo le visite mediche e non riuscivo a mangiare cibo salutare.

Il mio gastroenterologo morì nel 2003, così andai a farmi medicare dal mio medico di famiglia. Nella sua sala visite, ebbi una crisi di pianto causata dalla mia condizione. Il dottore mi disse chiaramente che non sarei vissuto a lungo se non avessi venduto la compagnia. E anche se fossi riuscito a vivere ancora per molto tempo, sarebbe stata un'esistenza intollerabile. Una vita che non valeva la pena di essere vissuta. Dopo avermi prescritto un antidepressivo, mi consigliò uno psichiatra che mi aiutasse ad abbassare il mio livello di stress.

La prima volta che andai dallo psichiatra stava fumando nel suo studio. All'epoca, mi parve un gesto eccentrico e divertente da parte sua. Mi prescrisse una medicina a base di litio e nei mesi successivi aggiunse progressivamente altri medicinali. Restai aggrappato al mio business e tutto peggiorò. Oltre a soffrire di IBS e stress lavorativo, sentivo qualcosa di strano in me. A un certo punto, la cura dello psichiatra comprendeva cinque diversi medicinali. Ero diffidente, ma mi ero sempre fidato dei medici e non avevo intenzione di sospendere una cura che avrebbe dovuto essere utile. Nell'estate del 2003 ero costretto a letto e impossibilitato a svolgere il mio lavoro, in quanto il miscuglio di medicinali che ingerivo aveva raggiunto un livello di tossicità critico. Un giorno Yvonne e i bambini arrivarono a casa e mi trovarono svenuto sul lotto di terreno di fianco al nostro. Non avevo ancora realizzato che le medicine prescritte dal dottore mi stavano lentamente avvelenando, portandomi alla morte.

Mi risvegliai al pronto soccorso, ed ero come sospeso in aria ad osservare dall'alto il mio corpo. I medici nel corridoio discutevano su di me, sottolineando che ero il centotredicesimo paziente dello stesso psichiatra a venire ricoverato in ospedale. Inspiegabilmente, quel medico non aveva perso né la licenza né la reputazione. La diagnosi ufficiale fu intossicazione da litio, metallo che negli ultimi mesi aveva gradualmente e pericolosamente contaminato il sangue. Anche il mio cervello fu danneggiato dal litio, e le interazioni con gli altri medicinali causarono un grande crollo mentale.

Appena una settimana dopo il mio ricovero, quel medico morì. Egli stesso, in precarie condizioni di salute, assumeva un simile regime di psicofarmaci che ne decretarono la fine, o almeno così credo. Evito di menzionare il suo nome per rispetto ai suoi familiari ancora in vita. Nessuno degli altri pazienti si fece avanti pubblicamente, così mi concentrai sul mio recupero senza poter raccontare esplicitamente come erano andate le cose.

La mia famiglia e i miei figli si erano spaventati per l'accaduto. Bisognava modificare qualcosa. Ero bloccato a letto ad affrontare la malattia di Crohn e la convalescenza dall'intossicazione da litio. Firmai i documenti di vendita della compagnia. Yvonne ed io speravamo che questa soluzione ci avrebbe procurato sollievo e un po' di respiro, tanto agognato dopo parecchi anni di vita tumultuosi. I debiti per le case rimaste invendute, le facce degli operai quando spiegavo che non c'era lavoro, i lugubri complessi residenziali con metà delle case invendibili che cadevano in rovina: non si poteva scappare da tutto ciò. Non avevo abbastanza avvocati per i buyer, le spese si accumulavano e nel corso del 2005 non ci restò più nulla.

La malattia di Crohn mi impediva di lavorare, causando maggiore stress che faceva peggiorare la malattia. Stare a letto mi portò alla depressione. Passai dalla supervisione di centinaia di case in costruzione all'anno, alla necessità di vendere la mia stessa casa. Nessuno comprendeva come e perché fosse successo, tanto meno gli impiegati e i famigliari che dipendevano dal mio successo. Yvonne non se la sentiva di spiegare che andavo in bagno dalle venti alle venticinque volte al giorno, così si moltiplicarono i pettegolezzi su di me e sulla causa della perdita della mia compagnia. Alcuni credevano che avendola venduta mi ero ritirato con un bel gruzzolo; in verità avevo a malapena coperto i debiti, e con quattro figli da crescere, facevo fatica a tirare avanti. I bambini erano cresciuti in una grande casa con la piscina privata. Dopo la vendita, ci trasferimmo nella proprietà di mio padre in un vecchio e fatiscente caravan doppio rimesso a posto da me. All'età di quarantaquattro anni mi ritrovavo a ricominciare da capo, cercando ogni opportunità per fare qualche soldo, come quando avevo dieci anni.

Un po' più saggio e molto più vecchio, avevo la fortuna di poter contare sulla mia famiglia e, non soltanto perché costretti alla vicinanza fisica dallo spazio ristretto, il nostro legame si strinse maggiormente. Eravamo tutti impegnati a dare il massimo. Io ero determinato a mantenere la famiglia a galla con le unghie e con i denti, malgrado la depressione e la malattia di Crohn. Mi pesava constatare che la qualità di vita dei miei figli era scaduta clamorosamente, ma andavo avanti. Passammo il 2006 in quella dimora dalla cucina vuota. Semplicemente non c'era tempo, né denaro per installare mobiletti e scaffali. Giravo per il vicinato rendendomi disponibile per qualunque progetto, per pulire le grondaie, avviare un progetto o qualunque impiego che portasse guadagno. Era difficile ottenere lavoro, per via delle voci secondo cui avevo dissipato una fortuna con il gioco d'azzardo, avevo tradito i miei impiegati e famigliari per egoismo e atti peccaminosi. Ero visto come un paria. Mi vergognavo di mandare i ragazzi a scuola senza soldi per i pasti, eppure loro non si lamentavano mai. Tutto sembrava futile.

Durante il 2006, mio padre si accorse che non uscivo quasi mai e si preoccupò per la mia salute. Per lui fu naturale prendere il controllo, essendo sempre stato il mio capo. A un certo punto mi prese da parte e mi fece capire che serviva un cambiamento. Aveva intrapreso un lavoro sulla costa, con una casa sulla spiaggia che necessitava di rivestimento. Stesse mansioni, stesse capacità e stesso capo di quando avevo sedici anni. Temevo il peggioramento dei miei sintomi e di deludere le aspettative. Tuttavia, la spiaggia era abbastanza lontana da Fayetteville e ritenevo che potesse rappresentare un nuovo inizio. Misi da parte l'orgoglio e accettai.

Verso la fine del 2006, Junior abbandonò la scuola per venire ad aiutarmi a rivestire la casa per un paio di mesi.

Vivevamo insieme in una casetta affittata sulla spiaggia. Yvonne e i ragazzi apprezzavano il maggior spazio che avevano a casa, mentre io e Junior eravamo contenti di lavorare insieme. Era una casa da un milione e mezzo di dollari, quindi il lavoro di rivestimento era impegnativo. Lo staff era composto da sei persone e quotidianamente assemblavamo muri, pavimenti e tetti con il materiale adatto. Ogni angolo doveva essere corretto, ogni piano, ogni dimensione doveva rispecchiare il disegno stabilito, altrimenti ci sarebbero stati intoppi nel proseguimento della costruzione. Questo impegno fece restare Junior indietro nello studio, ma l'esperienza gettò le basi per la sua futura carriera.

L'ossatura della casa fu terminata prima di Natale, così tornammo da Yvonne, Ryan, Jeremy ed Emily. Non c'era molto da festeggiare in quei giorni, ma almeno eravamo uniti. I ragazzi erano passati da feste in piscina da loro organizzate alla mancanza di denaro per il pranzo a scuola. Non ero sicuro che avrei avuto un'altra offerta di lavoro da mio padre. La mia malattia di Crohn era sempre presente e sembrava che nulla avrebbe potuto sconfiggerla. Il futuro era incerto ed io ero un uomo abbattuto come non mai.

CAPITOLO 5

Mentre guardavo, ecco venire dal nord un vento di tempesta, una grossa nuvola con un fuoco che si avvolgeva su sé stesso; intorno ad esso e dal mezzo di esso emanava un grande splendore come il colore di bronzo incandescente in mezzo al fuoco.

—Ezechiele 1:4

Due settimane dopo Natale, l'8 gennaio 2007, le nostre vite cambiarono per sempre. Era un lunedì. Avevamo appuntamento con l'appaltatore per il tocco finale al sito e per ricevere il pagamento, una volta verificato che fosse tutto a posto. Faceva freddo e l'ispezione fu rapida: sembrava tutto in regola, per cui la mattina stessa ricevemmo il nostro assegno. Avevo vissuto quel momento centinaia di volte, da entrambe le parti, dunque il passaggio di consegna non rappresentava una novità per me. Ero depresso all'idea di non avere in programma un'altra occasione di lavoro. Sarei tornato a casa la sera stessa, senza un motivo preciso per svegliarmi la mattina, tranne quello di stare incollato al wc. Al contrario, Junior e gli altri erano in vena di festeggiare l'assegno ricevuto e la pausa lavorativa. I ragazzi dello staff tornarono a Fayetteville, incassarono l'assegno e mi chiamarono per invitarci a pesca.

Conoscevo un'ottima zona di pesca sul fiume di Cape Fear, sulla stessa area affittata dal club di caccia di mio padre. Prendemmo le nostre canne da pesca e ci preparammo per recarci al fiume insieme ai tre subappaltatori. Uno alla volta tutti presero posto nel mio Ford. Le strade erano spesso piene di fango e impercorribili, ed io ero l'unico a possedere un veicolo a quattro ruote motrici.

Entrammo nella proprietà e poco dopo giungemmo in un campo aperto, largo oltre un ettaro e mezzo, circondato da una foresta di pini. La strada sterrata percorreva il dorsale di una collina al centro del campo, per poi discendere verso il fiume attraverso uno squarcio che costeggiava la foresta. Le pinete che dominavano questa regione del North Carolina erano caratterizzate da aree più ostili e con fitta vegetazione ai loro margini. Cespugli, rovi ed erbacce crescevano rigogliosi ai bordi delle foreste, dove la luce del sole penetrava più facilmente. Oltrepassato qualche metro all'interno della boscaglia queste piante non ricevevano più la luce, essendo coperte tutto l'anno dall'ombra dei pini sempreverdi. Ogni tanto si trovava una felce, altrimenti c'era tanto spazio come nel salotto di casa. Il muso della mia auto si faceva largo attraverso uno spesso tunnel di rami che conduceva al fiume.

L'ultima cosa che desideravo fare quel giorno era pescare e stare in compagnia dei ragazzi, ma volevo che Junior festeggiasse i risultati del lavoro per cui aveva dovuto sacrificare la sua educazione. Pur avendo bisogno del suo aiuto al cantiere ero dispiaciuto per avergli procurato un ritardo nello studio, anche tenendo conto del fatto che se ai miei tempi avessi potuto studiare le regole del business avrei evitato molti problemi. Avrei imparato a delegare, a stabilire limiti riguardo i progetti su cui investire, e a gestire meglio i fallimenti. La lista sarebbe infinita, ma a quel punto ero concentrato a dare una vita migliore ai miei figli. Avevo preso l'abitudine di tenermi dentro la tristezza, e questa giornata sarebbe proseguita in modo simile ai giorni di supervisione del loro lavoro al cantiere. Tuttavia, qui potevo ritagliarmi dello spazio solo per me stesso, se lo avessi desiderato. Avrei potuto passeggiare e ricordare i periodi di caccia della mia adolescenza, quando non avevo ancora deluso la mia famiglia e non ero ancora stato sopraffatto dalla vita. Avrei evitato il luogo dove mi avevano sparato. Se lo stomaco avesse fatto il bravo, magari avrei trascorso una bella giornata.

Chi non va a caccia o pesca avrebbe da ridire sul fascino di trovarsi in un luogo in mezzo al nulla, con un freddo cane. I ragazzi avevano portato una cassa di birra fresca, dettaglio che non mi attirava più di tanto. Non mi facevo una bella ubriacata da anni perché la sindrome di Crohn me lo proibiva. Il fatto di seguire una passione o un hobby gratificante o godere di buona compagnia, pur trattandosi di elementi di sicura attrattiva, era secondario. La chiave per me era nella parola libertà: dal lavoro, dai capi, dalla famiglia, da ogni tipo di responsabilità. Liberi di essere noi stessi, a distanza di sicurezza da qualunque intralcio. Era la natura a dare gli ordini. Se i pesci non abboccavano, o nessuna preda di caccia veniva catturata, si provava un minimo di delusione. Certo, paragonata alle delusioni del mondo esterno, era come vivere una gioia. Nessuno di noi aveva con sé un cellulare. Il mio l'avevo eliminato su consiglio del medico, quando mi disse di vendere la compagnia. Lo scopo era evitare il nervoso che saliva a ogni squillo, da me associato a un disastro imminente. Eravamo isolati dal mondo, mentre sfilavamo lungo il percorso parallelo al fiume e scendevamo dolcemente dal pendio della strada. Arrivammo in uno spiazzo di fianco al fiume alle 14,30 e non perdemmo tempo a prelevare l'equipaggiamento dal bagagliaio dell'auto.

Il fiume si snodava al di sotto del corridoio di rami secchi grigio-marroni degli alberi a foglie caduche. L'acqua pareva ferma e profonda, del colore di una bevanda di tè forte e dolce. Era il più grande bacino di fiume nel North Carolina, ed era ricco d'acqua che scorreva attraverso le fertili terre, in direzione sud verso Wilmington. Gli immensi terreni circostanti, i cui canali si riversavano nel fiume, generavano una contaminazione da mercurio, cromo e altre sostanze inquinanti. Ufficialmente, veniva consigliato di mangiare solo pesci piccoli e giovani, e di star lontano dai predatori o dai pesci spazzini, ma ciò non avrebbe frenato le intenzioni dei ragazzi.

Una volta sistemati sulla riva del fiume, decisi di andare a fare una passeggiata nel bosco verso sud. Era un sollievo starmene un po' da solo ed era una soddisfazione pensare che almeno non avevo deluso questi ragazzi e che il lavoro era terminato senza intoppi. Camminai lungo il fiume, cercando gli uccelli e gli animali selvatici che mi avevano affascinato nei periodi di caccia con mio padre. Raggiunsi una vecchia quercia, situata di fianco a un canale, che ricordavo da quando ero ancora bambino. Mi sedetti con la schiena appoggiata al tronco e restai a osservare lo scorrere dell'acqua.

In quel periodo dell'anno, la posizione del sole era tale che i raggi facevano fatica a penetrare tra i rami, anche nelle ore centrali. Il sole tramontava alle 17,18 quel giorno, ma nel punto dove mi trovavo iniziava a far buio già alle 16. Decisi di tornare indietro a controllare Junior e i ragazzi, e mi incamminai. Quando li avvistai sulla riva, stavano chiacchierando mentre pescavano. La luce del sole era maggiore in quello spiazzo, essendo privo di vecchi alberi di grandi dimensioni. Invece di tenere le canne da pesca in mano, avevano fissato nel terreno quattro rami che si estendevano verso l'acqua, e i fili delle canne attaccate ai rami raggiungevano la corrente del fiume. Controllare le canne era semplice e poco impegnativo. Un compito da svolgere in allegria.

«Tra poco farà buio. Per quanto tempo ancora volete restare?» chiesi ai ragazzi.

«Abbiamo appena cominciato», rispose uno di loro.

«Sì infatti. Magari accenderemo un fuoco», aggiunse Junior.

«Dai facciamolo subito», disse un altro.

Tutti e cinque andammo nella foresta intorno a raccogliere legni, bastoni e rametti di ogni misura. In poco tempo avevamo radunato un gran numero di combustibile di fianco al refrigeratore e alle canne da pesca. Non era ancora buio, ma poiché faceva sempre più freddo eravamo riconoscenti per le risorse naturali a nostra disposizione per riscaldarci. Lavoro, sopravvivenza e divertimento erano riassunti in un unico istante. La posta in gioco era irrilevante, ma il conforto del falò era reale.

Quando il fuoco fu bello vivo, decisi di andare a fare un altro giro. A contribuire al mio stato depressivo c'era anche l'abitudine di lasciare una situazione felice prima che arrivasse qualcosa a rovinarla, che il mio stomaco facesse i capricci, che venissero a galla i miei problemi finanziari. Mi allontanai dai ragazzi e all'improvviso mi trovai immerso in un'oscurità molto più densa di quella presente poco prima, sotto la quercia. Laggiù almeno ero esposto ad un leggero chiarore verso lo snodo del fiume. Ora invece ero totalmente al buio. Per fortuna sapevo che avrei trovato un'apertura, distante meno di duecento metri. Non comprendevo il motivo per cui non riuscivo a godere della compagnia di mio figlio in un pomeriggio di svago. Junior aveva lasciato la scuola per lavorare con me, mi aveva assistito quando ero in precaria salute sul luogo di lavoro. Aveva sempre preso le mie difese con i vicini e gli amici. Aveva vissuto gran parte della nostra vecchia vita agiata e in seguito affrontato il peso delle nostre cospicue perdite materiali. Era il figlio che portava il mio stesso nome. Desideravo tanto passare un bel pomeriggio in sua compagnia, ma temevo anche di rovinargli il momento. Proseguii attraverso l'aria secca invernale.

Mentre camminavo, sentii un brusio nel cespuglio alla mia sinistra. I boschi erano per me altrettanto familiari della stanza da letto che dividevo con Yvonne. Nel corso della mia vita, avevo probabilmente trascorso mesi dentro ai boschi. Pensai a un cervo che forse mi stava accompagnando nella mia passeggiata solitaria. Mi fermai per accertarmi se fosse un cervo o una cerbiatta. Allora anche il brusio cessò. Che strano, pensai. Ripresi il cammino e riprese il brusio. Lo stesso tipo di rumore che fa un cervo che avanza con le zampe sul terreno accidentato di una foresta. Lo sentivo vicino al punto da poter forse incrociare i suoi grandi occhi neri, se mi fossi girato al momento giusto. Mi arrestai e il brusio si fermò. Spostai più vegetazione possibile con un gesto della mano e non vidi nulla. Mi accovacciai per spiare da sotto i cespugli. Nessun rumore di alcunché in allontanamento. Solo silenzio e aperta foresta dietro il cespuglio. Mi rimisi in cammino e di nuovo il brusio riprese al mio fianco, e stavolta mi parve di vedere una creatura a due zampe, anziché quattro. Ero andato a caccia in quell'area da quando avevo cinque anni e mai mi ero sentito impaurito, a parte il timore di serpenti e orsi, ma ora ero assalito dalla paura. Accelerai i passi per raggiungere l'apertura.

∞

Quando giunsi alla radura aperta, sembrava che il sole fosse tramontato a ovest dietro la collina, sebbene c'era luce a sufficienza per farmi sentire al sicuro. Era un sollievo enorme avere una vista completa dell'ambiente intorno. Avevo lasciato indietro nella foresta la presenza percepita al mio fianco mentre camminavo.

Mi diressi in salita verso ovest, evitando pozzanghere di fango, saltando da un ciuffo d'erba all'altro con le mie scarpe da tennis, per non doverle indossare bagnate nelle ore successive. Al culmine della collina, c'era il cancello aperto che avevamo attraversato per andare al fiume. Risalendo il dolce pendio, ero concentrato sui ciuffi d'erba e solo ogni tanto alzavo gli occhi verso il cancello. Quando mancava una ventina di metri al cancello, notai ciò che mi sembrava la parte superiore del sole che tramontava dietro la collina. Uno spicchio di colore rosso-arancione che risplendeva adagiato sull'orizzonte.

Lo ignorai proseguendo a balzi. Rialzai lo sguardo e stavolta vidi l'intero sole. Era strano perché non avevo compiuto una distanza tale da giustificare questo cambiamento drastico dal mio punto di osservazione. Mi trovavo più o meno alla stessa angolatura e tuttavia invece di vedere un piccolo bordo che spariva dietro la curva terrestre, il sole mi appariva nella sua interezza. Brillava del suo splendore, eppure il campo era buio. Dopo qualche passo, arrivai alla sommità della collina da cui potevo scorgere tutto il campo e la foresta da un'estremità all'altra.

Mentre mi arrampicavo su per la collina vidi un secondo sole, identico al primo nel colore e nella forma.

Completamente allibito, mi sentii mancare il fiato. Caddi in ginocchio, esterrefatto da quella visione. Ero sconcertato non solo dal fatto che quelle due sfere solari non producessero luce come il sole, ma anche dalla loro vicinanza. Erano posizionate subito dopo la parte più lontana del campo, a circa duecento metri da me. Due sfere infuocate ferme a mezz'aria, in perfetto silenzio, grandi come una casa e dal diametro di circa quindici metri. Con la mia lunga esperienza di volo, sapevo che non potevano essere alcun tipo di velivolo conosciuto. Dopo essermi inginocchiato, mi affannai a ridiscendere il pendio che avevo percorso, alla ricerca di un nascondiglio nel canneto paludoso. Terrore, paura e curiosità si avvicendavano nella mia testa, mentre pantaloni e maniche venivano macchiati da schizzi di fango gelido.

Che fare? Restare lì o scappare? Che cavolo erano quelle robe?

Pensai a Junior e agli altri giù al fiume. Io e Junior eravamo sempre stati affiatati e ciò che facevo io, lo faceva anche lui. Proprio come me e mio padre. Preoccupato per lui, volevo tornare indietro. Non sapevo cosa stesse accadendo o come proteggerci, ma intanto saremmo stati insieme. Prima di tornare da loro volevo comunque osservare meglio, per essere sicuro di non mandarli in panico senza un motivo. Lentamente mi spostai sul margine del canneto, restando abbassato, verso la collina dove le avevo avvistate. Strisciando fuori le vidi nuovamente, esattamente nello stesso punto di prima. Emanavano fiamme rosso-arancioni, come quando il sole sta per tramontare e la sua luce appare smorzata dall'atmosfera, permettendoti di fissarla direttamente per qualche secondo senza danneggiare gli occhi.

Strabiliato, incantato, le guardai immobili nel cielo.

Ripensai a Junior e decisi di tornare da lui per restare uniti. Era troppo assurdo. Mentre percorrevo al buio i quattrocento metri che mi separavano dalla radura, un milione di pensieri si alternavano vorticosamente nella mia mente. Mi stavo preparando a lanciarmi giù verso il fiume, e appena prima di iniziare a correre guardai indietro per l'ultima volta. Improvvisamente, un terzo oggetto apparve lassù in alto, e con una discesa istantanea si accostò agli altri due. Era come se quest'ultimo fosse al comando. Sapeva che avevo paura. Tutto accadde nel preciso istante in cui decisi di correre, e questa improvvisa realizzazione mi scosse fino al midollo. Era come se mi avesse osservato mentre, nascosto nel canneto, cercavo di elaborare cosa avevo visto e cosa avrei dovuto fare. Adesso erano tutti e tre sopra le cime degli alberi, immobili con le loro fiamme rosso-arancioni roteanti.

Provai una connessione intensa con loro. Guardavano me che guardavo loro. Rabbrividii, al pensiero di essere preso di mira da quegli oggetti. Di nuovo, cercai di nascondermi da loro, infilandomi nel canneto.

Subito dopo, ricordo che mi trovavo a circa cinquanta metri dal falò e che stavo correndo per raggiungerlo. Ero terrorizzato, ma anche sollevato di essere nella radura e lontano dal campo. Raccontare ai ragazzi quello che avevo visto li avrebbe lasciati esterrefatti. Speravo che salissero tutti in auto e li vedessero anche loro. Uscendo dall'oscurità, corsi verso il chiarore del piccolo cerchio intorno al fuoco e notai subito un paio di cose strane. La macchina era stata spostata e ora puntava verso il luogo da cui ero appena scappato. Ricordavo di averla parcheggiata rivolta verso il fiume. Il grosso mucchio di legname per il falò era sparito e il fuoco stesso si era indebolito, con piccole fiamme che arrivavano appena alle caviglie.

«Dove cavolo sei stato?» chiese uno di loro.

«In che senso? Sono solo salito sulla strada fino al campo.»

«Non è vero. Ti abbiamo cercato per tutta la sera. Non vedi che l'auto è spostata? Abbiamo cercato dappertutto in quel campo.»

«Ma che stai dicendo? Sono stato via soltanto qualche minuto… Aspetta, ma dov'è Junior?»

«È andato dalla parte della tua prima passeggiata. Due di noi hanno preso l'auto e ti hanno cercato ovunque su e giù per la strada, mentre il terzo è rimasto a controllare il falò.»

Fui preso dal panico. Avevo un unico pensiero in testa, ripetuto sempre più forte: *Dov'è mio figlio? Dov'è mio figlio? Dov'è mio figlio? Dov'è il mio piccolo figliolo diciassettenne?* Junior. Sparito. Tutto solo, in una fredda sera, dentro una foresta lunga ottanta chilometri. In cerca del padre, di me che ancora una volta mi ero trovavo in circostanze strenue, con la necessità di essere salvato.

Mi misi subito a cercarlo, andando di corsa in direzione sud. Ciò che avevo visto non aveva più alcuna importanza.

Aumentai la corsa, gridando il suo nome tra gli alberi, senza nemmeno una torcia. Aumentai la corsa, senza ottenere alcuna risposta. Tagliai attraverso la boscaglia, con rovi e spine a frustarmi il viso. Continuai a farmi largo, cercando di superare i cespugli.

«Pa…"»

«Paa…»

Di fianco a me, vidi una figura che cercava di alzarsi tra lo spesso intreccio dei rami. Qualcosa afferrò il mio braccio.

«Papà!!»

PAPÀ! PERCHÉ MI HAI LASCIATO? DOVE SEI ANDATO? C'ERANO QUESTE CREATURE ERO PARALIZZATO NON RIUCIVO A MUOVERMI!»

«Junior, sono stato via soltanto venti minuti.»

«No papà, sei stato via tutta la sera!!»

Lo condussi al falò e lui era infuriato con me per averli abbandonati tutti. Non riuscivo a comprendere perché tutti sostenevano che fossi stato via tutta la sera. Non avevo bevuto. Non avevo mangiato nulla di insolito quel giorno. Non avevo preso medicinali. C'era uno strano gap nella mia memoria tra quando stavo rannicchiato nel campo e il ritorno al falò, ma lo attribuivo all'adrenalina o semplicemente a una conseguenza del forte panico. Non aveva senso che fossero trascorse oltre quattro ore.

Camminando verso il falò Junior iniziò a descrivere come si era ritrovato così all'interno dei cespugli. Era stato il primo a preoccuparsi di dove fossi andato e si era messo alla mia ricerca, lasciando gli altri a pescare. Erano passate due ore, faceva freddo ed era già buio. Malgrado la depressione, non li avrei mai lasciati per più di un'ora. Dapprima, Junior era sceso dal sentiero buio come la pece verso il campo dove mi ero recato due ore prima. Era un tratto abbastanza dritto di circa duecento metri che conduceva al campo, quindi si riusciva a vedere in lontananza dentro il tunnel creato dalla vegetazione. Mentre camminava e i suoi occhi mettevano a fuoco il paesaggio, vide in fondo al bosco due sfere di color rosso acceso, che si spostavano dal lato sinistro del sentiero (dove si trovava il campo) verso destra (laddove il fiume scorreva parallelo al sentiero). Gli parvero grandi come due palle da bowling. Si spaventò poiché sapeva che non possedevo alcuno strumento che facesse luce, ed era altamente improbabile che chiunque potesse muoversi con luci del genere da una parte all'altra del sentiero, ignorando il fitto groviglio dei rami.

Junior si voltò verso il falò, girando le spalle al sentiero, e disse ai ragazzi cosa aveva visto. Raccontò della luce rossa in movimento attraverso la boscaglia, e i ragazzi gli risposero di smetterla di scherzare e di cercare di spaventarli. A quel punto i ragazzi si stavano già preoccupando per me e non avevano nessuna intenzione di partecipare alle goliardate di un adolescente.

Infastidito e spaventato, Junior tornò a percorrere la stradina fino al punto in cui poteva vedere lontano, fino alla curva a ovest che portava al campo. Iniziò a chiamarmi senza ottenere alcuna risposta. Di nuovo, Junior vide le due sfere che fluttuavano in aria sopra al sentiero, stavolta dirigendosi da destra a sinistra. Quindi si fermarono in mezzo al sentiero e proseguirono verso di lui. Si avvicinarono così rapidamente che non ebbe il tempo di tornare al falò. Si tuffò nei cespugli, indietreggiando per cercare di nascondersi.

Restò immobile, osservando le luci avanzare tra la fitta vegetazione. Si fermarono sospese sopra il terreno a quattro o cinque metri da lui, impedendogli il passaggio verso il falò. Le descrisse come due piccole entità lievemente luminose, dagli occhi rosso fuoco. Occhi dall'aspetto meccanico, che si aprivano e si chiudevano come il diaframma di una macchina fotografica. Quegli esserini traslucidi camminavano e giocavano con varie cose. Raccoglievano bastoncini e pezzi di rifiuti, e dopo averli osservati con curiosità li ributtavano per terra. Uno di loro fissava Junior ininterrottamente, come se fosse incaricato di tenerlo d'occhio. Junior si rendeva conto di essere paralizzato e impossibilitato a gridare o muoversi.

Per due ore mio figlio restò bloccato nella boscaglia, in preda al terrore, provando invano a urlare per chiedere aiuto e cercando invano di tornare al falò. Quando andai a cercarlo, sentiva che lo chiamavo ripetutamente, ma non poteva rispondere. Fu pura fortuna addentrarmi nella foresta vicino a lui e sentire i suoi sforzi per dire «Papà.»

∞

Giungemmo a ciò che era rimasto del falò. I tre uomini mi avevano sentito parlare di luci sospese in aria e ora sentivano il pianto e la rabbia di Junior, che parlava di queste creature dagli occhi rossi che l'avevano paralizzato. Erano uomini duri e forti, abituati a lavorare nell'edilizia da sempre. Si erano trovati in diverse situazioni pericolose e non erano certo facili allo spavento. Eppure anche loro iniziavano a provare inquietudine.

Il cielo era straordinariamente terso. L'aria invernale dava una particolare nitidezza al cielo notturno, e sembrava che un oceano di stelle fosse appeso sopra di noi. L'erba era ghiacciata, il che mi fece dubitare di essermi allontanato per soli venti minuti. Junior insisteva di voler andare a casa. *Portami a casa. Voglio andare a casa. Ti prego, ti prego andiamo a casa.* Bisognava caricare in auto le canne da pesca, ancora penzolanti con i fili immersi nel fiume, ma noi scalpitavamo per partire.

«Oh mio Dio,» disse uno degli uomini, indicando su nel cielo. Nove palle di luce, del colore e della dimensione della stella di Venere in una notte serena, brillavano lontano nel cielo e si stavano radunando in cerchio direttamente sopra di noi. Il cerchio si mise a ruotare e poi si sparpagliò come sale intorno al cielo. In quell'istante, tre di loro lampeggiarono e scesero verso il bosco sulla riva opposta del fiume. Non era largo il fiume. Mia figlia l'aveva attraversato a nuoto avanti e indietro all'età di sei anni. Queste sfere, della stessa dimensione di quelle che avevo visto io, erano a circa quindici metri e pulsavano di brillanti luci bianche e blu elettrico, come la luce accecante di una torcia da saldatore. Restarono sospese silenziosamente, brillando di stupefacente splendore. Osservammo quel breve momento prima che si scatenasse l'inferno.

CAPITOLO 6

Il suo corpo somigliava a una pietra preziosa, il suo viso brillava come il lampo, i suoi occhi erano come fiamme, le braccia e le gambe splendevano come bronzo lucido. Quando parlava mi sembrava di sentire il fragore di una moltitudine.

—Daniele 10:6

Nessuno di noi aveva mai visto nulla di simile. Eravamo confusi e indecisi se affrontarli o scappare, mentre le nostre espressioni si trasformavano da meraviglia in terrore. Non eravamo sicuri di essere in grado di combattere quegli oggetti misteriosi, e nemmeno di poterli seminare fuggendo via. Come reagire a un evento che non dovrebbe proprio accadere? Educazione, religione e cultura sono finalizzati a prepararci a ciò che *sta* accadendo o *potrebbe* accadere. Non esiste un protocollo stabilito quando ti trovi faccia a faccia con l'impossibile. Alle 23,30 di un giorno d'inizio gennaio una squadra di carpentieri e amici, con un padre e un figlio, reagirono come poterono, secondo la loro conoscenza e il loro coraggio.

«Addio. È finita! È stato bello conoscervi. Ce la siamo goduta.»

«Zitto. Andiamo.»

«Saliamo in auto e partiamo. Adesso!»

«Non ci credo. Non ci credo.»

«Voglio rivedere mia moglie cavolo! Forza tutti in auto!»

«Dai lascia perdere le canne da pesca!»

«Lascia perdere il refrigeratore.»

Mi sedetti al posto di guida e gli altri presero posto, urlandomi di accelerare, urlando tra di loro, urlando alle luci, continuando a urlare perché l'adrenalina glielo imponeva. Se questa era la fine del mondo, se il pianeta stava subendo un'invasione, cosa dovevamo fare prima di morire? Chi poteva prepararci al giorno del giudizio? Chi possedeva armi, ammesso che le armi fossero efficaci contro quegli esseri dagli occhi rossi? In quanto tempo sarebbe tutto finito? Ci dimenavamo, cercando di salvarci, cercando di compiere scelte vitali con decisione e rapidità. Chi importava maggiormente per noi? Dovevamo restare e provare ad affrontarli? E se l'avessimo fatto, avremmo potuto salvare il mondo? Tutti questi pensieri e mille altri ancora si rincorrevano nelle nostre menti e nelle nostre grida sconclusionate e scomposte. Se non fossimo stati tutti insieme avremmo rischiato di rimanere lì imbambolati, invece riuscimmo in qualche maniera a organizzare una fuga. Mentre l'ultima delle quattro porte si chiudeva, schiacciai sull'acceleratore. Guidai attraverso il bosco verso la via di uscita. Vidi dallo specchietto retrovisore le canne e il refrigeratore illuminati dalla luce biancoblu tremolante. L'unica cosa peggiore della fine del mondo sarebbe stata andare a schiantarmi per distrazione, e ammazzare tutti quanti nel botto. Quindi accesi i fari abbaglianti e puntai lo sguardo sulla strada fangosa e accidentata. Raggiungemmo la zona forestale della strada e fu un gran sollievo. Qualsiasi cosa fossero quelle sfere, ci avevano permesso di prendere distanza da loro. Poi, quando pensavo di trovare solo oscurità e rami illuminati dalle luci rosse dei freni, vidi che una delle sfere ci stava seguendo lungo il sentiero. Era tutt'altro che finita. Continuando a guidare, guardai indietro. Era sparita. Il rumore di urla e grida nell'auto erano assordanti.

Svoltammo e arrivammo al campo, proseguendo verso la sommità della collina dove avevo avvistato le prime due sfere rosso-arancioni. La strada sembrava libera e i ragazzi mi imploravano di andare a tutto motore. Una forte accelerazione in cima alla collina fece sobbalzare l'auto, che si alzò di mezzo metro dal terreno. Le due sfere ardenti rosso-arancioni erano ancora nella loro posizione originale. La terza, quella apparsa quando mi ero messo a correre, sembrava ai comandi e adesso era in mezzo alla strada davanti a noi. Da palla di fuoco di quindici metri di diametro mutò in una forma ovale, emanante strabilianti fasci di luce simili a dei cristalli, con spuntoni che ruotavano tutto intorno.

Una mia brusca e improvvisa frenata ci catapultò in avanti contro le cinture di sicurezza, aumentando l'inquietudine per la vicinanza a quell'oggetto sopra il manto fangoso. Quella stessa sfera che mi aveva spiato mentre osservavo le prime due sfere era lì a bloccarmi il passaggio. Larga quindici metri, aveva una forma allungata come un tic tac adagiato in orizzontale. Era sospesa a circa un metro e mezzo da terra. Ora emanava la stessa luce bianca elettrica delle sfere avvistate al fiume. Brillanti raggi abbaglianti ruotavano sulla sua superficie, incendiandosi di scintille sfavillanti così luminose che davano l'idea di essere sprigionate da un'energia immensa. I fossati e la fanghiglia ai lati della strada rendevano impossibile aggirarla. Eravamo intrappolati. L'oggetto ovale fosforescente si era piazzato lì ostinatamente, splendendo di raggi ultraterreni.

Uno dei ragazzi disse di conoscere una famiglia che viveva in una casa mobile dall'altra parte del campo. Girai a destra e, superato un fosso, andai dritto in quella direzione. Speravamo di poter usare almeno un telefono, e di verificare se le altre persone vedevano quello che stavamo vedendo noi. Mentre ci avvicinavamo, notammo le luci accese dell'abitazione. Guidai fino alla piccola veranda, con la sua porta finestra. La porta principale era spalancata. La tv era accesa, ma il divano era vuoto. Uno dei ragazzi saltò giù e bussò ripetutamente alla porta di vetro. Dava botte alla porta e chiedeva strillando se qualcuno fosse in casa. Nessuno venne alla porta.

Mi girai a guardare i ragazzi e notai che la sfera si era avvicinata a centocinquanta metri scarsi da noi, e stava sospesa a un metro e mezzo davanti alla nostra unica possibilità di uscita. Tra le urla e le grida di chi si era girato come me, suonai il clacson per attirare l'attenzione del ragazzo alla porta e di chiunque fosse in casa.

Di nuovo, nessuno apparve sull'uscio.

L'unica via di scampo era proprio quella utilizzata per arrivare là. Dopo tutti quegli anni passati a cacciare in questa zona, eravamo diventati noi la preda. Come una volpe in fuga dai cani, stavamo finendo le opzioni e il tempo: ogni curva poteva essere per noi l'ultima. Non c'era la possibilità di sapere se ci stavano spingendo verso un bombardamento. D'altro canto, ci rendevamo conto che questi oggetti avevano già avuto diverse occasioni per ucciderci, se quella fosse stata la loro intenzione. Tornammo indietro e trovammo ancora la stessa palla di fuoco davanti a noi. Per cercare di vederla meglio, arrestai l'auto una decina di metri più avanti rispetto alla volta precedente. Splendeva come prima, appena sollevata dal terreno. Come ipnotizzati, ci fermammo a osservarla. Che cos'era? Com'era fatta? Perché proprio noi?

All'improvviso, sentimmo uno sparo d'arma da fuoco. Lo sparo si attutì lentamente, sovrapposto dal rumore del motore al minimo. Malgrado mi avessero sparato molti anni prima, il rumore di uno sparo non mi creava disagio, a meno che il fucile non fosse stato in mano a un bambino di otto anni. Nessuno di noi aveva capito da quale direzione provenisse il colpo, né poteva sapere quale fosse il bersaglio: noi, le luci, oppure si trattava solo di qualche ubriaco con il grilletto facile che si aggirava per il campo.

Qualche secondo più tardi ci fu un altro sparo, che ci fece scrutare in ogni direzione attraverso i finestrini e il tettuccio aperto. Al terzo sparo, l'oggetto ovale iniziò a ruotare e rivolgere il muso, così mi parve, verso il nostro veicolo. Sembrava *puntarci*. Silenziosamente, ci venne incontro. Prese velocità. Si stava avvicinando, eppure non si riusciva lo stesso a decifrarlo. Non c'erano gap o varianti consistenti al suo schema di bagliore totale. Come un falò, ogni istante osservato era diverso dall'altro.

Proprio quando pensavamo che stesse per speronarci o vaporizzarci, il tic tac iniziò a prendere quota. Fece fuori un albero di sette metri sulla strada davanti a noi e si spostò lentamente sopra il tetto dell'auto. Una corrente statica raggiunse l'auto, come colpita da una carica di energia collaterale emessa dall'oggetto. Alzammo gli sguardi oltre il tettuccio aperto e lo vedemmo muoversi sopra di noi lentamente e tranquillamente, verso le cime degli alberi. Si arrestò un attimo, appena sopra gli alberi, e ruotò nuovamente su sé stesso, puntando in alto verso nord. All'improvviso, schizzò via all'insù come una palla di cannone. In un lampo, era già sparito nel cielo notturno.

Lo show sembrava terminato. I ragazzi ripresero a sperare di rivedere le loro mogli prima della vera e propria invasione, e mi fecero capire che era l'unica cosa che desideravano. Ero stato il loro capo, ma adesso ci sentivamo tutti delle prede e contava soltanto questo. Con un'opportunità di scappare – che si trattasse di un colpo di fortuna o che il nostro predatore avesse perso interesse – abbandonai il campo, andando a tutto gas e sprigionando fango dalle ruote in movimento. Quando arrivammo alla strada asfaltata, vedemmo un'altra sfera che ci seguiva da destra lungo la fila di alberi. Lo show non era finito.

Ignorai i segnali di stop, incalzato dalle urla dei ragazzi che mi incitavano a guidare ancora più veloce. Mi rifiutavo di andare troppo spericolatamente, avendo Junior nell'abitacolo. Preferivo essere raggiunto da quegli oggetti, piuttosto che essere responsabile della nostra fine. C'era una bellezza nelle sfere che mi trasmetteva un senso di calma, e curiosamente mi sentivo immune dal caos, dalla paura e dalla rabbia provata dagli altri.

«Più veloce!» urlavano. La sfera sopra gli alberi non sembrava far fatica a mantenere la nostra velocità. Era ridicolo pensare di poter seminare quell'oggetto, ma mi rendevo conto dell'ansia dei ragazzi di metterci in salvo ad ogni costo. Seguii la strada per oltre un chilometro fino ad affiancare un terreno di circa ottanta ettari che era stato disboscato di recente. Faceva sempre parte dell'area di caccia utilizzata dal club di mio padre, quindi ognuno di noi conosceva il territorio e sapeva che laggiù c'erano soltanto boschi. Fummo abbagliati da un insieme di luci intense come lo skyline di una città, provenienti da sopra i tronchi del terreno appena privato degli alberi. Era come se centinaia di queste luci pulsassero vicino alla terra, aumentando il delirio dei ragazzi mentre io continuavo a mantenere la calma. Un occhio alla strada e un occhio alle luci.

Ci dirigemmo verso sud, passando per la chiesa battista di Cape Fear. Trentasei anni prima, in quel punto preciso, ero rimasto incantato dagli occhi giallastri e penetranti di un gufo, la settimana precedente allo sparo che mi ferì. Venticinque anni prima, mi ero fermato lì per riflettere sulla mia gelosia e decidere di tornare indietro alla festa con grigliata.

Giunti a una curva, vedemmo un'altra sfera sospesa sopra i pali della luce. Incurante della fretta dei ragazzi, rallentai fino al limite permesso di 50 km orari. Un'ondata travolgente di emozioni riportò immediatamente alla memoria ogni dettaglio di quella sera di venticinque anni prima. Era la curva dove la mia prima moglie spirò tra le mie braccia. Non avrei permesso che la stessa curva portasse via anche me o mio figlio. Rallentai a 25 km all'ora.

Non saprei spiegarne il motivo, ma la presenza di quella sfera sopra il luogo dove avevo vissuto il momento più drammatico della mia vita m'investì di una sensazione di calma. Fu un'immersione nella grazia suprema. Il tempo sembrò rallentare. Per la prima volta, sentii di non avere colpa per ciò che le era accaduto. Compresi veramente che averla potuta tenere tra le mie braccia mentre stava morendo fu un dono per entrambi. La mia gelosia non aveva rovinato le nostre vite. Quasi riuscivo a vedere noi due, là sull'erba. Due giovani ventenni insanguinati uniti in un abbraccio, in quel breve istante che restava della loro vita insieme.

Gli altri battevano sul mio sedile, spronandomi ad accelerare. Io volevo disperatamente scendere dall'auto per osservare quell'enorme figura rettangolare nera, sospesa proprio sopra le linee elettriche dell'alta tensione. Sembrava esserci una fila quadrata di luci splendenti, come finestre, sul lato inferiore rivolto a noi. Le sue dimensioni sproposite mi toglievano il respiro. Volevo ricevere l'essenza del suo messaggio. Volevo fermare le mie sensazioni. Volevo restare per sempre in quella pace innocente, nello stesso luogo dove mi ero trovato venticinque anni prima.

«CHRIS! VAI!»

«FORZA CHRIS ANDIAMO VIA DA QUI!!!»

Il momento terminò e il tempo riprese a correre. Gli uomini avevano stabilito di accompagnare per primo quello che viveva più lontano, che era anche il più grosso. Lo scaricammo a casa sua e tornammo indietro verso la linea elettrica. Gli altri due vivevano vicino alla famosa curva, e mentre ci avvicinavamo si poteva ancora scorgere lo stesso enorme veicolo rettangolare, sospeso sopra i fili. Le mogli dei due uomini, estremamente preoccupate, aspettavano d'incontrarci davanti alle loro abitazioni. Dopo averli fatti scendere, Junior mi implorò di non ripassare dalla curva e io gli diedi retta. Allungammo il percorso verso casa, strabiliati tanto dal silenzio improvviso nell'auto quanto da ciò che avevamo appena visto. Dall'autostrada scorgemmo otto auto in sosta che parevano scrutare verso la linea elettrica. Fu un viaggio tremendo. Malgrado la mia esperienza positiva non potevo fare a meno di pensare che fosse solo questione di tempo prima di nuovi sviluppi.

Yvonne e gli altri tre figli erano via in visita a dei parenti, per cui potevo solo sperare che stessero bene. Quando giungemmo a casa, Junior era ancora in uno stato di panico. Girò per tutta la casa ad accendere ogni tipo di luce interna ed esterna, oscurò tutte le persiane, chiuse a chiave le porte, incluso il bagno privo di finestre dove si accucciò. Io andai subito ad accendere la tv per sentire le news. Doveva per forza trattarsi di un'invasione globale. Doveva per forza esserci qualche notizia dell'ultima ora che potesse spiegare cosa avevamo vissuto. Invece davano solo la replica di uno speciale su Elvis Presley.

Sovrapposto all'audio della tv, sentii come un rumore di elicottero diretto verso il fiume. Qualcosa *era* successo laggiù. Non eravamo completamente impazziti. Poi sentii i cani abbaiare furiosamente e lamentarsi. Avendo trascorso buona parte della mia vita intorno ai cani da caccia, riconobbi la paura dal tono dei latrati. A quei tempi avevamo una quindicina di cani nel recinto e tutti quanti stavano abbaiando alla massima potenza, paragonabile solo a quei momenti in cui sentivano l'odore di un orso.

Junior uscì dal bagno e gli dissi che avremmo dovuto controllare i cani e il garage di mio padre per escludere un'intrusione. Mio padre utilizzava il garage come officina per le sue barche e come deposito per l'equipaggiamento da caccia e pesca. *Ti prego papà non andare là, papà ti prego.* Junior era assolutamente contrario all'idea. Infine lo convinsi a venire con me e a non portare una torcia, in modo da usare l'oscurità a nostro vantaggio per spiare il garage da lontano. Gli dissi che per proteggerci avremmo portato il nostro cane Rosie, un retriever di cinquanta chili. Ero andato a caccia con Rosie ed era brava a stanare la preda quando veniva colpita. Avevamo un piano che speravamo potesse ristabilire la normalità in quella notte.

Il canile era dopo il garage, a una cinquantina di metri nel bosco. Era una struttura piuttosto larga provvista di tetto e luci, con una vista totale sul garage. Rosie era sul patio nel retro della casa e, con il pelo ritto sul collo, abbaiava insieme agli altri cani nel canile. Appena aprii la porta del retro, Rosie si lanciò giù dai gradini verso il canile. Si allontanò una dozzina di metri e si fermò a guardarci, per assicurarsi che la stavamo seguendo. Mentre scendevamo i gradini, Rosie sprintò dentro gli alberi. Junior aveva acconsentito ad accompagnarci, ma era ancora terrorizzato e non voleva lasciare la presa della sua mano sulla mia camicia, per essere sicuro che restassi attaccato a lui.

Ci inoltrammo guardinghi lungo il sentiero che circondava il bosco, sperando di sorprendere chiunque potesse trovarsi nel garage. Arrivammo vicino al canile che comparve nell'oscurità della fitta foresta, e intanto i latrati dei cani si facevano sempre più forti man mano che ci avvicinavamo. Mi accorsi che i cani non abbaiavano rivolti al garage in direzione delle case, ma puntavano al retro del canile dove non c'era nient'altro che la foresta. Mi sembrò strano. Se qualcuno fosse venuto a rubare nel garage sarebbe giunto dalla strada e poi sarebbe scappato nella stessa direzione. Rosie era un ottimo cane da caccia e ci stava aspettando al canile, continuando a mugugnare e abbaiare insieme agli altri cani. Anche Rosie puntava verso la foresta. Avendo cacciato con lei per tanti anni eravamo in sintonia su come muoverci. Avrei mandato Rosie all'inseguimento di chiunque fosse stato là dietro, mentre io sarei corso verso l'area aperta per beccarlo mente usciva allo scoperto. Una strategia di caccia semplice che avevo messo in pratica centinaia di volte.

Diedi un colpetto a Rosie sulla schiena e lei si precipitò a grandi falcate dentro la boscaglia. Io e Junior tornammo allo spazio aperto, per stare al passo con Rosie e a ciò che stava cacciando. Corremmo attraverso il sentiero fino al prato, che era coperto dalla brina. Scivolai mentre mi giravo a guardare il punto da dove pensavo di veder apparire Rosie. Ero talmente concentrato sulla fila di alberi da non realizzare che Junior aveva staccato la presa dalla mia camicia. Immaginavo fosse dietro di me, invece era scappato di nuovo dentro casa. Corsi più veloce possibile verso l'area dove sentivo Rosie abbaiare, e mi fermai vicino a una quercia ai margini della foresta. Dal modo in cui abbaiava, sapevo che chiunque si trovasse all'interno non ci sarebbe restato a lungo.

Rosie era sempre da qualche parte laggiù nella boscaglia, e continuava ad abbaiare. Esausto, mi appoggiai al tronco per prendere fiato e pensare a cosa fare. Guardai dietro le mie spalle, credendo di trovare Junior. Avendolo visto così spaventato, mi sentii in colpa per aver permesso che ci separassimo. Mi voltai completamente.

«Oh mio Dio»

A poco più di un metro di distanza c'era un essere alto un metro che brillava lievemente dello stesso colore della luna. Due occhi rossi. Un triangolo vitreo traslucido fissato in mezzo al petto. Di nuovo, tremai in preda al terrore.

«Mi dispiace. Mi hai preso. Mi dispiace per essermi messo a correre. Mi arrendo.»

Al mio pronunciare queste parole, l'essere rispose: «Non hai capito. Non vogliamo farvi del male. Siamo qui per aiutarvi.»

Trascorse qualche secondo. Ancora sulle tracce di una preda, Rosie si avvicinò abbaiando dalla boscaglia. Saltò fuori dai cespugli e nello stesso istante l'essere svanì. Imperturbabile, Rosie continuò a sprintare in linea diretta per quattrocento metri, lasciandomi esterrefatto e disorientato nel prato dietro casa. Che cos'era successo?

Pensai a Junior dentro casa, sperando che stesse bene. Corsi pian piano sull'erba gelata, e fui sollevato vedendolo spiare dalla porta posteriore di casa, in attesa del mio ritorno. Non sapevo come raccontargli cosa era appena successo. Avevo i nervi a pezzi, per cui dopo aver constatato che Junior era al sicuro l'unica cosa che riuscii a fare fu di fumarmi una sigaretta. Mi fece una domanda dopo l'altra, ma io proseguii a ignorarlo e a riordinare i miei pensieri. Accesi una Marlboro nel mio studio e, poiché Junior non voleva che uscissi, decisi di aprire un po' la finestra, ma lui mi supplicò di non aprire nemmeno le veneziane.

Le aprii un pelino, soltanto per riuscire ad aprire la finestra. Le luci del giardino erano ancora accese. Un altro essere stava là sull'erba dietro casa, a meno di cinquanta metri di distanza. Questo era molto più alto e grande del primo. Camminava verso casa pazientemente e deliberatamente.

Oscurai le veneziane.

«Junior dobbiamo andarcene ora.»

Uscimmo di corsa dalla porta anteriore e scappammo via in auto. Guidai fino a un campo di fieno a otto chilometri da casa e parcheggiai proprio nel centro del campo. Avevamo una vista a 360 gradi del paesaggio intorno, e chiunque avesse avuto intenzione di avvicinarsi avrebbe dovuto percorrere molta strada. La gibbosa luna calante proiettava una luce azzurrognola sul campo rinsecchito. Osservammo in ogni direzione intorno all'auto, finché lo sfinimento ebbe la meglio e ci addormentammo.

CAPITOLO 7

Mi svegliai nella gelida auto, in mezzo al campo vuoto. Junior dormiva ancora, rannicchiato sul sedile posteriore. La rugiada copriva l'umido manto erboso. La condensa provocata dal nostro fiato annebbiava gli angoli del parabrezza.

Mattina. *Perché io e mio figlio avevamo dormito nel campo?* Conoscevo la risposta sì e no. La mia mente fu bersagliata da tutti gli eventi del giorno precedente, ad eccezione di quelle quattro ore di tempo mancante. Il mondo non era finito mentre dormivamo. Il tipico sole invernale inviava i suoi raggi che filtravano tra le cime degli alberi a oriente. Il cielo non era caduto: che poi ci si accorgerebbe se il cielo precipitasse su di noi? O era sempre in caduta? Frammenti di nuvole scure scivolavano via, mentre le ultime stelle visibili si dileguavano.

Il campo era come qualunque altro campo di fieno, e mi meravigliai per quanto apparisse normale. Era un classico mattino invernale del sud, con vaghe sfumature notturne che lasciavano il posto alla luce del giorno. Esattamente come le innumerevoli albe trascorse andando a caccia, con l'attesa silenziosa come unica attività. Sconcertato e imbarazzato, non ero nemmeno certo che io e mio figlio fossimo al sicuro. La mente galoppava, cercando di fare i conti con ciò che era accaduto e su come procedere adesso. Sono le stesse domande che ancora mi pongo ogni giorno al risveglio.

Quando non so cosa fare, ritorno a ciò che mi è familiare. Controllai Junior e mi misi a guidare verso a casa. Tutte le luci erano accese e le persiane chiuse come le avevamo lasciate. Il giardino, la casa di mio padre, il canile, era tutto immutato. Gli uccellini cantavano e noi, non avendo cenato la sera prima, eravamo affamati e pronti per far colazione. I secondi erano scanditi con indifferenza. Chiamai i tre subappaltatori per sentire se era tutto a posto. Mi dissero che sarebbero tornati al fiume a ritirare l'equipaggiamento abbandonato là. Con mite incredulità, si precipitarono al luogo da cui la sera prima eravamo scappati gridando come se non ci fosse un domani. Arrivarono e ripartirono in fretta, ma non trovarono segni riconducibili agli eventi accaduti, tranne le nostre impronte e resti di cenere dove avevamo acceso il falò.

Al ritorno, decisero di far visita alle persone che vivevano nella casa mobile di fianco al campo. Domandarono se avessero visto o sentito qualcosa di inusuale la sera prima. La risposta fu negativa. Domandarono delle luci nel cielo, se avessero sentito qualcuno bussare alla porta o il clacson dell'auto, e quelli risposero di no, alzando le spalle e aggiungendo che non si erano mai mossi di casa. Nessuno era uscito a sparare e non avevano sentito i tre spari che avevano proiettato l'oggetto ovale su di noi, e poi via nel cielo buio. Con le loro due auto nel cortile, la porta principale spalancata, le luci accese intorno alle 22, come era possibile che non avessero sentito le nostre grida isteriche, i colpi sulla porta di vetro o il suono assordante del clacson?

Può essere molto difficile predire la reazione delle persone a notizie ritenute da loro impossibili, in base alla loro conoscenza. La sfida è riuscire a riconsiderare le proprie convinzioni, e la reazione può spaziare dalla rabbia, all'eccitazione, alla paura, a un misto di tutto ciò e altro ancora. Intense emozioni che io, Junior e i tre subappaltatori provammo quel giorno e successivamente. Quando raccontammo alla coppia nella casa mobile ciò che avevamo visto, fummo guardati con sospetto e giudicati secondo il nostro carattere, la nostra sanità di mente e la nostra reputazione. Dal momento in cui raccontammo la nostra vicissitudine diventammo ai loro occhi dei diversi. In una sola notte, fummo estromessi dalla comunità che decideva cosa accettare di discutere e di affermare. Capimmo dai loro sguardi che non c'era più un punto d'incontro. Ci rendemmo conto che questa situazione andava gestita con prudenza, per il mio benessere e per la reputazione della mia famiglia, già compromessa dai miei fallimenti lavorativi. Capire come convivere con quest'esperienza ci mandò in confusione quasi quanto l'esperienza stessa. Non avevamo risposte, però eravamo uniti. Era sempre stato sufficiente per andare avanti.

∞

Il martedì sera trascorse tranquillamente e senza sorprese, con noi due esausti e sopraffatti da ciò che avevamo vissuto. Quei lunghi attimi di profonda paura e adrenalina ci avevano lasciati sderenati e svuotati. Quando Junior raccontò i fatti a mio padre fu interrotto dalle risate di scherno del nonno, che lo spedì via senza dargli il tempo di terminare il racconto. Papà lo liquidò pensando di avere a che fare con un ragazzo mezzo matto e intossicato. Purtroppo, realizzai in seguito che la reazione di mio padre fu alquanto generosa, rispetto ad altre reazioni suscitate dalle nostre affermazioni. Yvonne e i ragazzi non sarebbero tornati prima di venerdì, quindi ebbi il tempo di elaborare l'accaduto e capire come sostenere Junior dopo la notte più traumatica della sua vita. Mi sentivo in colpa per averlo lasciato solo così a lungo, a tal punto che ora non si sentiva più al sicuro neanche in casa. Alla fragile età di diciassette anni, Junior aveva appena cominciato a sviluppare la concezione della realtà, che ora era stata drammaticamente stravolta.

Quel mercoledì sera, io e Junior eravamo in casa a guardare la tv quando i cani si misero ad abbaiare nuovamente. Fummo colti dalla paura. *Non adesso, non qui a casa, non potete spaventare di nuovo mio figlio.* La mia paura diventò rabbia, presi il fucile e uscii per andare al vivaio di piante contro il volere di Junior.

«Junior devo vedere che cos'è. Devo porre fine a questa cosa.»

L'aria serale era appesantita dai latrati dei cani. Questa volta erano indirizzati verso il lotto del vicino di casa, dove si trovava un vivaio di alberi natalizi. Di fronte a me c'era una fitta e impenetrabile barriera di alberi. Chiunque si trovasse lì, era ben nascosto. Chiunque si trovasse lì, avrebbe dovuto vedersela con me e il mio fucile.

Superai un recinto rotto e intravvidi una luce tra la vegetazione sempreverde. In quel luogo ci giocavo da bambino, per cui sapevo che l'unica maniera per vedere oltre e per attraversarlo era di avanzare sdraiato in stile militaresco. Quando mi abbassai vidi ancora, stavolta direttamente, la luce brillante. Mi accecò. Sentii una potente interferenza elettrica ripercuotersi intorno al mio corpo. Era come se fossi percorso da un tremore che si intensificava mentre strisciavo in avanti, imbracciando il fucile. Diventò rapidamente troppo intenso per poter proseguire. Era una sensazione simile alla resistenza provocata da un tentativo di far combaciare due calamite. Una dolorosa, prolungata scarica mi attraversò. La luce, o la forza scaturita da essa, mi spronò a indietreggiare strisciando. Qualunque cosa ci fosse laggiù non mi permetteva di avvicinarmi, con o senza fucile, malgrado la mia determinazione a proteggere Junior.

Quando raggiunsi un punto sufficientemente lontano da potermi alzare, mi ritrovai alla staccionata rotta da dove ero passato. Di fronte a me, lampeggiando da una totale invisibilità a un bagliore lunare traslucido, c'erano due degli esseri incontrati due sere prima. Erano bassi, con occhi rossi e sul petto lo stesso triangolo allungato a punta verso l'alto.

Restammo immobili a guardarci l'uno con l'altro, e in quell'istante fui colpito da una consapevolezza emozionante e sconvolgente.

Le due creature mi trasmisero un'illuminazione devastante: la definitiva, estrema importanza di tutti gli esseri viventi. Era un pensiero e una filosofia, ma anche un'emozione travolgente.

Tutte le mie memorie, i miei pensieri e le mie emozioni subirono una trasformazione. La mia visione del mondo fu riordinata intorno a questa priorità fondamentale. La portata di un significato più grande e nobile mai sentito prima sbocciò intorno a ogni forma di vita. Tutti gli esseri viventi condividevano questo significato che ora dentro di me racchiudeva la più elevata cura, rispetto e soprattutto amore.

Mentre realizzavo tutto ciò, fui pervaso da una vergogna e un disgusto che mi colpirono al cuore. *Che cos'era questo strumento di morte tra le mie mani? Come potevo rimediare al dolore da me provocato a creature innocenti durante tutta la mia vita?* Gli esseri mi fissavano con sguardo inespressivo durante la mia riflessione. Piombai in un profondo stato di lutto e di rimorso per aver ucciso.

In un lampo, ritornarono invisibili. Presi fiato nel buio. Ero improvvisamente solo, o almeno così sembrava. Sentii la mia tristezza diventare sollievo. Finalmente, stavo ricevendo qualche indizio sullo scopo di tutto questo. C'era un problema che poteva essere risolto. Un malessere che poteva essere curato. Il terrore e il trauma delle giornate precedenti stavano convogliando verso un fine benevole. Sarebbe diventato il mio compito, non importava come e quando. Ecco il messaggio degli esseri che erano ricorsi a mezzi straordinari per riuscire a consegnarmelo. Questa consapevolezza sta alla base della persona che sono attualmente. Non schiaccio mai un insetto, non vado più a caccia e pesca. Questa convinzione mi ha guidato attraverso ogni sfida, dandomi il coraggio e la speranza necessari per andare avanti. Il venerdì successivo, Yvonne e i bambini trovarono un padre e un figlio trasformati.

CAPITOLO 8

L'esperienza provocò un cambiamento che io e Junior fummo costretti ad affrontare, ognuno a modo suo. I miei parenti, i miei colleghi, la chiesa e persino i clienti che giravano per le corsie del supermercato: spesso, quando incrociavamo i loro sguardi (se proprio osavano guardarmi direttamente negli occhi) non captavo altro che pietà o disprezzo. Avevo già perso la mia azienda e ora pensavano che avessi perso pure la testa, e per quanto potessero capirne loro, mi stavo aggrappando alle fantasie di un uomo disperato. I pettegolezzi su di me si moltiplicarono a dismisura. Non esiste un motivo più nobile per dare il via ai pettegolezzi che un velo di preoccupazione o avvertimento.

«Quella povera famiglia, dopo tutto quello che hanno passato.»

«Non lascerei che quell'uomo usasse un martello, figuriamoci un carrello elevatore.»

«Il diavolo sta guidando quell'uomo.»

Yvonne e i bambini tornarono dal loro viaggio. Era impossibile nascondere cos'era accaduto, con Junior così scosso e io profondamente cambiato. Yvonne accolse la notizia con un po' di empatia e molto scetticismo. Pensava che avessi avuto una ricaduta, causata dai medicinali prescritti dal medico ciarlatano due anni prima. Avrei potuto considerare questa spiegazione, se soltanto le altre quattro persone non avessero visto la stessa cosa. L'intossicazione da litio non aveva prodotto altre conseguenze al di là della depressione. Ci amavamo e amavamo i nostri figli innanzitutto, per cui facemmo del nostro meglio per gestire la vita domestica in seguito all'evento. Bisognava comprare i pranzi scolastici, aiutare a svolgere i compiti a casa, cucinare la cena, portare i ragazzi alle attività sportive, calmare i mal di stomaco. Gli altri figli credevano nel fratello maggiore e nel loro padre e ci ascoltavano con grande curiosità ed entusiasmo.

Diventò presto chiaro che Yvonne non avrebbe tollerato che in casa si parlasse dell'accaduto. Nessuna madre fortemente devota ai figli lo avrebbe fatto. Se anche fosse stata presente quella notte, comprendeva lo scotto da pagare in una comunità così religiosa, nell'eventualità di una sua testimonianza. La chiesa pentecostale considera Halloween un rito pagano usato da Satana per incoraggiare l'adorazione demoniaca. Yvonne sapeva che i pettegolezzi sarebbero esplosi, ma anche che Junior aveva bisogno di essere creduto, pertanto si trovava in una posizione difficile. Non poteva né negare né confermare l'evento ai suoi amici, ai famigliari e ai congregati della sua chiesa. La chiesa che suo padre aveva contribuito a creare era troppo radicata nelle nostre vite per poterla abbandonare. Sono grato a Yvonne di essere riuscita a mantenere l'equilibrio e la nostra famiglia insieme. A tutt'oggi sono sorpreso dalla sua pazienza e dalla sua grazia nell'affrontare la situazione.

Tutte le persone intorno a me subirono tremende conseguenze per non aver semplicemente negato quello che avevo vissuto. Yvonne, i ragazzi e i miei genitori facevano il possibile per sdrammatizzare o cambiare argomento. La pietà e lo scherno che dovetti affrontare vennero estesi alla mia famiglia. Ogni volta che uscivamo di casa, rischiavamo un orribile trattamento. Quasi nessuno ci difendeva, proprio perché i pettegolezzi erano veramente ridicoli e si diceva pure che mi fossi meritato questa situazione, essendo andato in qualche modo contro Dio. La cosa peggiore erano le prese in giro che subivano i miei figli a scuola, sia per ciò che affermavano sia perché il loro padre era considerato pazzo. Sono ancora addolorato per la vergogna e la derisione che hanno sofferto a causa mia.

Le settimane successive all'8 gennaio 2007 tutti i sintomi legati al morbo di Crohn scomparvero. Smisi di prendere medicinali. Mi si aprirono nuove possibilità. Non ero più costretto a stare vicino al bagno tutto il giorno, ed ero di nuovo in grado di trovare lavoro stabilmente. Purtroppo, con il dilagare dei pettegolezzi era sempre più difficile che qualcuno si prendesse il rischio di assumermi. Sfortunatamente, non appena mi ero liberato dalla malattia debilitante ero anche diventato persona non gradita agli occhi dei parenti, dei miei ex impiegati, di chi, pur non conoscendomi, aveva sentito voci su di me.

Bloccato a casa e impossibilitato a parlare dell'evento, mi chiusi in me stesso. Il ricordo di quelle notti aveva un richiamo irresistibile su di me. Ero contrariato dal mistero legato all'episodio. Mi chiedevo continuamente come mai non avevo provato paura, dove ero stato in quelle quattro ore, qual era il significato di questa ondata di pace e compassione, ricevuta di pari passo con un esilio sociale implacabile. In particolare, riflettevo su quante volte ero stato a un passo dalla rovina totale. Dio mi aveva messo alla prova, portandomi sull'orlo del baratro in diverse occasioni per poi risollevarmi, permettendomi di costruire un business di successo e infine scivolare ancora nella miseria.

Chiuso nel mio studio, dove spesso dormivo da solo, cercavo di ricordare cos'era successo durante la mia seconda passeggiata. Lo stupore alla vista del secondo sole in lontananza e poi il terzo che mi osservava, direttamente sopra di me. Ritracciavo, passo dopo passo, i momenti vissuti mentre stavo nascosto tra i cespugli. I turbinii splendenti di fiamme aranciate nella penombra. Poi nulla. Il ricordo seguente è la corsa a quaranta metri dai resti fumanti del falò. Se mi sforzavo di ricordare il tempo trascorso tra questi due momenti, venivo colto da un'intensa emicrania nauseante. Non avevo mai sofferto di un mal di testa così maledettamente doloroso. Non trovavo via d'uscita a questo labirinto di domande. Me ne stavo tranquillo e trascorrevo più tempo possibile da solo.

Se tutti mi avevano voltato le spalle, io dovevo fare altrettanto. Era l'unico modo per respingere la mia miseria.

∞

Una sera, dopo una cena di famiglia durante la quale aprii bocca solo se strettamente necessario, sentii uno strano suono nell'aria soffocante del mio deprimente studio.

Uuuh.... Uuuh... Uuuuuh... Un gufo della Virginia, appollaiato sul tetto metallico della casa, sembrava comunicare una specie di messaggio forte, urgente e insistente. Era gennaio, una settimana dopo il ritorno di Yvonne e i bambini a casa, quando stavo solo iniziando a capire la portata del mio secondo ostracismo. Io e Yvonne non ci parlavamo più, ignorandoci quando ci incrociavamo per il corridoio.

Uuuh... Uuuh...

Sebbene lo desiderassi, il mio isolamento non era totale. Per tutta la notte sembrava che diversi gufi fossero impegnati in una disputa territoriale direttamente sopra le nostre teste. Alcune noci si staccarono dall'albero cadendo sul tetto, cosa per nulla inusuale. Nessuno dormì bene quella notte. Li sentivamo bubolare, tubare, stridere ininterrottamente. Il giorno seguente guardai tra gli alberi vicini alla casa e non scorsi alcun gufo. Tornarono quasi ogni notte per tutto l'inverno. Talvolta i ragazzi si spazientivano e andavano fuori a urlar loro di smetterla. Mentre io avrei voluto soltanto nascondermi, quei gufi mi ricordavano che esisteva un mondo che non mi aveva respinto, dove non ero un fallito o un padre, dove ero semplicemente un essere vivente vulnerabile che cercava di sopravvivere in mezzo agli altri.

Quei promemoria dei gufi sull'indifferenza pacifica del mondo naturale mi persuase ad andare al negozio per il campeggio dove acquistai un sacco a pelo, uno zaino e un fornelletto a gas. Non avevo mai fatto campeggio prima d'ora, tranne con mio padre quando pescavamo in spiaggia, ma la natura selvaggia mi chiamava e io non avevo altra scelta che rispondere.

Per permetterci di restare a galla, vendetti alcuni giochi e utensili che mi erano rimasti. Dovetti rinunciare alla mia auto, non riuscendo a stare al passo con le rate da pagare. Yvonne doveva vivere una doppia vita, continuando a far parte della chiesa che mi considerava travagliato e posseduto dal diavolo, e sostenendo me nel miglior modo possibile. Ai bambini toccava vedere i leader della chiesa mentre mi cospargevano di acquasanta, come se fossi un mostro. Avevamo insegnato ai nostri figli a rispettare quei portatori di virtù, e gli stessi mi stavano estromettendo in quanto instabile, peccatore e intoccabile. Arrivarono anche a cospargere di acquasanta la nostra proprietà, nell'eventualità che il terreno fosse impregnato di una maledizione satanica da me trasmessa alla famiglia. Non c'era modo di evitare la faccenda. Dovevamo per forza conviverci.

Per sopportare le circostanze e non esser costretto a scappare dalla mia famiglia e dalla comunità per sempre, mi rinchiudevo nel mio studio o andavo per i boschi. Quell'inverno, e per un anno intero, feci diverse escursioni sul cammino dei monti Appalachiani. Talvolta mi assentavo per oltre una settimana, in altre occasioni ci restavo qualche giorno come volontario per il mantenimento del cammino. Dormivo all'aperto il più possibile, sdraiato dentro al sacco a pelo e con lo sguardo rivolto alle stelle. Amavo in particolare alcune cime nude delle montagne, prive di inquinamento acustico e con scarsissime luci artificiali. Intorno a me vagavano famiglie di orsi, cervi, falchi e scoiattoli senza darmi alcun fastidio. La loro compagnia mi trasmetteva calma e mi sentivo trattato con dignità.

Cercando altre cose da vendere ritrovai una radio CB, e mi venne in mente che avrei potuto trovare un amico senza pregiudizi nei miei confronti. Mi ricordavo che la ditta che noleggiava attrezzature Cat possedeva un'antenna alta quaranta metri, ormai inutilizzata, che avrei potuto recuperare se fossi riuscito a smontarla. Grazie alla mia esperienza giovanile nella riparazione di apparecchi elettronici fu piuttosto semplice installare un impianto di ricezione casalingo. Erano passati quarant'anni da quando usavo il nomignolo *Hunter* o *Hound Dog* da radioamatore. Provai a collegarmi senza alcuna idea di cosa aspettarmi da una tecnologia così obsoleta.

«Pronto. Qui è Hunter.»

«Ciao Hunter. Qui è Seven-Seven», fu la risposta assordante che uscì dagli altoparlanti. Le radio CB hanno la particolarità di un volume direttamente proporzionale alla vicinanza dei colloquianti. Non avevo realizzato che con un'antenna così alta potevo parlare con gente in un raggio molto ampio. Era raro ottenere una risposta così immediata e chiara, ed era divertente ricordare e usare un gergo che non avevo usato da tempi remoti.

«Hunter, ti presento il mio amico E.T.»

Quella frase mi fece quasi balzar fuori dalla sedia. Venni a conoscenza del fatto che la maggior parte della restante comunità di radioamatori CB comprendeva anziani o disabili, ed E.T. era uno di loro, impossibilitato a camminare e reduce da quasi cinquanta operazioni. Quando di sera mi sintonizzavo, avviavamo lunghe conversazioni che spaziavano dal tempo alle news. Non raccontai mai loro chi fossi o qualsiasi cosa che glielo facesse scoprire, ma costruii un legame profondamente confortante con persone che sentivo similmente bloccate e bisognose d'amicizia. Non era proprio un gran divertimento attraversare le onde radio con chiacchiere vuote, ma era di certo un sollievo costante. Alzando il ricevitore non potevamo scambiarci ciò che davvero desideravamo, ma almeno riuscivamo ad alleviare in piccola parte le nostre pene.

Avendo cacciato, ucciso e smantellato i resti di ogni volatile e animale nei miei paraggi sapevo percepire i loro movimenti: quando si accoppiavano le volpi, dove si trovavano i nidi di tortore, quanti cervi avevano lasciato impronte nel fango. Ero attanagliato dall'immensa vergogna per tutti quelli che avevo ucciso indiscriminatamente. Durante una battuta di caccia nel 2001, uccisi un orso bruno del peso di oltre trecento chili, record di grandezza nel mio stato quell'anno. Provavo tanta tristezza, ma anche tenerezza ogni volta che vedevo un'orsa con i suoi piccoli. Era un costante promemoria del mio secondo incontro con gli esseri. Il loro messaggio di compassione verso ogni tipo di vita era estremamente convincente. Le vallate e le foreste che si addolcivano verso la primavera erano in armonia con quel messaggio e lo sottolineavano. Inaspettatamente, arrivò la consolazione.

Io che non avevo frequentato il college, diventai uno studente della natura. Yvonne mi procurò un blocco, matite, pennelli e tempere acriliche dal negozio di cartoleria, perché io temevo di avventurarmi in città. Trascorrevo le mie gite in campeggio a disegnare e dipingere l'ambiente circostante. Fiori, uccelli e animali, volevo riprodurli in ogni singolo dettaglio. La grazia di un cervo mentre piegava il collo verso un ruscello mi trasmetteva grande umiltà. Le ore passate a cercare di ritrarre il suo collo, fino a quando faceva buio, furono tra le più felici della mia vita. La pelliccia corta e fulva, il momento in cui la lingua incontrava l'acqua. Non ero un fallito. La mia vita non sarebbe stata un fallimento.

CAPITOLO 9

La natura selvaggia era una buona compagnia, ma fin troppo tranquilla. La pace che sentivo in quei luoghi mancava di capacità di resistenza. Quando tornavo da un viaggio, mi sentivo bene per un paio di giorni, ma l'esilio totale mi opprimeva in fretta. Sprofondavo in una dolorosa vergogna ogni volta che uscivo. A casa, le cambiate circostanze costringevano Yvonne e i ragazzi a una pazienza eroica. Arrivò l'autunno e un nuovo anno scolastico, con tutti i conflitti da affrontare per una famiglia con quattro figli in giovane età. Avevo meno tempo per il campeggio e l'inverno mi sconsigliava di avventurarmi in nuove escursioni. Sarei rimasto isolato al freddo sotto le stelle, nascosto in una tenda. Dovevo cercare una nuova soluzione.

I ragazzi desideravano internet da tempo, visto che i loro amici già ne facevano uso. Io e Yvonne mettemmo da parte trenta dollari nel budget mensile per avere il collegamento internet. I ragazzi potevano servirsene per i compiti, e io per cercare risposte. Non pensavo di poter andare in biblioteca e mettermi a fare ricerche su quello che mi era successo. Anche volendo, dubito che la biblioteca locale avrebbe offerto solidarietà e possibilità di approfondimento. Immaginavo la reazione del bibliotecario alla mia richiesta di libri sugli UFO.

Con internet non avevo questo problema. Una sera di ottobre, mentre Yvonne e i figli dormivano, scoprii uno programma chiamato "The UFO Files". Dopo la perdita della vecchia casa non possedevamo un televisore, per cui guardai una clip di una puntata del programma. Sul finale appariva sullo schermo un messaggio di Stanton Friedman: "Se avete avvistato un UFO, non esitate a contattare il MUFON (Mutual UFO Network) sul loro sito". Feci una ricerca su quest'uomo e scoprii che era un fisico nucleare e il primo civile sulla scena dello schianto di Roswell.

Provai subito un senso di sollievo. Era un professionista e una persona affidabile, che mi offriva un percorso da intraprendere. Per la prima volta, escludendo Junior e i ragazzi, vedevo la possibilità di essere preso sul serio da qualcuno. Era sufficiente. Non avevo bisogno, né desideravo alcuna vendicazione che mi riportasse in buona luce con la mia comunità. Già mi rassicurava il fatto che esistesse un protocollo per casi come il mio. Dopo quasi un anno di isolamento all'interno di un mistero, mi veniva data una chiave di lettura. Forse la chiave non avrebbe funzionato, o mi avrebbe condotto a un altro mistero, ma era qualcosa che mi dava speranza. Forse un giorno, in qualche modo, il mio autoesilio sarebbe terminato.

Di getto digitai un messaggio sul pc, completo di ogni dettaglio. La serie di eventi era impressa nella mia mente, e poter confessare tutto senza alcuna forma di autocensura motivata dal bisogno di proteggere me stesso e la mia famiglia fu una catarsi profonda. Appena completata la descrizione nel loro modulo online fui vicino a premere il tasto invio. Feci una pausa. Il mio cuore sprofondò. Di certo avrebbero voluto mandare un investigatore. Se fosse arrivato, Yvonne avrebbe voluto sapere perché un estraneo perlustrasse la nostra proprietà. Se avessero chiamato e Yvonne avesse risposto al telefono, si sarebbe incrinata la nostra fiducia reciproca e si sarebbe rotto il nostro patto di seguire la crescita dei figli al riparo il più possibile da ogni ostracismo. Anche i ragazzi e i vicini di casa l'avrebbero scoperto. Era impossibile nascondere qualcosa tra di noi e a chi ci conosceva. Poi bisognava pensare alle conseguenze che un'investigazione del genere avrebbe portato. Non sapevo quale risultato sarebbe stato più disastroso, se una conferma o piuttosto una smentita della nostra esperienza. Forse la conclusione peggiore sarebbe stata un responso ambiguo, e quindi il prolungarsi di questo purgatorio che mi stava allontanando dalla mia famiglia e da tutti gli altri. E se fosse diventata una faccenda così controversa da dover sopportare investigazioni per tutta la vita? E se il nostro piccolo appezzamento di terreno fosse diventato una specie di Roswell? Già mi immaginavo le bancarelle di souvenir turistici piazzate intorno alla nostra proprietà. Se fosse successo, tutta la famiglia Bledsoe sarebbe stata costretta a trasferirsi. Non potevo rischiare.

∞

Comunque non cancellai il mio messaggio. Per due settimane fui indeciso su cosa fare e combattuto tra l'urgenza di far conoscere la mia storia e il profondo istinto di proteggere la mia famiglia contro ulteriore dolore e imbarazzo. La mia curiosità m'impedì di eliminare l'account. Anche la minima possibilità di riabilitare la mia reputazione era un richiamo irresistibile. Volevo tanto tornare a essere considerato un normale essere umano dai miei amici, parenti e colleghi, e ritenevo improbabile che l'investigazione potesse condurre a un traguardo del genere. Tuttavia mi rendevo conto che, grazie al rigido protocollo e ai suoi ricercatori bene addestrati, l'organizzazione aveva una nota di legittimità che io non possedevo. Già il termine "investigazione" le donava rispettabilità, il che mi faceva sperare che chiunque avrebbe accettato il risultato delle indagini. Un'investigazione razionale basata sui fatti avrebbe potuto sistemare la faccenda, qualsiasi cosa avessero scoperto. Avremmo potuto voltar pagina. Malgrado il rischio, ero molto tentato di provare a porre fine al tormento solitario della mia famiglia.

Mi arrovellai il cervello per due settimane, sempre con la mente rivolta al mio account. Feci qualche correzione per rendere più chiaro il testo. Aggiunsi dettagli che avevo trascurato e disegnai una cartina del luogo del mio avvistamento. Misi al corrente Junior, con il quale ero d'accordo di parlare di questa cosa solo quando gli altri non erano presenti. Junior era altrettanto curioso e fece un disegno degli esseri che aveva visto. Confrontammo i nostri ricordi, ora per ora, minuto per minuto, e non trovammo alcuna discrepanza. Rivivere quei momenti insieme, per la prima volta, ci fu d'aiuto ad alleviare la vergogna e la solitudine. Non si trattava più di dover passare ad altro, di rimuovere un incidente assurdo dalla nostra memoria. Era la nostra storia, il nostro frustrante problema. Giungemmo alla conclusione che i disagi causati dall'evento non si sarebbero risolti a meno che non fossimo passati all'azione. Il timore che sentivo andava di pari passo con la curiosità irrefrenabile, la stessa che mi aveva fatto imbracciare il fucile e schizzare fuori al buio la seconda notte, in seguito ai latrati dei cani. Dopo due settimane di esitazione davanti al sito del MUFON premetti il tasto invio.

Mi risposero via email il giorno seguente, dalla sede centrale in California. Fui avvolto da un mix nauseante d'inquietudine e sollievo. Ovviamente volevano mandare investigatori a casa mia. Conoscevo il protocollo, ma speravo che fosse possibile saltare quel passaggio per il bene famigliare. Mandai un'email.

«No. Assolutamente no. Non venite qui.»

Iniziarono a chiamare. Correvo al telefono e alzavo la cornetta prima che qualcuno mi anticipasse. Erano insistenti, ma per il momento stavano lontani. Eppure ciò che avevo fatto era irreversibile: avevo aperto il vaso di Pandora. Era in arrivo un pandemonio, in un senso o nell'altro.

∞

Qualche giorno dopo questo scambio, la terza settimana di ottobre, Yvonne e i bambini erano di ritorno da una giornata trascorsa in visita alla madre di Yvonne e alla chiesa che io non osavo più frequentare. Dopo aver cenato dalla madre di Yvonne, stavano percorrendo il tragitto di venti minuti per arrivare a casa. Iniziava a far buio. Avevano fatto quella strada centinaia di volte. Yvonne e Junior erano seduti davanti e i tre figli più piccoli sui sedili posteriori.

A metà strada, videro un oggetto che descrissero come un cono gelato splendente sospeso a mezz'aria di fronte a loro. Un triangolo allungato iridescente che cambiava continuamente colore. I loro occhi erano incollati al parabrezza, meravigliati da questo cono che pareva accompagnarli verso casa, al di sopra degli alberi. Tutti restarono seduti e increduli, scioccati da quella visione. Dopo alcune miglia, il cono scomparve come infilatosi in un pertugio fra la tela dell'aria serale.

Dal mio studio sentii le grida e i balzi dei ragazzi.

«Papà! Papà!»

«Papà non crederai a cos'è appena successo!»

«C'era un cono gelato sospeso in cielo davanti a noi mentre tornavamo a casa!»

«Non ho mai visto una cosa simile prima d'ora! Aveva dei colori bellissimi, e cambiavano continuamente!»

Entrò Yvonne, con gli occhi strabuzzati, e confermò che era tutto vero. Dopo tutto quel tempo passato in silenzio nello studio, era sconcertante vedere l'intera famiglia nella piccola stanza. Quello che dicevano era ancora più sconcertante. La forma che descrivevano sembrava combaciare con la forma di vetro che avevo notato sul torace degli esseri. Yvonne aveva avuto la prontezza di chiamare il controllo federale del traffico aereo per chiedere se i radar avessero captato qualcosa in zona. La risposta fu negativa. Yvonne ne prese atto e si adagiò come me nella stessa inerme accettazione.

Provai un'immensa gratitudine. Vedere il loro sguardo di solidarietà e riconoscenza sostituirsi a quello vecchio di preoccupazione e compassione mi portò vicino al pianto. Avevo passato gli ultimi dieci mesi sempre condizionato da uno stato depressivo. Finalmente tornavo a sentire un briciolo di felicità. Anche Junior era sollevato. L'isolamento e il trauma vissuti la sera in cui suo padre era scomparso, abbandonandolo paralizzato nella boscaglia, aveva lasciato una ferita profonda nella sua psiche. I suoi compagni di scuola davano al suo racconto la stessa credibilità che gli adulti mostravano verso di me, e ciò gli rendeva molto arduo parlarne ed elaborare il trauma. I figli degli altri tre uomini frequentavano la stessa scuola, ma non erano in grado di trovare rassicurazione l'uno con l'altro.

Nella nostra zona non esistevano terapeuti, e non avremmo neanche avuto le risorse economiche o l'inclinazione a usufruirne. Junior soffrì di incubi tutto l'anno. Dallo studio dove dormivo durante la notte, lo sentivo urlare di paura per qualche rumore che aveva sentito, simile al *flap flap flap* delle eliche di un elicottero. Diceva di vedere nella stanza ombre di figure che lo guardavano. A diciassette anni, in piena notte sprintava terrorizzato lungo il corridoio per stare vicino alla mamma.

Adesso tutta la famiglia aveva lo stesso problema. Da genitori, eravamo consci di non poter proteggere i nostri figli da questa situazione. I bambini erano consci del fatto che i genitori non ne sapevano più di loro. Noi tutti eravamo stati catapultati al di fuori della nostra abituale comprensione della realtà. Ci ritrovammo ancor più uniti, su questo nuovo terreno instabile.

∞

Mentre l'autunno si tramutava in inverno sentivamo il fenomeno avvicinarsi a noi. Gli incubi di Junior erano ancora frequenti e anch'io cominciavo ad averne. L'aria di casa veniva appesantita da queste esplosioni di terrore in piena notte. L'oscurità scendeva ogni giorno sempre più presto, e diventava sempre più difficile mantenere l'equilibrio che avevamo faticosamente trovato durante l'anno. Era cresciuta la pressione. Da genitore, era devastante assistere al crollo di un figlio terrorizzato da qualcosa che nemmeno noi comprendevamo. Quando Junior veniva a confidarmi il suo timore di dormire, l'unica cosa che riuscivo a dirgli era di invocare Dio, e le ombre che vedeva sarebbero scomparse. Gli altri figli erano sempre più desiderosi di parlare di quello che avevano visto loro e di quello che avevamo visto io e Junior, mentre Yvonne era determinata a mantenere la famiglia nei limiti della sanità. Malgrado tutti avessero visto qualcosa, Yvonne comprensibilmente voleva evitare di parlarne. Emily, la piccola di casa, aveva soltanto dieci anni all'epoca, per cui era molto difficile discutere della faccenda e riuscire a preservare un ambiente protettivo e sicuro. La nostra vita familiare, nonostante la ritrovata unità, era messa a dura prova da questi impulsi conflittuali.

A dicembre, mi resi conto di dover passare all'azione, stavolta non solo per me e Junior, ma per il bene di tutta la famiglia. L'unica cosa che mi venne in mente fu di richiamare il MUFON, sperando che riuscissero a darci delle risposte. Avevano continuato a chiamare e scrivere per tutto l'autunno, ma li avevo ignorati temendo che il loro coinvolgimento sarebbe stata l'ultima goccia a far crollare il mio matrimonio. Magari un processo ufficiale ci avrebbe permesso di accettare

Disegno di Emily all'età di dieci anni

i fatti. Magari se fossimo stati tutti d'accordo, l'indagine si sarebbe svolta con discrezione, evitando di essere scoperti dalla comunità. A inizio dicembre, cedetti e avviai una corrispondenza con un investigatore del MUFON che viveva nella nostra regione, a Raleigh.

Steve era interessato agli UFO ed era diventato investigatore per studiare l'argomento. Diventammo amici in quello che fu il periodo festivo più solitario della mia vita. La mia intera famiglia allargata trascorse il Natale nella casa di mio padre di fianco alla nostra, mentre io restai rintanato nel mio studio. Decidemmo che sarebbe stato meglio stare lontano dalle persone che amavo maggiormente al mondo, le persone a cui avevo dedicato la mia vita, le persone che avevo impiegato e che avevo sostenuto nei momenti duri. Avrei sopportato il loro rifiuto se fossi stato solo, ma non avrei permesso ai miei figli di assistere alla mia umiliazione da parte di membri della stessa famiglia. Quindi restai a casa.

Gli investigatori del MUFON non vengono pagati per il loro lavoro, così Steve riuscì a scendere a Fayetteville per condurre le sue indagini solo a febbraio. Ero entusiasta del suo arrivo e dell'opportunità di un cambiamento nelle dinamiche familiari, ormai sul ciglio del precipizio. Mi fece sedere a raccontare tutta la vicenda insieme a Junior, con Yvonne presente nella stanza. Fu la prima volta che lei ascoltò l'intera storia da cima a fondo, e io apprezzai moltissimo la sua attenzione. Steve prendeva appunti, interrompendo ogni tanto per chiedere chiarimenti. Al termine del mio racconto, sentii una vicinanza a Yvonne che mi era mancata tremendamente nell'anno passato.

Quando credevo che il colloquio fosse finito, fui sorpreso dall'intervento di Yvonne dall'angolo in cui stava seduta.

«Ha mai sentito parlare di uomini ombra?», domandò.

La guardai completamente esterrefatto. Non avevo mai sentito parlare di "uomini ombra", tranne nelle descrizioni degli incubi di Junior. Yvonne si mise a parlare di un episodio in cui qualche giorno prima di Natale si trovava seduta nel salotto e all'improvviso apparvero due luci accecanti in rapida successione, una dopo l'altra. Le descrisse come raggi provenienti da due sfere, dalle quali subito dopo comparvero nella sala due esseri traslucidi e offuscati. Yvonne si alzò e li seguì mentre camminavano nel corridoio verso la cucina. Voltarono l'angolo e di nuovo li vide scomparire direttamente attraverso un muro. Corse in bagno per controllare dall'altra parte del muro, ma erano svaniti.

Due dei bambini erano con lei nel salotto, e la decisione fu di mantenere il segreto sulla vicenda per evitare di procurare nuovi incubi a me e Junior. Fui riempito da un'ondata di gioia e gratitudine nell'ascoltare quella storia per la prima volta. Durante tutto l'anno, non c'era nulla che avrei desiderato maggiormente che sentire la fiducia totale di Yvonne sui fatti da me raccontati. La sua tolleranza silenziosa mi aveva addolorato più di ogni rifiuto, e ora sapevo che le mie preghiere per far vivere anche a lei questa esperienza si erano avverate. Glielo dissi e lei mi rispose di non pregare più nulla di simile.

Yvonne aveva cercato d'ignorare l'episodio del cono gelato, ma questo era impossibile da negare. Anche lei voleva le mie stesse risposte. Eravamo due genitori che desideravano la pace casalinga e una buona vita per i nostri figli. D'ora in avanti ci saremmo impegnati per ottenere questo risultato insieme.

CAPITOLO 10

Chi odia si maschera con le sue labbra, ma cova nel suo intimo l'inganno.

—Proverbi 26:24

Una volta completata la sua relazione, io e Steve restammo in contatto. Eravamo certi che il MUFON fosse interessato ad approfondire le indagini. Essendo Steve un volontario minore, relegato alle zone di Virginia e North Carolina, decisero di intervenire con i pezzi grossi. In verità, il MUFON aveva appena ottenuto l'incarico dal canale tv Discovery di realizzare una serie di tre episodi su investigazioni di particolare rilievo. Improvvisamente il MUFON si era trovato a disposizione maggiori risorse finanziarie del solito. Avendo una scadenza per consegnare gli episodi, il MUFON si era messo attivamente alla ricerca di materiale da filmare.

Il mio resoconto aveva immediatamente attirato l'attenzione. Dopo la mia resistenza andata avanti per mesi e il rapporto dettagliato e credibile inviato da Steve, il MUFON iniziò a spingere sempre più insistentemente per adoperare i loro fondi al mio caso. Durante l'inverno, ricevetti messaggi da Steve e dal MUFON in cui spiegavano che essendo io un uomo di famiglia sarei stato un testimone ideale, che mio figlio e gli altri testimoni avrebbero dato credibilità al racconto, e che questo era il modo migliore per me di scoprire la verità.

Yvonne era contraria all'idea, malgrado volesse trovare delle risposte alle sue esperienze. Non c'era garanzia che avremmo potuto trovarle grazie a ricerche più mirate e a maggiori risorse economiche. Oltretutto, rimaneva pure il dubbio se queste risposte ci avrebbero permesso di tornare alla normalità famigliare e ristabilire la reputazione che avevamo perduto per lungo tempo. Ora che in famiglia potevamo parlare più liberamente dell'argomento la curiosità dei ragazzi era aumentata. Più ci confrontavamo tra di noi, più ci disinteressavamo delle idee e delle opinioni tra i fedeli della chiesa. Ognuno di noi si era sentito isolato, e ora queste conversazioni ci risollevavano lo spirito. Diventò palese che noi tutti volevamo sapere cosa fosse accaduto e cosa stava ancora accadendo.

Dapprima, Steve accennò all'ipotesi di essere filmati in maniera anonima. Nessun nome, visi oscurati, voci distorte. A Yvonne l'idea non dispiaceva, pur sapendo che prima o poi le news sarebbero state collegate al nostro indirizzo. A convincerci furono i ragazzi. Chi eravamo noi per negare loro una sorta di vendicazione pubblica dopo tanta sofferenza? Lo scherno pubblico era stato talmente profondo che difficilmente sarebbe potuto aumentare in modo significativo. Inoltre, con internet a casa, per la prima volta i ragazzi stavano apprendendo tante cose sul mondo al di fuori di Fayetteville. Erano eccitati all'idea di apparire in tv. Certo, non era forse la situazione ideale, ma avremmo dato loro qualcosa di unico e positivo, dopo averli privati di tante opportunità. Con l'entusiasmo dei ragazzi, le perplessità di Yvonne persero forza. Il programma diventò inevitabile. Fu una delle peggiori decisioni della mia vita.

Il programma presentava alcuni aspetti promettenti. Ad esempio, la nostra storia doveva essere la prima della serie. Ci sembrava prova di garanzia sull'attenzione verso di noi e sulla qualità stessa dell'episodio. C'era pure un'aura di glamour hollywoodiano che aveva un effetto inebriante sui ragazzi, poco abituati a viaggiare a causa delle nostre scarse disponibilità economiche. Un altro indicatore positivo era la lunghezza prevista dell'episodio, un'ora invece della mezz'ora che caratterizzava alcuni show da me giudicati tutt'altro che indagini serie. Anzi, erano apparsi semmai tentativi scandalosi di fare audience. Credevo che questa fosse la chance migliore, a eccezione della trasmissione *60 Minutes*, per un'investigazione seria. Steve era una brava persona ed era stato gentile con noi. Non avevamo modo di credere che gli altri membri del MUFON avrebbero agito diversamente. Steve disse che mi avrebbero ritratto come un uomo rispettato dalla comunità, anche se non era più il caso dal 2001. Yvonne precisò che le riprese nella nostra proprietà dovevano essere più veloci e discrete possibile, e i produttori le promisero che così sarebbe stato.

Invece, proprio come quando avevo venduto la mia compagnia ad acquirenti che consideravo in buona fede, la mia innata fiducia nella gente mi fregò. Nel sud la reputazione è tutto, dunque non si va avanti nella vita con metodi di business da squali crudeli e manipolatori. La gente parla. Sempre. Per questo motivo tendevo a non pensare male di una persona prima di concludere un affare. Mi fidavo della parola di Steve e della missione del MUFON, sebbene non avessi ancora incontrato i leader dell'organizzazione che sarebbero stati i conduttori principali del programma. Io e Yvonne ci accordammo e firmammo alcuni formulari. La produzione sarebbe iniziata a primavera inoltrata e il primo episodio sarebbe andato in onda verso fine ottobre del 2008.

Quando lo comunicammo ai ragazzi, le loro aspettative decollarono. Si domandavano chi tra di loro avrebbe avuto più spazio sullo schermo, chi sarebbe stato notato da qualche dirigente importante, chi avrebbe avuto un futuro da star o quale incontro sarebbe stato il fulcro per dare una spiegazione a tutto. Persino io e Yvonne, in questa ondata di ottimismo, accettammo di rivelare i nomi e le voci, mostrando brevemente anche i nostri volti con la speranza che fosse d'aiuto ai nostri ragazzi. Volevamo fortemente che la nostra comunità ci considerasse di nuovo come esseri umani, e ogni dettaglio del programma sembrava indicare che saremmo stati presi sul serio da persone rispettabili.

∞

Mancavano un paio di giorni alla data d'inizio della produzione e non avevamo ancora sentito nessuno da Discovery e neppure dal MUFON. Non sapevamo nulla sulla realizzazione di un programma televisivo o su come bisognava comportarsi nella nostra posizione. Eravamo semplicemente eccitati che fosse arrivato il momento. La domenica che precedeva la data stabilita per il nostro incontro ricevemmo una telefonata da un produttore che ci chiedeva suggerimenti per l'albergo, aggiungendo che sarebbero venuti a casa nostra alle 8,30 della mattina seguente.

Ci affrettammo tutti a pulire la casa per presentarla tirata a lucido. Scegliemmo gli abiti della domenica e ci svegliammo presto, assicurandoci di avere un aspetto presentabile e rispettabile. Amici e parenti avrebbero in seguito visto che la nostra era una casa perfettamente normale, invece della fogna demoniaca e radioattiva che si aspettavano. Era luglio, e i ragazzi avevano atteso questo giorno per tutta l'estate. Pur nell'anticipazione del loro arrivo, si stabilì tra noi una calma che non sentivamo da tempo. Ci guardammo a vicenda, in casa nostra. Finalmente saremmo stati visti, saremmo stati creduti.

Alle 8,30 non si vedeva ancora nessuno. Immaginammo che qualche piccolo contrattempo, qualunque cosa fosse, avesse impedito a questi professionisti hollywoodiani di rispettare la tabella di marcia nel limitato tempo a loro disposizione. Il telefono squillò.

«Ciao Chris. Dovete venire qui in albergo, tu e Yvonne, per firmare altri documenti. Siamo all'hotel Wyndham. Non possiamo procedere senza prima aver completato questa formalità. Poi metà della troupe verrà a filmare a casa vostra e l'altra metà andrà a filmare al fiume. Faremo una pausa pranzo, per cui chiedi alla tua famiglia cosa desidera ordinare dal ristorante *Appleby's*.»

Era la voce di una giovane donna, con tono urgente ed esasperato. L'hotel non era quello suggerito da me, ma non ci feci troppo caso. I ragazzi erano delusi di non poter assistere all'azione fino all'ora di pranzo, ma erano contenti di mangiar fuori, un evento raro per noi.

Yvonne disse, «Junior, sei il più grande, occupati tu dei tuoi fratelli. Tra un'oretta, dopo aver firmato le carte nel loro hotel, saremo di ritorno.» Ci recammo all'hotel in auto, parcheggiammo e ci dirigemmo all'ingresso. Non avendo nessun contatto e non sapendo di chi chiedere alla reception, attesi nella hall per una decina di minuti, cercando il volto familiare di Steve o qualcuno con una telecamera. Dentro di me pensai che probabilmente l'equipaggiamento da sistemare era di notevole quantità e che, trattandosi di uno show nuovo, forse dovevano ancora sciogliere dei nodi in fase di preparazione alla registrazione.

Finalmente fui avvicinato da un uomo. «Lei deve essere Chris. Venga con me.» Si incamminò lungo un corridoio. Lasciai sola Yvonne e lo seguii sull'elegante moquette attraverso un paio di porte. C'erano tre telecamere accese dietro cui, allineate davanti alla parete, vidi svariate persone in piedi a osservarmi. La sala era avvolta in un silenzio totale.

«Ti sottoporremo al test della verità Chris. Lui è Bob Durdak, il tuo poligrafico. Ha lavorato con l'FBI ed è tra i migliori nel suo campo.» disse una voce. Ero preoccupato. Non vedevo Steve. Non sapevo chi appartenesse a Discovery e chi al MUFON. Mi avevano presentato soltanto un paio di persone oltre al tizio incaricato di giudicare, scientificamente o meno, se fossi meritevole di fiducia. Ero totalmente scioccato per il sospetto e lo scrutinio che mostravano nei miei confronti, peggiore persino dei miei vicini di casa. Pensieri intrusivi sfrecciarono nella mia mente. *Si trattava soltanto di questo? Se avessi fallito il test, sarebbero subito passati a un altro caso? Come avrei potuto dire ai miei figli che anche il MUFON mi credeva pazzo?*

Uomini e donne con in mano cartellette e vari strumenti audiovisivi – luci, microfoni, videocamere – stavano in silenzio, mentre io cercavo di processare ciò che stava accadendo. Mi sentii intrappolato in un'imboscata. Volevano filmare un test poligrafico già da subito, nel primo giorno di registrazione, senza prima chiedermi qualche particolare della mia storia o prove materiali esistenti a supporto della vicenda. Avevano invece optato per un'inquisizione sulla mia onestà e il mio carattere. Strinsi i denti e feci un profondo respiro, senza sapere chi fosse con me nella stanza e che domande mi avrebbero fatto. Ormai non potevo più tirarmi indietro. Presi posto al tavolo delle conferenze. Accesero le videocamere e collegarono i vari sensori e le cinture della macchina al mio corpo.

Vidi chiaramente che una videocamera era puntata sui capi del MUFON, che mi osservavano con curiosità severa e preoccupata. Era chiaro che prendessero il loro lavoro molto seriamente. Non parlavano del tempo o del viaggio che li aveva condotti lì. Nessun sorriso. La loro priorità sembrava quella di far luce su di me e sulla mia onestà prima di proseguire. Pensai che forse era un metodo per mantenere l'obiettività in un'investigazione scientifica di alto livello. Forse si sarebbero un po' sciolti in seguito, e avremmo potuto conoscerci meglio. Malgrado mi sentissi come di fronte a un plotone di esecuzione, decisi di interagire il più amichevolmente possibile.

Mi torchiarono con le stesse trentaquattro domande per due ore, che io trascorsi miserabilmente e nervosamente. Mi avevano fatto credere di andare a firmare dei documenti e sbrigarmela in un'oretta. Junior e i ragazzi erano da soli. Non sapendo come funzionassero i test poligrafici, mi pareva di vivere un crudele calvario. Non capivo perché continuassero a farmi le stesse domande, alle quali non ero in grado di rispondere diversamente dalla prima volta. Il momento peggiore arrivava ogni volta che cercavo di ricordare le quattro ore di tempo mancante e immancabilmente venivo colto dalla solita forte emicrania.

A dirla tutta, il programma non era basato sulla mia storia, ma sugli ascolti. Il mistero degli UFO era un velo sottile sul vero intento dello show: quest'uomo apparentemente onorevole nasconde magari un oscuro segreto e sta inscenando un falso per attirare attenzione o anche per genuina fissazione? Il vero intento, nient'affatto chiaro durante le riprese, divenne evidente dopo il montaggio, dove ogni scena serviva a sottolineare questa tensione centrale della trama. Nel montaggio finale, ogni momento drammatico e ogni scena di suspense prima del break pubblicitario è un'insinuazione sul perché e il percome io potessi essere un bugiardo. Si sorvolava sugli altri aspetti e sulla comprensione dei fatti accaduti. Il fulcro dell'episodio non era altro che uno sforzo di sfruttamento clamoroso.

«Ok, direi che abbiamo abbastanza materiale.» disse un'altra voce anonima. Iniziarono a mettere via l'equipaggiamento, senza dare alcuna indicazione riguardo i risultati del test. Confuso e turbato tornai a casa con Yvonne sperando che, al contrario di me, non avrebbero trattato pure i ragazzi come animali da zoo.

Rientrammo a casa e, poco dopo, il cortile diventò un parcheggio per diversi furgoni, mentre una dozzina di membri della troupe spostavano l'arredamento dentro casa. I ragazzi stavano docilmente seduti in un angolo, guardando quegli estranei al lavoro in mansioni misteriose. Una donna con in mano una cartelletta venne a prendere le ordinazioni per il pranzo. I ragazzi dissero le loro scelte e apparivano felici. Magari le cose si sarebbero sistemate.

La troupe andò avanti con il suo lavoro, mentre per me era giunto il momento dell'incontro con una psichiatra. Io stesso avevo acconsentito ad inserire un esame psichiatrico nel programma, se non altro per dimostrare che non ero un pazzo instabile. Il test andò bene e riuscii a rispondere alle domande con meno ansia rispetto al test poligrafico. La dottoressa, al contrario degli altri, ebbe l'accortezza di comunicarmi i risultati. Non ero affetto da pazzia. Non avevo una personalità narcisistica, o nient'altro.

Terminato il test, fu ora di pranzo. La mia famiglia venne nuovamente trattata come bestiame. Eravamo tutti pronti per mangiare. L'assistente che aveva preso le ordinazioni entrò dalla porta carica di sacchetti per ognuno, tranne che per me e i miei famigliari. Mentre gli altri si godevano il cibo, noi aspettavamo che l'assistente andasse al furgone a prendere i nostri pasti, ma lei si sedette a mangiare. Da persone educate tipiche del sud, restammo pazientemente seduti in un angolo della *nostra* casa, guardando gli altri mangiare. Poi chiesi alla donna se potevo andare al furgone a ritirare i pasti.

«Oh mi dispiace. In verità non eravate inclusi nel budget per i pranzi. Spero non sia un problema.»

Per un produttore televisivo poteva apparire come una delusione insignificante. Probabilmente sarebbe stata una delusione insignificante per chiunque avesse avuto a che fare con lo stesso produttore. Al contrario, i miei ragazzi avevano sofferto la fame. In diverse occasioni in passato avevano fatto a meno del pasto per supportare la famiglia nel momento del bisogno. Nel giorno del loro primo impatto con Hollywood, il successo e la vita migliore che avevano sognato per mesi, notai che avevano il cuore spezzato. Erano ignorati e affamati. Io e Yvonne ci affrettammo a mettere in tavola qualcosa con gli avanzi di cucina.

∞

Le riprese continuarono a ritmo svelto e imprevedibile. Ci recammo dietro casa, al fiume, nel campo. Nel montaggio finale, i dettagli che avevamo fornito furono circoscritti a cinque minuti di scarna narrazione. Stranamente i capi investigatori del MUFON non si erano mostrati affatto curiosi sui fatti accaduti. Era chiaro che avessero concordato con Discovery una trama prestabilita alla quale dovevano attenersi. Intervistarono i tre subappaltatori che erano con noi quella sera, ma utilizzarono appena qualche frase a effetto. Intervistarono Junior, un adolescente traumatizzato, speculando in tono accusatorio sulla sua estrema "angoscia". La nostra lunga storia, che avevo descritto completa di tutti i dettagli dolorosi, fu ridotta a brevi clip parlate e ad una rudimentale rappresentazione in 3-D delle sfere che avevamo visto. Dell'intero programma queste erano le uniche immagini che valeva la pena di guardare. Dell'esperienza in generale l'unica nota positiva fu l'ipnosi regressiva, che nell'anno successivo sbloccò gradualmente i miei ricordi latenti. Al di là di questi due aspetti, il resto è praticamente una serie di persone dall'apparenza professionale che ci fissano con studiata preoccupazione.

C'era stato offerto supporto psicologico per i traumi subiti, ma non fu mai messo in pratica. Quando li contattammo, erano impegnati con altre registrazioni. Una volta ottenuto il materiale di cui avevano bisogno non ci fu più alcun contatto da parte loro. Temevamo il debutto dello show. Non potendo fare nulla per fermarlo, ci auguravamo solo che avrebbero evitato di mostrare l'aspetto negativo che avevano messo in atto. Ovviamente, l'esito fu ancor peggiore dei nostri timori. Verso fine ottobre di quell'anno, invece di ottenere rivincita, celebrità o rivelazione, la nostra famiglia dovette fare i conti con un'interrogazione sul nostro carattere, trasmessa dalla tv nazionale, che portava a risultati inconclusivi. Ormai non c'era nessun luogo dove poter scappare. L'episodio ci avrebbe seguito per tutta la vita.

CAPITOLO 11

Lavorando con le mani una fila per volta sul ricco terreno dove ero cresciuto giocando, creai un orto dietro casa. Millepiedi e lombrichi emergevano dalle creste tra i solchi, per poi infilarsi di nuovo sotto terra. Acquistai ogni genere di seme: frutta, verdura, erbe e qualunque cosa potesse essere utile. Era abbastanza ampio da tenermi sempre impegnato con lavori diversi. A seconda della stagione e del clima, avevo un compito nuovo da svolgere ogni giorno. Monitoravo la terra e il cielo, fertilizzavo il suolo per la primavera seguente, coprivo le aiuole durante le gelate primaverili, annaffiavo e levavo le erbacce. Avevamo bisogno l'uno dell'altro. I misteri dell'orto – come mai in una certa fila le bietole crescevano più piccole, come mai c'erano più pidocchi in un certo anno – erano familiari e confortanti in confronto a ciò che c'era capitato. Come tanti altri non sapevo bene come crescere i figli o trovare lavoro in una comunità che non si fidava di me, però c'era una cosa che sapevo fare: garantire sostentamento. Non ottenevo risposte definitive, così mi attenevo a ciò che sapevo fare.

L'orto produceva molto più di quanto fossimo in grado di utilizzare o conservare, così regalavo i prodotti ai vicini, a estranei e ad anziani. Non avevo modo di riconquistare la mia reputazione, ma mi confortava essere considerato un utile contribuente alla comunità, piuttosto che un individuo pericoloso o folle. I ragazzi potevano avere rapporti con una comunità che per lo meno notava le buone intenzioni del loro padre. Anche se l'orto ci faceva risparmiare parecchi soldi, avevamo comunque bisogno di uno stipendio, per cui Yvonne riprese a lavorare come ispettore a domicilio per una banca. Io continuavo a vendere varie imbarcazioni, modellini, e altri oggetti che erano stati accumulati nel corso degli anni. Con il contributo dei miei genitori e della madre di Yvonne trovammo il modo di guadagnarci da vivere.

Nelle settimane precedenti la messa in onda dell'episodio sul canale Discovery, sentivo una crescente sensazione di timore. Fui invitato a una conferenza del MUFON in Virginia e accettai, andando contro il mio buon senso. Il piatto forte di una delle serate riguardava il mio caso ed era presentato da Rich Lang, uno dei conduttori dell'episodio televisivo. Rich mi telefonò un paio di settimane prima della conferenza per convincermi a partecipare.

La mia cautela era dovuta sia alla pochezza delle registrazioni sia al trattamento da noi subito in seguito. In famiglia avevamo accettato l'accordo innanzitutto perché ci era stato promesso un supporto psicologico per i ragazzi, specialmente Junior che era ancora alle prese con gli incubi, e anche un certo controllo durante la fase di montaggio. L'aiuto psicologico non ci fu, e il MUFON e Discovery s'incolparono a vicenda. Nessuno si prese la responsabilità, in quanto Discovery aveva interrotto la serie. Quel programma televisivo sensazionalistico, profittatore e a buon mercato è diventato uno dei peggiori fallimenti nel suo genere. Naturalmente sia il MUFON che Discovery pensarono soltanto a lavarsene le mani. Anche la conferenza del MUFON finì per risultare ugualmente condiscendente, e io tornai a casa in auto con il pensiero di dover comunicare alla mia famiglia un'altra delusione. Per quanto riguarda il programma televisivo i produttori ignorarono la mia richiesta di visionare almeno l'episodio, non potendo intervenire sul montaggio, prima del debutto in tv.

La tempesta di giudizi e prese in giro che colpì la mia famiglia fu inimmaginabile. Emily, di appena dieci anni, tornava a casa piangendo per quello che gli altri bambini dicevano di lei e di suo padre. A Ryan, tredicenne, capitò una simile sorte. Jeremy, quindicenne al primo anno di liceo, già impegnato ad affrontare le crudeltà quotidiane, ci voltò le spalle per l'imbarazzo. Vedere la propria famiglia così diffusamente screditata, e dover contemporaneamente affrontare le difficoltà della crescita, produsse una ferita duratura nei ragazzi. Essendo l'unico che appariva nei filmati, Junior fu quello più colpito. A diciassette anni, il mio primo figlio ebbe il trauma maggiore, sia per l'inspiegabile terrore che aveva vissuto (e che riviveva nei frequenti incubi notturni) sia per lo scherno che subiva ovunque si recasse. Non tornò più a scuola. Aveva paura di dormire da solo nella sua stanza, per cui andava nel mio studio. Certe notti non tornava nemmeno a casa. Se i pettegolezzi della comunità religiosa e di uomini d'affari recarono a me molti danni, non furono nulla al confronto di quello che accadde ai ragazzi. Venivano apostrofati come il figlio o la figlia dell'uomo degli UFO, e riconosciuti quasi esclusivamente per questo motivo. Nei corridoi della scuola i ragazzi erano ignorati o apertamente presi in giro. Persino gli insegnanti si univano al divertimento, indicandoli in classe e facendo battute sull'episodio. Non faceva differenza per la comunità, o per il MUFON, che alcuni vicini di casa mi avessero telefonato dopo il programma in tv per dirmi che avevano visto le stesse cose quella sera.

Quell'inverno corremmo ai ripari stando in casa, evitando ogni possibile contatto. I ragazzi dovevano comunque mostrare le loro facce a scuola. Jeremy e Junior erano nell'età più vulnerabile, avendo sempre questa nube nera intorno quando cercavano di uscire con le ragazze o andare alle partite di football. Tutte cose già complesse senza che l'intera scuola fosse a conoscenza del fatto che eri apparso in tv a testimoniare di aver incontrato un alieno dagli occhi rossi. Significò perdere inviti e opportunità che altrimenti avrebbero ricevuto. Erano cresciuti amando e fidandosi della propria famiglia, che adesso era diventata la causa della loro infelicità. Soffrivano a stare in casa, ma soffrivano ancor di più ad andare fuori. Il Natale passò desolatamente, e giorno dopo giorno la tempesta peggiorava.

∞

Junior scappò di casa. Aveva diciotto anni. Non avevamo idea di fosse andato e immaginavamo che si fosse stufato di tutto. Malgrado i miei sforzi per convincerlo che le sfere fossero benevoli e avessero buone intenzioni, le sue urla durante gli incubi scuotevano spesso la casa di notte. A tutto ciò doveva aggiungere l'incubo a occhi aperti di vivere in un luogo dove si sentiva costantemente giudicato. Trascorsero mesi senza un contatto, causa per noi di una certa prolungata inquietudine. Vennero fuori nuovi pettegolezzi sulla mia salute mentale: che ero stato io a farlo scappare, che anche gli altri figli stavano andando fuori di testa.

Per tenermi occupato, a dicembre preparai il suolo e a gennaio piantai cipolle e patate. Sentivo tornare quella sensazione provata davanti al falò che il mondo stava per finire, e cominciai a lavorare nell'orto fervidamente. Aggiunsi altre file e comprai ancora semi, imparando da solo come coltivare più alimenti possibili. Desideravo essere in armonia con la terra e mi rifiutavo di utilizzare fertilizzanti e pesticidi chimici. In quest'ottica, costruii un pollaio e acquistai 40 galline rosse del Rhode Island, vedendole crescere da quando erano ancora pulcini. In seguito furono in grado di produrre circa un uovo a testa ogni giorno e in più concime a sufficienza per fertilizzare il terreno. Spesi il nostro prezioso denaro per comprare quasi quattrocento litri di olio per lampade. Nell'eventualità che il mondo si stesse avvicinando alla fine, se non altro avremmo potuto vivere le giornate in relativa comodità e di sera non saremmo rimasti al buio. Per me era come se il mondo fosse già finito con la perdita di un figlio. Ero un fallimento di padre, in definitiva. Junior aveva abbandonato la scuola e la sua casa era diventata insopportabile, così se ne era andato. Anche Jeremy faceva fatica a considerare la mia esistenza e dopo aver iniziato il college veniva a trovarci raramente. Affrontare queste realtà è stata una delle parti più ardue della mia vita. Mi occupavo dell'orto per restare sano di mente. Regalavo cibo agli estranei. Nella profondità del mio fallimento, trovai il modo di contribuire positivamente.

Ryan aveva l'età giusta per interessarsi agli eventi accaduti. I giudizi altrui non lo scalfivano. Fortunatamente era nell'anno scolastico migliore per provare interesse per l'era spaziale. Grazie a internet Ryan si poteva connettere con gente molto più aperta dei nostri vicini, e poteva crescere in un ambiente assai differente rispetto ai suoi fratelli maggiori. Il supporto che riceveva online gli dava protezione dai giudizi affrontati sui banchi di scuola. Era motivato a conoscere la storia sugli UFO e mi convinse a partecipare insieme alle conferenze. Era un giovane uomo intelligente e dotato di grande memoria, e nei primi tempi fu lui a insegnarmi gran parte delle nozioni astronomiche che ho appreso. Amavo quei viaggi: nessuno sapeva chi fossimo, e anche se qualcuno lo sapeva venivamo accolti gentilmente, tutto il contrario di quanto succedeva da noi. Ero felice di offrirgli solidarietà durante un'esperienza così profondamente isolante.

L'eccitazione di Ryan era in parte dovuta al suo primo incontro con Hal Povenmire, un uomo di un metro e novantacinque che si presentò alla nostra porta nel 2008, poco prima di Natale. La mia famiglia era seduta al tavolo da pranzo quando suonò il campanello. Ryan andò alla porta e tornò dicendo che un signore cercava Chris Bledsoe. Quando arrivai a casa, mi presentai e l'uomo dichiarò di lavorare per la NASA. Sarà stato centoventi chili e, seduto sul nostro divano in salotto, spiegò che aveva visto il nostro episodio ed era semplicemente curioso di conoscere meglio il caso. Elencò le sue credenziali: laureato a diciassette anni in astrofisica all'università di Ohio State, era stato immediatamente reclutato dalla neonata NASA nel 1958. Durante la sua visita durata circa un'ora ci fece varie domande su di noi e sul nostro caso, poi se e andò.

La visita fu indubbiamente una benedizione per Ryan, che desiderava il tipo di validazione che un ufficiale della NASA poteva offrire, ma aumentò l'ansia nel resto della famiglia. Avevamo l'impressione che avremmo continuato a trovarci sotto il microscopio, con tutta la sofferenza che significava. Un'altra preoccupazione era che l'attenzione governativa significava che adesso la nostra sopravvivenza era nelle mani di un'entità molto più vasta e pericolosa del MUFON e del canale Discovery. Un pensiero si fece largo nelle nostre menti, e cioè che un'agenzia o l'altra sarebbe apparsa una notte e ci avrebbe fatto sparire, mettendo la parola fine su tutto. La tv era piena di film e riferimenti a uomini in abito scuro che si occupavano delle sparizioni. Eravamo irrimediabilmente perduti e spaventati. Ogni gruppo che sembrava tenderci una mano finiva per imbrigliarci ancor di più in uno stato di confusione e ansia.

∞

Durante la cura invernale dell'orto mi accorsi che i soliti dolori e acciacchi vari stavano peggiorando. Per me lavorare era sempre stato sinonimo di sofferenza, ma ora sentivo qualcosa di nuovo. Mentre scavavo la dura e gelida terra stringevo i denti per sopportare il costante dolore alle ginocchia e per mantenere una solida presa sulla mia paletta. Anche la persistenza del dolore era inconsueta: ogni giorno sentivo un male costante e impossibile da ignorare. Speravo che poi andasse via da solo, essendo apparso senza alcun avvertimento. Non era altrettanto fastidioso del morbo di Crohn e, dopo aver vissuto innumerevoli momenti di sofferenza nella mia vita, non avrei permesso che mi costringesse a rinunciare al sostentamento familiare nell'unica maniera che mi era rimasta. Prendevo un antinfiammatorio e sopportavo il dolore.

Una sera, dopo aver faticato nell'orto per l'intera giornata, la tortura diventò insopportabile. Yvonne mi accompagnò al pronto soccorso dove mi fu diagnosticata l'artrite reumatoide, una malattia autoimmune che infiamma i tessuti connettivi intorno alle articolazioni. Il sistema immunitario attacca il corpo erroneamente, provocando infiammazione e gonfiore. Ciò spiegava il motivo per cui le mie ginocchia fossero gonfie, e perché ogni volta che strappavo l'erbaccia dal terreno mi sembrava di infilare la mano in una friggitrice. Le cause di questa malattia sono poco chiare, per cui le giustificai come una punizione divina che mi era stata nuovamente inflitta. Inoltre, il medico accennò che la malattia di Crohn può tramutarsi in artrite reumatoide, però il marker genetico che conferma questa possibilità era assente nei miei esami. Le due cose non erano collegate: ero soltanto sfortunato.

I medicinali che mi diedero facevano abbastanza effetto da poter continuare a curare l'orto, ma intanto era sorto un dolore di fondo. Il mio corpo si ribellava contro di me per ragioni che non comprendevo. Perché, oltre a tutta l'angoscia provata da me e dai miei famigliari, dovevo pure subire un'estrema sofferenza fisica? A intervalli apparentemente casuali, mentre giravo una maniglia o raccoglievo una penna, dalle giunture sentivo partire delle scosse che mi accecavano per un attimo. Il tipo di dolore che prende il sopravvento su tutto. Esiste solo l'agonia.

L'inverno lasciò il posto alla primavera e ogni giorno affrontavamo ostracismo e timore per il nostro figlio scomparso. Dopo aver piantato e coltivato tutto quello che il clima permetteva, l'orto era un tripudio di frutta e verdura. Di sera, stavo spesso nel mio studio a conversare con i miei amici radioamatori e chiedevo se conoscessero persone bisognose di cibo, visto che non facevo in tempo a darlo via tutto prima che si guastasse.

Una mattina di giugno mi alzai all'alba per vincere il caldo. Aprii la porta del retro, e la prima luce del giorno fece riapparire il giardino dall'oscurità. Una densa nebbia si muoveva lentamente sul prato e tra i rami degli alberi. Camminai verso l'orto, sbalordito dalla nuvola spettrale che inghiottiva la proprietà. Voltandomi indietro verso casa, notai l'antenna della radio CB che era posizionata sopra il mio studio e puntava verso il cielo. La nebbia drappeggiava intorno al sottile e immobile palo di metallo, mettendo in mostra diverse parti qua e là. Tre cavi guida, visibili in alcuni tratti, si estendevano sull'antenna da diverse direzioni. La nebbia si diradò per un momento. Un enorme gufo della Virginia era appollaiato in cima alla torre di quaranta metri. Era incurvato come per osservarmi meglio. Rabbrividii per lo spavento, ripensando al gufo che avevo visto prima che mi sparassero e ai gufi che ci tennero svegli per mesi dopo l'incidente. Rimasi immobile sul suo sguardo fisso per alcuni minuti. La paura stava prendendo il sopravvento su di me e allora rientrai di fretta in casa per sfuggire a quella sensazione. Quando tornai fuori era sparito.

Quella sera stavo parlando con i miei amici alla radio ed Emily suonava il pianoforte. Tutti i giorni cantava per ore e si esercitava su una pianola posizionata appena fuori dal mio ufficio, e ascoltarla mi procurava grande gioia e conforto. Ogni tanto si fermava e veniva a parlare di musica o di altro. Sentii dei tuoni in lontananza, sovrapposti al suono del piano. Decisi di spegnere la radio. Emily interruppe la musica per andare a controllare sua madre, seduta a lavorare al pc nella veranda davanti casa. Era il suo angolo preferito. Emily tornò rapidamente.

«La mamma dice che ha bisogno di te per qualcosa.» disse prima di andar via.

Mi alzai e percorsi quindici metri per raggiungere Yvonne.

«Di cosa hai bisogno?»

BOOMM

Un'onda d'urto scosse la casa, togliendoci il respiro. Terrorizzata, Emily corse dentro casa. Io e Yvonne ci guardammo. Non avevo mai visto i suoi occhi così spalancati.

«Veniva da vicino.» dissi. Yvonne mi guardò soltanto.

Poi sentimmo la voce di Emily, in tono calmo in verità, provenire dall'interno della casa, «Hey papà, la casa sta bruciando.»

Vidi il bagliore delle fiamme che si sprigionavano dal mio studio e sprintai verso il retro. Afferrai un bicchiere d'acqua in cucina e lo lanciai sulle fiamme. Il mio equipaggiamento radio, la poltroncina, la moquette e il pavimento erano incendiati. Non c'era tempo per pensare.

«Chiama il 911!»

Corsi dietro casa, cercai disperatamente di districare i nodi di una canna per innaffiare e aprii il rubinetto più in fretta possibile. Stava diluviando. Mentre litigavo con la canna, ero convinto che sarei stato colpito anche io. Fui scosso da un tuono assordante. Finalmente riuscii a sciogliere la canna, corsi verso casa e la puntai sulle fiamme che bruciavano nello stesso identico posto dov'ero seduto un minuto prima. L'acqua della canna scompariva nel muro di fuoco che emanava un calore insopportabile. In lontananza, sentii le sirene sovrapporsi allo scoppiettio del fuoco.

CAPITOLO 12

L'incendio causò trentacinquemila dollari di danni, recando alla famiglia un altro fardello insormontabile. Al loro arrivo i vigili del fuoco indirizzarono il getto d'acqua sulla base incendiata della casa. Essendo riuscito a scampare al fuoco soltanto per una ventina di secondi, un nuovo tipo di paura si installò in famiglia. Aggiungemmo le calamità naturali alla lista di cose che ce l'avevano con noi, oltre agli uomini in abito scuro, il MUFON, il canale Discovery, la comunità e la chiesa.

Fui costretto a mettere in discussione la mia insistenza che questi esseri fossero benevoli e inviati ad aiutarci. Come nelle mie precedenti esperienze ai confini della morte, ero meravigliato di poter ancora respirare. L'idea che il pericolo che mi seguiva stesse minacciando anche la mia famiglia mi terrificava. Chiunque di noi avrebbe potuto trovarsi in quella stanza in quel preciso istante. Era impossibile calcolare in che direzione andasse la munificenza cosmica sulla mia testa: vita, morte, qualcosa a metà tra vita e morte? Se c'era in atto una battaglia sulla mia vita, chi mi stava tenendo vivo? Chi stava cercando di uccidermi?

Non era stato il mio primo pericolo causato da un fulmine. Nel giugno del 1987, ero in garage a lavorare su un aereo degli anni '40 che stavo restaurando. Feci una pausa per osservare il temporale in corso. Era un garage doppio distaccato dalla casa, con entrambe le porte alzate. Appoggiato contro lo stipite del garage, guardavo le nuvole radunarsi e annerirsi mentre i rami degli alberi ondeggiavano tra pioggia e vento. Un frastuono mi spaccò le orecchie, l'aria mutò improvvisamente e un colore verde m'investì. Mi ritrovai per terra di schiena, sconcertato. Poco più in là, un angolo della casa e una quercia a fianco avevano preso fuoco, colpiti dalla potenza del fulmine. Se avessi avuto in mano una chiave inglese o mi fossi trovato sull'altro lato dell'entrata del garage, probabilmente non mi sarei più rialzato.

Al pari di tutte le altre esperienze inspiegabili che avevamo vissuto, l'unica cosa da fare era chinare la testa e sopravvivere. Con tutti i fattori che dovevano andare per il verso giusto, era palese che qualcosa mi stava proteggendo. Da Emily che aveva smesso di suonare e che aveva deciso di andare in veranda a controllare la madre, dalla madre che aveva qualcosa da dirmi, e io che invece di aspettare mi ero alzato dalla sedia immediatamente. Pian piano, ebbi la certezza che la visione mattutina del gufo sull'antenna era una sorta di monito ad allontanarmi dalla radio. Ancor oggi sento di essere protetto dai gufi. A quell'epoca, ci rassegnammo a continuare a vivere procedendo sempre sul filo del rasoio, grati di essere sopravvissuti per tutto quel tempo. Col trascorrere dei mesi, feci del mio meglio per aggiustare i danni provocati dall'incendio e per essere il buon padre a cui aspiravo disperatamente.

Una sera d'autunno, il telefono suonò. La debole voce tremante era quella di Junior. Viveva squattrinato e senzatetto per le strade della California. Mi si strinse il cuore a sentire la sua voce irriconoscibile: triste, roca, infievolita dalla fame. Fortunatamente però era vivo. Io e Yvonne riuscimmo a mettere insieme il denaro sufficiente per i biglietti aerei e andammo a recuperarlo. Un'altra tragedia era stata evitata per un pelo.

Tornati a casa, io e Yvonne facemmo il massimo per aiutarlo a risollevarsi. Eppure, Junior aveva ancora paura a dormire e i suoi incubi ritornarono. Il fulmine che ci aveva colpito era un altro promemoria della nostra impotenza. Riparai lentamente la stanza d'angolo in fondo alla casa, ancora evitata dai miei famigliari. Ogni tanto, qualche traccia di puzza di plastica bruciata aleggiava in certe zone della casa. Quando una tale quantità di fumo invade una casa, nemmeno una pulizia profonda della moquette e delle pareti è in grado di eradicare l'odore completamente.

∞

Le barzellette sulla nostra famiglia scemarono, trasformandosi da attacco contro di noi a parte integrante della nostra identità. Un po' alla volta, la comunità passò ad altri pettegolezzi su altre persone, però io non riuscivo lo stesso a trovare lavoro e la crisi finanziaria peggiorava le cose. A quel punto ero contento di aver lasciato il business delle costruzioni.

La mia artrite reumatoide continuava a rendere il giardinaggio un'attività miserabile. Di sera cercavo tra gli annunci qualche macchinario in grado di facilitare il mio compito. Avevo bisogno principalmente di un attrezzo per spaccare la terra perché farlo manualmente era dolorosissimo, così ogni sera pregavo di avere abbastanza soldi per comprarne uno economico. A settembre mi arrivò una telefonata da un amico a cui avevo donato ortaggi per un po' di tempo. Era un signore ottantenne che aveva bisogno di aiuto per svuotare il suo garage nel Tennessee. Mentre parlavamo saltò fuori che possedeva un attrezzo di milleduecento dollari che non riusciva più ad adoperare, e se fossimo andati ad aiutarlo me lo avrebbe dato. Fu un colpo di fortuna. Yvonne, Emily e io ci preparammo per una mini vacanza nel weekend, mentre i ragazzi si erano organizzati per stare a casa di amici. Sarebbe stato bello guidare attraverso le montagne di Blue Ridge. Preparammo i bagagli, chiudemmo la casa e partimmo di venerdì con l'intenzione d tornare il lunedì seguente.

Al ritorno, mi accorsi che era sparito il mio pc portatile che avevo lasciato su un tavolo di fianco a quelli di Yvonne ed Emily, entrambi molto più nuovi e costosi del mio. I ragazzi non l'avevano visto. Nessuno di nostra conoscenza l'avrebbe preso in prestito. Girai ovunque per controllare eventuali segni di intrusione. Era tutto a posto come l'avevamo lasciato il venerdì prima. Eramo lieti che fosse stato preso solo il pc più scadente, ma la natura professionale del furto era estremamente preoccupante. Chiunque l'aveva sottratto – un agente governativo, un membro del MUFON, un vicino curioso – era stato molto bravo. Come per l'incidente del fulmine, fu per noi un promemoria che la nostra casa offriva ben poca protezione contro qualunque malintenzionato. Da padre di famiglia la cosa mi faceva star male, ma ero anche sollevato che l'attenzione fosse su di me e non sui miei figli. Tutta la mia corrispondenza e i file inerenti alle nostre esperienze scomparvero. Foto, storie, dettagli, testimonianze. Tutto perduto.

Alla vigilia di capodanno del 2009, Yvonne stava accompagnando a casa Junior dopo un piccolo intervento chirurgico di routine. L'operazione era andata bene e Junior riposava in auto col sedile reclinato, ancora sedato per l'anestesia. Yvonne guidava lungo l'autostrada, con il tempo in peggioramento fino a formare un grosso acquazzone. Il traffico aumentò e loro si trovarono bloccati dietro un furgoncino bianco, con le sue rotonde lucette rosse dei freni dirette verso la loro auto.

«Oh mio Dio gli OCCHI!!!»

Junior si rintanò in fondo all'abitacolo con la rapidità a lui consentita dall'intontimento. Yvonne cercò di consolarlo, mentre lui sussultava tremante di terrore per gli intensi circoletti rossi rivolti contro l'auto. La madre provò ad agitare la mano davanti ai suoi occhi per scuoterlo dallo shock, ma Junior era ancora imbambolato e confuso, senza capire dove si trovava e cosa stava succedendo. La sua mente lo stava riportando al nascondiglio in mezzo ai cespugli vicino al fiume di Cape Fear, paralizzato mentre guardava quegli occhi avvicinarsi. Era un altro incubo da cui non riusciva a svegliarsi.

145

Yvonne si sentì impotente e continuò a guidare. Qualcosa mutò in lei sulla strada verso casa, dopo aver visto il terrore assoluto nell'espressione del volto di suo figlio. Molte volte aveva visto Junior cercare riparo vicino a lei, con le lacrime agli occhi provocate da un incubo. La sua opinione era che bisognava fare qualunque sforzo per mantenere la normalità nella vita famigliare. Quindi normalizzare anche gli incubi e le cose che Junior aveva visto. Invece stavolta non c'era modo di offrire alcun tipo di conforto. Yvonne fu colpita da qualcosa nel viso di Junior, al di là della paura e del terrore: riconoscimento.

A stomaco chiuso, Yvonne capì che non poteva più permettersi il conforto di un parziale diniego o una spiegazione religiosa dei fenomeni che avevamo visto. Fu inondata dalla colpa per tutti gli anni passati a ignorare velatamente le cause della sofferenza di Junior, e realizzò che il suo celato scetticismo aveva solo creato distanza tra loro due. Di conseguenza, Junior non menzionava quasi mai le cause dei suoi traumi e il motivo che l'aveva spinto a scappare. La madre non gli aveva mai fornito il sostegno di cui lui aveva disperatamente bisogno. Le sue consolazioni erano sempre state oscurate dal dubbio. Junior era scappato dalla parte opposta della nazione per cercare una vera consolazione ed era stato costretto a tornare senza averla trovata. Con i loro visi illuminati dalle lucette rosse, Yvonne restò seduta al fianco del figlio, condividendo il suo terrore per la prima volta. Era in arrivo un nuovo anno, e loro due stavano rientrando a casa, il luogo che Junior temeva di più al mondo.

∞

Da un anno, la sede del MUFON in North Carolina ci chiedeva via email di partecipare come speaker a uno dei loro meeting. Durante l'inverno, il dottor Michael O'Connell ci inviò un'email con un messaggio che ci convinse ad accettare l'invito. La sua regressione ipnotica rappresentava l'unico risultato positivo dell'intera registrazione, quindi ci fidammo di lui. Evidentemente la serie tv di Discovery aveva creato parecchio scompiglio nella comunità e le iscrizioni al MUFON, locali e nel resto della nazione, stavano diminuendo. La sede locale era indignata per i metodi e il focus dello show: tutte le risorse a disposizione per un'indagine seria erano state invece utilizzate per patologizzarmi e mettere in dubbio la mia credibilità. Un nostro intervento al meeting sembrava l'occasione giusta per ricevere quel tipo di vendicazione che avevamo sperato di ottenere grazie all'episodio televisivo.

Con Yvonne al mio fianco guidai fino alla Unity Church, luogo dove si teneva il meeting. Erano trascorsi quasi due anni dal primo incontro. La temperatura era tale e quale, il che rendeva quelle notti stranamente ravvicinate. Scoprimmo, con grande sollievo, che questa sede del MUFON si era opposta all'organismo nazionale e che il suo intento era di riparare alcuni danni creati dallo show. Il dottor O'Connell, Yvonne e io stavamo seduti fianco a fianco sul palco. Per la prima volta potevo raccontare la mia storia a un gruppo. Era un'audience ricettiva e le domande erano fatte in buona fede. Il dottor O'Connell si prese la briga di indicare i molti raggiri e le ipocrisie verificatesi durante le registrazioni. Il test della verità a sorpresa, in particolare, era stato una farsa. Dopo il nostro discorso, io e Yvonne incontrammo dozzine di persone che volevano saperne di più e desideravano restare in contatto. Fui sorpreso di vedere Yvonne così diretta e aperta a tutte quelle domande, data la sua resistenza in passato. Riconobbe ciò che aveva visto – i flash e le ombre dentro casa, le sfere che seguivano la loro auto nell'autunno precedente – con dei perfetti estranei. In parte, era dovuto al fatto che la città di Charlotte era sufficientemente lontana dai suoi confratelli membri della chiesa pentecostale, ma il motivo principale era che anche Yvonne stava cercando risposte sia per Junior che per sé stessa. Voleva migliorare la condizione di suo figlio e avrebbe fatto qualunque cosa per ridurre il suo isolamento. Il silenzio su questi fenomeni tra le mura di casa aveva causato problemi. Da genitori, adesso eravamo noi a dover cercare di risolverli.

Un'altra ragione per la fiducia che avevo accordato al dottor O'Connell erano gli effetti positivi della regressione ipnotica, ancora presenti. Durante la sessione fui in grado di ricordare gli eventi dell'8 e dell'11 gennaio 2007 più chiaramente rispetto al passato. Il panico provato dagli altri sulla probabilità della fine del mondo e il mio senso di colpa per il terrore paralizzante provato da Junior si erano placati, e io potevo concentrarmi su ciò che era avvenuto. Il suo merito principale aveva a che fare con il vuoto di memoria più importante di quella sera: dove ero stato in quelle quattro ore in cui ero scomparso. Mi disse che il mio cervello era entrato in uno stato protettivo e non mi permetteva di ricordare cosa era successo tutto in un botto. Altrimenti il cervello sarebbe andato in sovraccarico e sarei impazzito. L'ipnosi, mi spiegò, aveva programmato la mia mente a far riemergere lentamente durante l'anno successivo frammenti e attimi di quel momento. Così i ricordi non mi avrebbero distrutto.

Qualche sprazzo di memoria aveva iniziato ad apparire dall'autunno, proprio come previsto da lui. Spesso i ricordi affioravano in sogni che mi facevano svegliare bagnato di sudore, urlando e piangendo. Erano i sogni più intensi che avevo mai fatto. Ogni qualche settimana, le grida e i pianti svegliavano tutta la casa. Quando urlavo ancora addormentato, i miei figli prendevano un iPad e filmavano quello che dicevo. Avevo dato istruzione di non svegliarmi nemmeno quando sembravo sconvolto, perché ci tenevo a sapere cos'era successo in quelle quattro ore. La voce tremante di Junior – *dove sei andato papà mi hai abbandonato* – mi perseguitava ancora. La sua sofferenza mi spingeva a scoprire il più possibile.

I miei sogni erano di due tipi. Nel tipo più frequente ricevevo visioni apocalittiche: carestie, piaghe, sofferenze e distruzione dilagante. Facevo del mio meglio per non raccontarlo ai mei famigliari in modo tale da non preoccuparli, ma ero profondamente turbato. L'unica cosa che potevo fare in quegli anni era di continuare con l'orto e di prepararmi agli eventi contro i quali gli esseri mi stavano apparentemente mettendo in guardia. Le visioni erano anche molto strane. Vedevo le piramidi egizie. Non mi era chiaro se avevo visitato quei luoghi o se si trattasse di immagini proiettate nella mia mente dagli esseri.

Il secondo tipo di sogni capitava molto più raramente. Erano ricordi delle mie reali circostanze fisiche durante quelle ore. Ero stato trasportato da una delle sfere. All'inizio era una palla sferica di fuoco vorticoso, ma mentre mi si avvicinava appariva più come una forma oblunga simile a una caramella tic tac o a un pallone di gomma schiacciato. All'interno c'era un'oscurità totale, implacabile, mai sperimentata prima. Trascorsi quattro ore dentro all'apparecchio. Potevo sentire il mio stesso respiro. Risuonava come se producesse un'eco intorno ai muri di una stanza rotonda. Cercavo di muovermi, ma ero bloccato.

Indubbiamente questi sogni sconvolgevano il sonno di tutti nella casa. A volte anche Junior si svegliava ancora in preda alle urla. Iniziai a sognare di essere attirato in alto fra le travi della soffitta e di volare intorno alla proprietà. Era come se volessi capire gli avvenimenti dal punto di vista delle sfere. Forse se avessi osservato lo spiazzo dietro casa dalla loro prospettiva, le loro intenzioni sarebbero state più chiare.

Una mattina presto sognai di nuovo di essere trascinato all'insù fuori casa. Come al solito, una volta raggiunta una certa altezza sopra il tetto, che era curiosamente intatto, avevo la possibilità di scegliere più o meno dove volare. Nel sogno c'era una fitta nebbia sparsa per il vicinato, così decisi di non volare troppo lontano per non rischiare di perdermi.

Immediatamente, sotto di me tutto era diventato un velo grigio indistinguibile e fui preso dal panico: sentivo che sarei scomparso se non fossi riuscito a trovare la via per tornare dalla mia famiglia. Sospeso in aria, cercavo di guardare tra i pochi varchi nella nebbia. Si vedevano solo punte di alberi anonimi o erba comune. Sempre più preoccupato, decisi di abbassarmi attraverso la nebbia ed eventualmente tornare a casa a piedi. Volai verso il basso, stavolta con un'accelerazione incontrollabile come spinto dalla gravità tutto a un tratto. Un bianco informe mi inghiottì. Non vedevo nulla. La scena successiva fu un botto violento sui rami e le foglie di una quercia, e un dolore allucinante al collo.

Mi svegliai con lo stesso dolore. Cinque anni prima, un pesante televisore mi era caduto sul collo e sulla schiena, causando la rottura di tre dischi. Col passare degli anni ero guarito e me ne ero quasi dimenticato. Quella mattina invece, sentivo male come al momento dell'incidente. Mi alzai, confuso e spaventato per essermi infortunato a causa di un sogno. Andai in cucina prima di iniziare la giornata a lavorare nell'orto. Oltre all'artrite reumatoide ora dovevo vedermela con il dolore al collo che provocava fitte quando guardavo in ogni direzione, tranne davanti a me. Junior entrò in cucina, in attesa che un suo amico passasse a prenderlo per andare insieme al lavoro, e parlammo del sogno. Quando il suo amico arrivò, si lamentò del fatto che guidando verso casa nostra faticava a veder la strada perché c'era una fitta nebbia. Io e Junior ci scambiammo un'occhiata, meravigliati.

∞

In primavera, alcuni membri del MUFON del North Carolina m'implorarono insistentemente via email di poter visitare la proprietà. Volevano trovare conferma di tutto ciò che avevo raccontato e anche sperimentare il fenomeno in prima persona.

La loro era una reale necessità e siccome mi avevano trattato bene al loro meeting non riuscii a dire di no. La prima volta giunsero circa venti persone, per lo più in età avanzata e molto gentili con noi. Portarono cibo e lasciarono tutto in ordine alla fine della visita, per rispetto verso Yvonne. Tuttavia, era parecchia gente in una casa piccola e solo Dio sa quante domande furono poste ai miei figli da quegli estranei. Era bello avere delle attenzioni positive tanto per cambiare, ma Yvonne non apprezzava il caos delle visite. Per evitare di contrariarla, trovavo spesso il modo di infiltrare gente disperata sul nostro terreno a sua insaputa.

Alcuni mesi dopo l'inizio delle visite, Yvonne decise di andare al mare con sua madre per il weekend. Inviai un'email al gruppo, dicendo che avrebbero potuto passare la notte sul nostro terreno se lo avessero voluto. Era il loro desiderio più grande, ma Yvonne non glielo aveva mai permesso. Quel sabato, c'erano circa quindici auto parcheggiate nel cortile. Alcuni avevano percorso 560 chilometri con un solo giorno di preavviso.

Sistemarono i loro sacchi a pelo e materassini vari sparsi sul terreno dietro casa. Una ventina di persone sdraiate a osservare il cielo per tutta la notte. Feci loro compagnia per un po', contento di passare il tempo conversando. Alcune sfere apparvero in lontananza. Si sentiva un'atmosfera di sommessa riverenza. Credo sia stata la volontà collettiva a far sì che le sfere si rivelassero a loro. Anche i ragazzi uscirono di casa e le videro. Cercarono di catturare qualche immagine, ma nessuna delle loro fotocamere riuscì nell'intento.

Mi feci prendere dall'entusiasmo per questa visita e dall'eccitazione per quello che avevamo visto. Dimenticai che Yvonne e la madre volevano ritornare in tempo per la messa mattutina. Quando Yvonne arrivò di mattina presto, trovò una casa colonizzata da un'invasione di massa. Quindici auto sconosciute piazzate ovunque. Venti persone intontite, rannicchiate su materassini e avvolte in coperte, la maggior parte delle quali ormai addormentate. Mia moglie si precipitò in camera da letto e mi squadrò. Fu l'ultima volta che mi azzardai a fare una simile bravata.

CAPITOLO 13

Potete ben capire la mia conoscenza del mistero di Cristo.

—Efesini 3:4

Junior se ne andò un'altra volta, senza avvisarci. Sapevamo che i soldi guadagnati gi sarebbero bastati per alcuni mesi. La preoccupazione non aveva stravolto le nostre vite come la prima volta. Eravamo comunque amareggiati che fosse partito senza alcuna spiegazione. Pensavamo di aver nuovamente fallito nel tentativo di farlo sentire a suo agio e al sicuro. Gli altri ragazzi crescevano in fretta, l'orto era sempre più grande grazie all'attrezzatura moderna di cui disponevo ora e Yvonne continuava a lavorare in banca come ispettore. Ogni tanto, un membro del MUFON del North Carolina veniva a osservare il cielo. Il fenomeno restava una presenza discreta nelle nostre vite, andava e veniva come gli pareva, sia sotto forma di figure d'ombra sia come sfere di luce sopra gli alberi della proprietà. Rimanemmo uniti, Junior ritornò e la vita andò avanti.

Più il fenomeno si manifestava, più desideravamo averne una documentazione. Ryan, in particolare, era molto interessato e mi aiutava ad approfondire le ricerche. Dalle foto che avevamo provato a catturare con cellulari e macchine fotografiche ci eravamo accorti che era come se le sfere svanissero nel momento in cui scattava l'obiettivo, oppure la macchina fotografica si rompeva. Facevo fatica a capire. Non aveva senso che mentre a me trasmettevano una profonda sensazione di benessere e compassione verso la vita, allo stesso tempo traumatizzavano Junior e instillavano paura negli altri. Non aveva senso che mi avessero guarito dalla sindrome di Crohn nell'arco di una notte, per poi rimpiazzarla con l'artrite reumatoide. Ero stato molto devoto verso la chiesa, ma questa era un'esperienza spirituale altrettanto potente di quelle che avevo provato in chiesa. Ero stato diacono per una congregazione che ora mi trattava come un paria. Mi ero affidato alla chiesa per affrontare le questioni più importanti della vita e quando avevo più bisogno di sostegno ero stato accusato dalla stessa d'invocare demoni. Il conforto provato durante le preghiere in chiesa era tale e quale a quello provato quando pregavo guardando in alto nel cielo notturno, solo con la mia anima e qualsiasi cosa fosse lassù a farmi compagnia. Avevo l'impressione che le sfere apparissero più spesso quando pregavo. Proprio come in chiesa, pregavo per il benessere di tutti i miei cari e di chi stava affrontando sfide e momenti di crisi. Quasi ogni sera, con il vuoto che mi aveva lasciato la chiesa, facevo esercizio di preghiera a modo mio. Se le sfere e gli esseri provenivano dal paradiso, come qualcuno aveva detto al meeting del MUFON del North Carolina, non riuscivo a comprendere come mai gli occhi apparissero di aspetto meccanico.

Volevo disperatamente dimostrare ciò che vedevo e condividerlo con il mondo intero. Avevo già fatto i conti con tanta vergogna e delusione per i miei fallimenti negli affari, per la scomparsa della mia prima moglie, per lo scherno ricevuto da tutta la mia famiglia, e adesso ero alle prese con le imbarazzanti difficoltà nel catturare immagini di quello che io e altri affermavamo di vedere. Ero forse la vittima di uno scherzo interdimensionale? C'era una componente emotiva che non riuscivo a spiegare a parole. Questi esseri e queste sfere parevano reagire al sentimento in un modo che nessuna foto o video poteva immortalare. In quegli anni, anche insieme ai membri del MUFON del North Carolina notai che la comunicazione avveniva più direttamente con chi aveva toccato il punto più profondo della propria disperazione. Esattamente come me, quando all'inizio del 2007 ero stato colpito da una profonda depressione – causata da povertà assoluta, dalla mancanza di prospettive di lavoro, e un figlio che aveva lasciato il liceo soprattutto per colpa mia – anche le altre persone a cui gli esseri solitamente si rivelavano erano nella peggiore delle condizioni. Ero combattuto a causa di queste contraddizioni e mi alternavo tra due estremità, speranza e disperazione. L'unica mia speranza costante era il benessere famigliare e la sensazione che la storia non fosse ancora finita. Andava seguita fino alla fine, qualunque fosse, e non importava quante sofferenze avremmo ancora dovuto affrontare.

∞

Proprio come ai tempi della mia gioventù, qualcuno doveva tagliare il prato ogni due settimane. Il terreno ricco faceva crescere l'erba più velocemente delle nostre possibilità e c'era sempre una porzione dei due ettari che aveva bisogno di attenzione. Malgrado la macchina tagliaerba velocizzasse l'operazione, ci volevano quasi due giorni per completare il lavoro. Dopo di che bisognava rifinire e potare i margini con il decespugliatore. Yvonne si divertiva a girare intorno al prato sopra il tagliaerba, raggiungendo ogni angolo del terreno. Il suo aiuto era molto apprezzato, perché io ero preso tutto il giorno con l'orto.

Ogni tanto la macchina s'inceppava su qualche ostacolo e Yvonne veniva a cercarmi per rimetterla in funzione. Quando un legno o la canna dell'acqua nascosti nell'erba intralciavano le lame, arrivavo io e facevo del mio meglio per liberarle. Solitamente me la sbrigavo in fretta, avendo aggiustato tagliaerba fin da quando ero un ragazzino. A Yvonne piaceva tagliare il prato alla fine della giornata, quando l'aria era più fresca, e spesso accendeva le luci della macchina e andava avanti fino a tarda sera.

In una sera d'autunno, Yvonne era fuori a tagliare il prato più tardi del solito. Noi altri eravamo in casa, chi a fare i compiti e chi preso da altre attività. Dallo studio, potevo vedere all'esterno dietro casa. Verso le 21,30 vidi le luci del tagliaerba che procedevano lungo l'ultima sezione del prato. La distanza tra la casa e la fila degli alberi superava i cento metri, e Yvonne la copriva iniziando dal margine e proseguendo avanti e indietro su file parallele. La macchina era piuttosto vecchia e piccola, e copriva soltanto un metro in larghezza. Stavo lavorando al pc e occasionalmente alzavo lo sguardo per osservarla, con il rumore del tagliaerba che cresceva e diminuiva lentamente. Yvonne era partita dal lato destro per terminare sul lato sinistro, dove in fondo svettava un'imponente vecchia quercia. Il canile di mio padre era nello stesso punto. Yvonne provava sempre timore a passare da lì, poiché era il luogo dove avevo incontrato l'essere dagli occhi rossi a poco più di un metro da me.

A un tratto mi accorsi che il rumore del tagliaerba non cresceva e non diminuiva. Alzai gli occhi e lo vidi inattivo, con il motore al minimo, a metà strada tra la casa e gli alberi. Dalla luce dei fari vidi che il sedile era vuoto. Udii un violento *boom* dalla veranda dietro casa. Come se i pesanti arredamenti in ferro battuto fossero stati ribaltati in un colpo solo. Andai alla porta sul retro e vidi Yvonne a terra, con le gambe sanguinanti, che respirava a fatica. Le chiesi cosa fosse successo, ma lei non riusciva a prender fiato per poter parlare. La aiutai a entrare in casa, temendo cosa potesse esserci là fuori.

Con il sangue che colava dalle calze, mi spiegò l'accaduto. Disse che aveva sentito una strana sensazione nell'ultima zona del prato. Mentre andava su e giù aveva evitato di guardare verso la quercia e il canile. Dopo circa sei inversioni di marcia stava tornando verso casa, quando il tagliaerba si era inceppato sopra un vitigno. A quel punto non riuscì a resistere e alzò lo sguardo. Tra le ombre scure dei cespugli vide due occhi rossi. La stavano osservando, da un'altezza di novanta centimetri da terra. Di scatto, mollò il tagliaerba e si mise a correre a perdifiato verso casa, andando a rovinare contro i mobili da giardino.

Una parte di me soffriva con lei mentre sulle gambe apparivano lividi sempre più scuri, e l'altra rifletteva sul significato dell'episodio. In questi anni stavano succedendo due cose: gli esseri apparivano più spesso, e avevo l'impressione che fossero diventati più sensibili al nostro comportamento. Tra noi e loro iniziava a manifestarsi un botta e risposta piuttosto regolare. Durante il racconto di Yvonne notai qualcosa, oltre allo spavento e al dolore. Una sorta di riconoscimento. La lasciai con i ragazzi e uscii a spegnere il tagliaerba e a controllare se ci fosse ancora qualcosa. Non c'era più nulla.

I ragazzi dovettero affrontare nuove sfide al liceo. Il canale Discovery continuava a mandare in onda le repliche del nostro episodio ogni due settimane, per cui c'era sempre qualcuno che lo guardava per la prima volta. I guadagni erano scarsi e niente era semplice.

Nell'agosto del 2009, l'intera famiglia era radunata nel soggiorno e discuteva su come trascorrere l'ultima domenica prima che ricominciasse la scuola. Si decise di passare la giornata al fiume a fare *kneeboarding*, perché era l'ultima occasione prima che i vari impegni prendessero il sopravvento. Avevo una piccola barca con motore fuoribordo. Quel giorno era in programma il varo di una barca a circa quattordici chilometri di distanza dal punto dove eravamo andati a pesca l'8 gennaio del 2007. Un'area che generalmente evitavamo. Emily, Ryan e io eravamo seduti sopra un ampio divano in pelle, Jeremy di fronte a noi su una poltrona e Yvonne alla nostra sinistra su una sedia a dondolo. Era una splendida mattinata e io ero felice di poter passare la giornata in famiglia. La luce del sole filtrava nella sala attraverso tre grandi finestre aperte proprio dietro di me, Emily e Ryan. Non faceva troppo caldo. Yvonne era seduta di fianco, con lo sguardo rivolto verso noi tre.

Parlavamo dei programmi per la giornata, quando improvvisamente Yvonne saltò su dalla sedia, la faccia bianca come un lenzuolo. Fissava un punto preciso, indicando la finestra alle mie spalle. Aveva la bocca spalancata per lo shock.

«L'avete visto?!?» ci chiese urlando e gemendo.

«L'ho visto.» mormorò Jeremy dalla poltrona di fronte a noi un attimo dopo la domanda di Yvonne.

«Oh Signore non crederai cosa ho appena visto. Veloce! Uscite fuori. C'era qualcuno davanti alla finestra.» disse Yvonne.

Emily, Ryan e io ci voltammo e vedemmo lo stesso solito prato che c'era dietro casa.

«C'era un uomo dietro di te.» continuò Yvonne, tremante di paura.

«Un uomo enorme.» aggiunse Jeremy.

Ryan e Jeremy balzarono in piedi e si misero a correre intorno a entrambi i lati della casa per scovare chiunque fosse entrato nella nostra proprietà. Yvonne disse che era alto quasi due metri e mezzo, quindi raggiunsi fuori Ryan e Jeremy, preoccupato per loro. Non trovammo nessuno o nulla di insolito. Rientrati in casa, Yvonne descrisse cosa aveva visto: una figura scura con forma umana, priva di particolari distinguibili tranne i due occhi, posizionata esattamente dietro la mia testa. La casa era rialzata di novanta centimetri da terra, per cui dalla forma delle sue spalle, e siccome occupava l'intera finestra dietro di me, doveva essere un gigante. I suoi occhi fissavano Yvonne. Bloccata dalla paura, mia moglie riuscì a muoversi solo quando la figura si dileguò, così come era apparsa da destra verso sinistra, lungo le altre due finestre dietro a Emily e Ryan. La vide andar via senza camminare o girarsi. Semplicemente si dileguò. L'essere era più solido delle figure d'ombra che l'avevano seguita lungo il corridoio un paio di anni prima. Era fisicamente imponente e incombeva su di noi. Yvonne era profondamente scossa. Eravamo tutti troppo spaventati per recarci al fiume. Gli esseri non erano mai apparsi alla luce del giorno e in forma così solida. Fummo colti da un pensiero orribile: se non erano solamente ombre di fantasmi o esseri di luce, bensì composti da materia fisica, forse chissà, potevano toccarci.

La primavera successiva avevo programmato d'incontrarmi con un vecchio amico. Il suo tagliaerba si era rotto e io avevo appena finito di aggiustarlo. Volevo anche passare un po' di tempo con una delle poche persone in città rimaste sempre al mio fianco. Il venerdì sera precedente il nostro incontro mi chiamò per dire che forse poteva venire lui da me, così avrei evitato di fare il viaggio con il tagliaerba fino a casa sua. Mi avrebbe dato conferma la mattina dopo.

L'auto di Yvonne era dal meccanico, quindi c'era solo la mia a casa quel sabato mattina. Erano le otto e trenta e Yvonne parlava al telefono con sua madre sulla veranda davanti casa. Poi venne nel mio studio a chiedermi se sarei rimasto a casa durante la giornata perché sua madre voleva pranzare con lei. La madre viveva a venticinque minuti d'auto da casa nostra e Yvonne non voleva farla guidare fin da noi. Le risposi che stavo attendendo la risposta del mio amico per sapere cosa volesse fare. Passarono venti minuti e Yvonne tornò a chiedere se c'erano novità. Le dissi di no e che le avrei fatto sapere appena possibile.

Alle 9,45 non avevo ancora notizie. Emily, che stava in veranda con sua madre, venne a dirmi che la mamma aveva bisogno di me. Avevo l'abitudine di rispondere prontamente a richieste del genere, dopo l'episodio del fulmine evitato. Mi alzai e andai in veranda. Yvonne era ancora seduta a parlare al telefono con sua madre.

Coprì con la mano il ricevitore e mi disse: «Il tuo amico è qui. Ha appena girato dietro la casa.»

«Oh bene!» risposi dirigendomi verso la veranda sul retro. La stradina in ghiaia, rumorosa e lunga un centinaio di metri, che dalla strada conduceva alla nostra porta di casa, proseguiva da un lato verso il retro per terminare davanti al mio capanno e al pollaio. Mi fermai sulla veranda e mi guardai intorno. Non vidi nulla. Pensai che forse il mio amico era andato a parcheggiare davanti casa. Scesi i gradini della veranda, pensando che probabilmente l'avrei incontrato nel tragitto di ritorno. Girai intorno la casa, aspettandomi di vederlo insieme a Yvonne.

Non c'era nessuno, a parte Yvonne impegnata al telefono. Neanche l'auto era parcheggiata. Yvonne mi vide tornare e alzare le braccia.

«Non c'è nessuno qui.» dissi. Alzò le spalle in risposta.

«Sai cosa è strano? Guidava una macchina blu, ma vecchia e lucida. Non sapevo avesse quel tipo di auto.»

Pensai che forse non avevo guardato bene e rifeci il giro una seconda volta. Notai che l'erba era ancora coperta dalla brina mattutina. Avrei dovuto trovare delle tracce marcate se qualcuno l'avesse attraversata camminando o con un veicolo. Le uniche tracce visibili erano quelle lasciate da me. Pensai che la ghiaia era così rumorosa che non potevo non aver sentito il rumore di un'auto avvicinarsi al mio studio. Di nuovo, non vidi nulla e nessuno dietro casa.

Tornai in veranda e mi sedetti di fronte a Yvonne che terminò la telefonata. Capì che non avevo trovato nessuno, ma non voleva che sua madre sentisse. Mi raccontò ciò che aveva visto: un veicolo lucido e splendente in stile anni '60 di colore azzurro era entrato nella nostra via dalla strada esterna e si era fermato davanti alla casella della posta. Yvonne trovò strano che il mio amico guidasse un vecchio modello così ben restaurato. Effettivamente la sua auto era blu, ma era in cattive condizioni e sempre sporca per via del suo lavoro, e anche qualche decennio più recente del modello apparso a Yvonne. La tenne d'occhio mentre parlava al telefono e la vide accelerare all'improvviso lungo la via che portava sul retro. Durante il racconto, le venne in mente che l'auto non aveva prodotto alcun rumore sulla ghiaia. I casi erano due: o Yvonne era troppo presa ad ascoltare sua madre, oppure secondo lei la velocità del veicolo l'aveva reso in qualche modo più silenzioso.

Restammo seduti a guardarci, allarmati dall'espressione confusa nei nostri rispettivi occhi. Quando accadevano queste cose, il nostro primo pensiero era sempre la sicurezza dei nostri figli. Era vero che questi episodi erano solitamente veloci e già finiti ancor prima che ce ne accorgessimo, ma non c'era modo di sapere per quanto tempo sarebbero continuati. Andammo a controllare che i ragazzi stessero bene. Non trovammo nulla d'insolito, così tornammo in veranda. Era inutile stare lì a cercare di capire cos'era successo, avendo davanti a noi un'intera giornata con impegni che ci attendevano. Accettammo l'apparizione soprannaturale come se si fosse trattato di un evento della quotidianità. Così come facevamo i conti con punture d'insetti o vedevamo arcobaleni, dovevamo considerare l'arrivo di quell'auto sfavillante come un altro miracolo di passaggio, fuori dalla nostra portata prima ancora di averlo riconosciuto. Il punto in comune tra le sfere del fenomeno al fiume, del gigante che fissava Yvonne ad agosto e quest'auto azzurra era la simile ripartenza. Non c'era stata una propulsione convenzionale in nessuno dei tre casi, ma piuttosto un'accelerazione istantanea: qui un attimo, e schizzati via chissà dove l'attimo dopo. Ognuno di loro si dileguò con estrema rapidità e scioltezza.

CAPITOLO 14

Carissimi, non vi stupite per l'incendio che divampa in mezzo a voi per provarvi, come se vi accadesse qualcosa di strano.

—Pietro 4:12

Il sabato della vigilia di Pasqua, Ryan e Jeremy avevano invitato dei loro amici a passare la notte da noi. Erano tutti amici tra di loro, avendo più o meno la stessa età. Arrivarono uno dopo l'altro, con aggeggi vari, per giocare tutti insieme ai videogiochi. Yvonne si era rifugiata a guardare un film con Emily in camera da letto, sia per sfuggire ai ragazzi scalmanati sia per stare in compagnia di sua figlia.

Durante la settimana faticavo moltissimo, tra l'orto e tutto il resto, per garantire un sostentamento alla famiglia, ma nei weekend mi facevo prendere da una tristezza profonda e futile. Libero dal lavoro, mi ritrovavo ad affrontare la vita familiare e, in serate come questa, sentivo il peso enorme di tutte le difficoltà e delle conseguenze procurate da quegli strani fenomeni che avevamo vissuto. Certamente le avversità ci avevano reso molto uniti, ma avrei preferito che ad avvicinare la famiglia fossero state memorie di momenti belli. Specialmente Jeremy subiva dai suoi amici una crudeltà che non si meritava affatto. Ogni tanto Emily arrivava a casa piangendo, per qualche frase cattiva detta da una compagna di scuola o da un insegnante. Il ciclo di repliche bisettimanali del nostro episodio sul canale Discovery era una fonte inesauribile di derisione, e non c'era modo di placarla. Due delle peggiori conseguenze del fenomeno erano gli incubi e quella vocina nella profondità della nostra mente a procurarci timore per qualunque cosa fuori dall'ordinario. Ogni situazione poteva tramutarsi da banale a sconvolgente. La paura può agire come un'epidemia in ambienti ristretti, tra persone che si conoscono così bene. Cercavamo rifugio l'uno con l'altro e il giorno dopo, magari lavando i piatti, ci spaventavamo per un'oscura presenza captata con la coda degli occhi. Anche quando ci tenevamo tutto dentro, quei brevi momenti di terrore si insinuavano nelle nostre vite e ci condizionavano. Il lato peggiore era il pensiero dell'effetto cumulativo di tutto ciò sulle vite dei miei figli: le mancate amicizie che altrimenti sarebbero potute sbocciare, le sfide sociali e accademiche che avrebbero voluto affrontare, i bicchieri d'acqua in cucina che avrebbero placato la loro sete notturna se la paura non li avesse trattenuti a letto. Ero triste e arrabbiato con me stesso per aver procurato queste situazioni.

Non riuscivo a fare a meno di pensare che tutto ciò fosse colpa mia. Ero stato il primo a vedere qualcosa di inspiegabile. Nonostante la gioia nel vedere i miei figli andare bene a scuola e ora felici con i loro amici, mi sentivo in colpa poiché serate come questa erano una rarità. A parte qualche apparizione in famiglia, trascorrevo le serate il più possibile in disparte nel mio studio. Vedendoli felici, volevo evitare di ricordare ai loro amici di trovarsi nell'abitazione di un esiliato. Non capivo i loro giochi – diverse combinazioni di soldati, cartoni animati e alieni che si combattevano – ma amavo il fatto che avessero trovato un loro angolo di felicità e amici positivi. Finita la cena, mi rintanai nello studio.

Sentivo che niente sarebbe potuto cambiare. Era come se la cattiva sorte e le mie scelte egoistiche ci avessero marchiato per sempre. D'ora in avanti tutto sarebbe stato in salita a causa mia. Verso le 21,30 mi alzai e andai sui gradini della veranda dietro casa. I soliti alberi e cespugli si stavano risvegliando dopo l'inverno, pronti a crescere più alti e più folti. Lievi rettangoli di luce si riflettevano sull'erba. Sentivo i grilli e alcuni pugni smorzati provenire dai videogiochi60 dentro casa. Era una serata tranquilla. Provai un senso di pace nella decisione di rinunciare a questa straziante follia. Se tali fenomeni volevano presentarsi a me con prove innegabili della loro esistenza, bene. Se volevano continuare questo subdolo giochetto di scomparire in maniera così frustrante, bene lo stesso.

Il mio desiderio maggiore era di mostrare al mondo le nostre esperienze e il loro messaggio di pace, compassione e supporto all'umanità. Tuttavia, osservando il mio orto e gli alberi che lo circondavano, mi dissi che questo mondo era già sufficiente. Già non comprendevo il motivo per cui quando piantavo una fila di zucche o di zucchine, a volte crescevano e a volte no. Oppure quando ero seduto con la mia famiglia a fare programmi per l'ultimo sabato d'estate, ero impossibilitato a spiegare l'apparizione e la sparizione di un uomo alto e scuro dietro di me. Come associare la presenza misteriosa di una sorta di stalker a una missione compassionevole? Come fare a incastrare i pezzi del puzzle? Esisteva forse una chiave che, se interpretata correttamente, ci avrebbe fornito una spiegazione? Oppure lo scopo di tutto ciò era la nostra paura, confusione e derisione?

Spostai il mio sguardo dal prato familiare verso il cielo e mi ripromisi di non parlare mai più di loro. Doveva finire una volta per tutte se volevo donare alla mia famiglia una vita che valeva la pena di esser vissuta. Comunicai a loro la mia gratitudine per avermi guarito dalla sindrome di Crohn, ma non avrei più permesso alla mia famiglia di soffrire. Basta conferenze, basta visitatori, basta persino una piccola menzione. Poi per un attimo continuai a guardare in su. Le stelle brillavano indifferenti, come le luci intermittenti di un aeroplano che passava da lassù, a novemila metri d'altitudine. Tornai nello studio a coricarmi sul divano che avevo sistemato lì per dormire, esausto e col cuore a pezzi. I ragazzi continuavano a giocare, pur facendo meno rumore. Una piccola parte di me si sentì sollevata, con la speranza che questa mia promessa avrebbe risparmiato la famiglia da ulteriori sofferenze. Mi addormentai con questo pensiero in testa.

∞

«ALZATI!»

Fui svegliato da un comando fragoroso e tuonante. Alla seconda sillaba ebbi un sussulto, credendo che ci fosse qualcuno nella stanza. Il volume era incredibilmente alto, come un boom sonico. Provai un brivido immediato. In un lampo, mi raddrizzai seduto sul letto, guardandomi intorno. Tutto il mio corpo era ricoperto da pelle d'oca. Qualcosa si muoveva. Segni che caratterizzavano i fiochi profili olografici degli esseri. Non distinguevo quanti fossero.

Quando mi alzai per indossare gli abiti, mi accorsi di non essere più padrone dei miei movimenti. Capivo che mi stavano spronando a vestirmi e mi era impossibile resistere, come quando ti svegli perché ti urlano nelle orecchie. Pantaloni, scarpe, camicia: la mia mente si riempiva di paura e avevo la sensazione di dovermi recare a un appuntamento. La casa era al buio quando mi condussero all'esterno dalla porta posteriore. Camminavo a un ritmo costante, agganciato a tre ombre luccicanti, e avanzavo verso il canile nella boscaglia. Arrivati al limite della foresta, a circa tre metri dal canile, si fermarono ed io continuai a camminare. Uno di loro si voltò e mi tese le braccia. Mi fermai a osservare cosa sostenevano.

«Prendilo. È tuo. Devi tenerlo.»

Nell'oscurità, non ero riuscito a vedere bene di cosa si trattasse, ma rifiutare mi sembrava pericoloso, e forse nemmeno ne avevo il potere. Mi allungai e accettai di prenderlo tra le mani. Aveva la forma di un piccolo chihuahua senza testa né coda, e il suo pelo era ruvido e pungente. Si agitava lievemente. Era vivo. Non aveva arti distinguibili. Poi il pelo si raddrizzò, come gli aculei a spillo di un porcospino. Colto di sorpresa, lasciai cadere la creatura che si agitò e si contorse ai miei piedi.

«No. Raccoglilo. Tienilo in mano.»

Mi chinai e per la prima volta pensai alla reazione del mondo esterno se avessi raccontato questa storia. Pensare ai commenti era demoralizzante – "quindi ti hanno dato un chihuahua senza testa, né arti, né coda?" – ma non ebbi il tempo di riflettere su tale eventualità. Lo raccolsi e vidi che gli esseri non c'erano più. Poi il mio unico pensiero fu che non potevo tenere questo coso. Mi faceva male e non sapevo se mi avrebbe potuto mordere o pungere. Poiché mi avevano detto di tenerlo, decisi di metterlo dentro al canile, meglio lì che tra le mie mani. Mi accorsi che gli esseri avevano interrotto il controllo su di me, entrai nel canile, lo appoggiai a terra e chiusi la porta alle mie spalle in modo che non potesse uscire.

Avendo recuperato il controllo delle mie azioni, avrei potuto correre immediatamente verso casa, e invece iniziai a camminare. Dopo qualche passo fui colpito da una fortissima folata di vento. Era una notte calma e serena, ma quella raffica dalla potenza di un uragano mi fece barcollare all'indietro. I miei occhi si erano adattati all'oscurità, ed essendo rimasto fuori al buio a sufficienza la mia vista era ormai in grado di captare l'essenza. Solo i dettagli le sfuggivano ancora. Guardai nella direzione d'origine della ventata e vidi che dal terreno si era aperto un ampio varco tra gli alberi. Un'area che misurava quanto un'automobile si era trasformata improvvisamente in buio totale e al suo interno non si distingueva nulla. Nel medesimo istante vidi un toro nero, con corna e un peso di oltre seicento chili, partire alla carica. Ero cresciuto tra le mucche e sapevo cosa aspettarmi. Un toro infuriato non rinuncia all'attacco, proprio come in una lotta tra tori, ma io non ero un matador. Interiormente urlavo in preda al terrore, mentre il toro mi puntava alla massima velocità. Galoppava come se fosse parte del vento. Nel momento in cui già vedevo la mia fine, mi passò sopra facendomi cadere sulla schiena. Vidi la parte inferiore della sua testa, le sue spalle potenti e i fianchi. A sorpresa, scoprii che non era proprio solido, esattamente come gli esseri. Riuscivo a vedere le stelle e i rami dietro al suo corpo traslucido, mentre cadevo a terra. Ero affranto e intontito dopo aver rischiato di morire calpestato. Mi rigirai sullo stomaco per cercare di rialzarmi e scappare. Se il toro si fosse girato e fosse tornato alla carica o se qualcos'altro fosse uscito da quel varco notturno, io non volevo di certo trovarmi là. Mi feci forza sulle braccia e mi misi in ginocchio.

Di fronte a me una donna fluttuava in un cerchio di luce. Sospesa in equilibrio e in silenzio mi fissava dall'alto in basso. La sua bellezza mi tranquillizzò e la paura svanì. Non pensavo più al toro. Inginocchiato, impiegai un minuto per assorbire quella visione.

Restai in ginocchio all'interno del cerchio di luce che la figura emanava. Ogni cosa che si trovava nel bosco veniva oscurata al confronto. Mi sentii dolcemente cullato dalla morbida luce della sua presenza. I suoi piedi, all'altezza del mio mento, erano nudi e rivolti verso il basso, mentre lei stava sospesa per aria. La veste splendente che indossava scendeva fino alle caviglie. L'indumento era semplice e privo di dettagli, tranne alcune pieghe regolari formate dalle grinze del tessuto. Sembrava la veste di un'antica sacerdotessa, con un colletto disadorno e lunghe maniche che ricoprivano i polsi. Mi ricordava le tuniche delle divinità sulle sculture e sui mosaici degli antichi romani. Aveva i capelli biondi e i più folgoranti occhi azzurri che avessi mai visto. Il mio angolo di osservazione la faceva apparire slanciata, ma sarà stata alta al massimo un metro e cinquanta. Il mio senso di calma aumentò mentre la guardavo negli occhi.

«Sai perché sono qui.»

Parlava con un tono di voce alto e chiaro, ma le sue labbra non si muovevano. Conoscevo il significato delle sue parole e fui colto da un'ondata d'imbarazzo, rimorso e dispiacere. Solo cinque ore prima mi ero ripromesso di abbandonare il cammino su cui lei mi aveva indirizzato. Indipendentemente da tutto il dolore che io e i miei famigliari avevamo già sopportato, non potevo più permettere loro di soffrire per una causa che nemmeno io sapevo dove mi avrebbe condotto. Ero devastato all'idea di voltare le spalle a tutto ciò, dopo i tanti sogni e le esperienze che mi avevano convinto a raccontare la mia storia al mondo, ma avevo raggiunto il punto di rottura: non avrei permesso che nella casa alle mie spalle piena di risate si tornasse all'ostracismo, alla paura e alla miseria. Ora che la osservavo, ogni cellula del mio corpo mi faceva rimpiangere questa decisione. Tuttavia, quella misteriosa placida espressione sul suo volto mi faceva capire che avrei potuto rimediare al mio errore.

Era apparsa per offrirmi una via d'uscita, per mostrarmi che le tribolazioni non erano state vane. Nel corso degli anni c'era stata una sottile danza di significati che aveva portato a questa notte. Dovevo aver fede e comprendere che rivelazioni del genere non potevano essere trasmesse in un solo momento con chiarezza accecante, altrimenti sarebbero state rifiutate o ignorate.

«Non puoi abbandonare adesso. Hai stipulato un accordo che deve essere mantenuto.»

Ero in totale soggezione di fronte a lei: era chiaro che fosse la direttrice di tutto ciò che era accaduto. In totale stato di trance non riuscivo a muovermi, né lo desideravo. Mi comunicò che le sfere di luce, gli esseri, i vuoti temporali erano tutti strumenti da lei adoperati. Disse che gli esseri erano guardiani inviati da lei per eseguire le sue richieste, che le mie visioni apocalittiche erano un possibile futuro per il pianeta terra, che il nostro accordo richiedeva fede assoluta in lei. Promise che se avessi continuato la mia missione, avrebbe protetto me e la mia famiglia, avrebbe permesso che le sfere venissero fotografate e mi avrebbe permesso di mostrare questi fenomeni a testimoni esterni alla mia famiglia. Se avessi continuato a parlare di ciò che vedevo, lei sarebbe sempre stata al mio fianco. Fui inondato di gratitudine per la sua protezione e rassicurazione. Per lunghi tratti della sua divulgazione portò l'indice sulle labbra come per dirmi di mantenere il segreto o di stare in silenzio, e non capivo bene a cosa si volesse riferire. Poi disse che avrei compreso le sue parole quando fosse giunto il momento. Le chiesi cosa fosse quella massa di pelliccia viva che mi era stata consegnata. Disse che era un'icona dell'umanità: senza direzione, senza senso, senza capo né coda, bisognosa di guida e di protezione.

A fine incontro, mi trasmise l'importanza delle visite che ricevevo. Mi avvertì delle forze al lavoro per collocare questi fenomeni in chiave negativa. Se questa versione avesse preso il sopravvento, l'umanità si sarebbe avviata verso un cammino di distruzione. Disse che il mio compito era di impedire a questo pericoloso inganno di mettere radici. Non mi spiegò il motivo, ma ero stato scelto per raccontare all'umanità che il fenomeno è benevolo. Il primo passo era semplicemente di riconoscere ciò che stavo vedendo.

«Una nuova conoscenza sta per arrivare. L'uomo deve risvegliarsi a questa conoscenza.»

Dopo venti o trenta minuti inginocchiato ad ascoltarla, ero disorientato e totalmente privo di energia. Quando finì di parlare, l'alone luminoso si ritirò dentro di lei e la vidi svanire. Dimenticandomi di controllare la creatura pungente nel canile, mi affannai a tornare in casa, oscillando per la stanchezza allucinante. Attraversai la porta posteriore e crollai sulla moquette del corridoio, coperto di terra e dimentico degli amici dei ragazzi, ospiti a casa. Mentre mi addormentavo, ricordai le sue parole.

«Questo è il tuo fardello. Lo devi sopportare.»

CAPITOLO 15

Quella mattina di Pasqua, la prima luce filtrava dalla porta posteriore su un nuovo padre, marito, agricoltore e amico. Ogni parola pronunciata dalla signora pulsava nella mia testa. Irrigidito dalla nottata sulla moquette, mi alzai e andai nella veranda dietro casa a ripulirmi dalla terra e dalle foglie attaccate ai miei vestiti. Mi guardai intorno. Un'altra mattina, con il mio orto pronto a dischiudersi e la mia famiglia al sicuro dentro casa. Sentii un profondo senso di accettazione. Il nostro mondo non stava implodendo. Con la signora al nostro fianco, avremmo vissuto giorni migliori. Dovevo soltanto continuare a parlare. Non esisteva alcuna altra via d'uscita, bisognava per forza attraversarla.

Tornai a dormire pensando a come avrei potuto dare la notizia. Il rischio di un altro giro di scherno pubblico mi spaventava, ma sentivo che era giusto farlo. La signora aveva detto che il mio fardello era di raccontare la storia, ma non mi aveva spiegato come farlo. A questo punto, ero molto più propenso a raccontare la verità, che a sopprimere i miei pensieri e i miei sentimenti, ma bisognava affrontare la questione con delicatezza. Non volevo correre rischi, anche se oramai i danni erano già stati fatti negli anni passati. Ogni volta che in passato mi ero convinto che le cose non sarebbero potute peggiorare, avevo sempre avuto torto.

Dopo solo alcuni giorni dal mio incontro con la signora, mi arrivò una telefonata dalla sezione MUFON del North Carolina e mi fu chiesto di intervenire a una conferenza ad Asheville. Volevano che parlassi dell'episodio al fiume, ma io sapevo di dover raccontare della signora. Glielo dovevo. Non credevo fosse una coincidenza aver ricevuto l'invito subito dopo il nostro incontro. Erano passati quattro anni e la mia storia continuava ad attirare attenzione. Siccome il canale Discovery dava la replica del programma ogni due settimane, c'era sempre un nuovo gruppo di persone che mi chiedeva di venire a trovarmi e di parlare dei particolari esclusi dal montaggio finale. Forse volevano sentirsi dire che c'era stato un insabbiamento o forse ci tenevano a incontrarmi. Sta di fatto che, per un motivo o per l'altro, attiravo sempre una folla. Ryan era sempre entusiasta di conferenze ed eventi vari, così programmammo insieme la gita su in montagna.

Durante il viaggio, per la prima volta raccontai a Ryan della signora. In quelle due settimane non avevo trovato il momento giusto per parlarne alla famiglia, e quindi avevo rimandato fino a dopo la nostra gita. In ogni caso credevo che la signora mi avesse lasciato una certa flessibilità su come e quando parlare di lei, per cui non sentivo di essere disonesto. Ryan rispose positivamente all'intero resoconto. Sapevo senza ombra di dubbio che stavamo percorrendo la strada giusta. Eravamo un po' agitati, perché era da qualche anno che non andavamo a eventi del genere. Riuscivo a malapena a credere a dove eravamo diretti, considerato che solo due settimane prima avevo giurato sulla mia vita di non parlare mai più degli UFO.

La piccola sala nella biblioteca di Asheville era affollata. Al momento, ero solo una delle tante facce tra la folla. Erano presenti in sala circa settanta persone. Pur sapendo che la gente interessata agli UFO veniva ridicolizzata, era altrettanto vero che non c'era nulla di insolito a separarla dal resto del mondo. Avevamo tutti un lavoro e una famiglia, guidavamo l'auto e ci vestivamo come tutti gli altri. Mi guardai intorno: non si vedevano spuntare cappelli in carta stagnola. Vidi un paio di volti familiari, ma nessuno in particolare da farmi preoccupare sul tipo di trattamento che avremmo ricevuto.

Quando i rappresentanti del MUFON iniziarono a presentarmi, stavo ancora rimuginando su quale storia raccontare. Avevo discusso la notte al fiume dozzine di volte negli ultimi quattro anni e mezzo, e ogni volta era stata un'agonia. Nel raccontare cos'era accaduto non c'era modo di separarsi dalle emozioni di quella notte. Oltre al particolare degli oggetti volanti, riemergeva sempre la vergogna legata al senso di abbandono provato da Junior, la paura e la confusione, la certezza assoluta sulla fine del mondo, e perfino una sensazione persistente di sentirsi in pericolo tra le mura di casa. Aggiungendo la sensazione che ogni frase da me pronunciata fosse soggetta a interrogazione e derisione, si può immaginare lo stato di tensione che provavo a parlare in pubblico. La presentazione terminò e io, ancora indeciso, salii sul palco.

Gli spettatori erano venuti per ascoltare la storia al fiume e giustamente ero in dovere di raccontargliela, ma mi sentivo ancor più in obbligo verso la signora, che mi aveva spinto ad arrivare lì. Iniziai con l'incidente al fiume, lasciando fuori gran parte dei contenuti che di solito includevo. Mi pareva giusto così. Ogni secondo che passava era un'opportunità mancata. Dovevo portare avanti il compito che la signora mi aveva assegnato, fidandosi di me. E se il tempo a disposizione fosse scaduto e mi fossi dimenticato di parlare di lei? E se fosse partito l'allarme antincendio?

Dopo alcuni minuti di racconto sulla serata al fiume, iniziai a spiegare perché avevo scelto di tornare a parlare di nuovo dopo aver ignorato ogni invito così a lungo. Sentii un velato mormorio e sedie che si spostavano con il pubblico in fibrillazione. Raccontai che due settimane prima avevo deciso di abbandonare ogni cosa legata al fenomeno a causa della rovina che era caduta sulla mia famiglia; raccontai di essermi addormentato per poi venire svegliato dalla voce e dagli esseri. Il mormorio si infittì. Alcuni si avvicinarono ai vicini per fare una battuta. I vicini si misero a ridere. Raccontai della folata di vento, del toro, e della signora. Non volevo guardare Ryan, né che Ryan guardasse me. Alcune donne mi provocarono, urlando che volevano sentire ancora del fiume.

«Questo è importante. Questa signora è apparsa a me. Era vera. Mi ha spronato a raccontare le cose che mi ha detto.»

Nessuna risposta, tranne il fruscio d'insofferenza della folla.

«Ci sarà un terremoto di magnitudine 6.8 il 23 settembre del 2012 a Baja California. A New York le elezioni autunnali saranno interrotte.»

Mi mancava il respiro. Non avevo idea del perché avessi detto quelle cose. Mi accorsi che il mio viso era bagnato di lacrime. Alzai lo sguardo e vidi occhi sgranati ovunque. Il mormorio e le risate si erano fermati. Feci un respiro profondo e guardai Ryan negli occhi. Il suo sguardo era altrettanto sorpreso. Capii che non mi avrebbero lasciato dire di più sulla signora e ripresi il racconto della storia al fiume da dove l'avevo interrotto. Parlai delle sfere, degli esseri, della nostra paura, sottolineando i dettagli dell'incontro lasciati fuori o del tutto ignorati dai produttori di Discovery. Il resto della mia presentazione filò via liscia.

Alla fine, alcuni organizzatori si avvicinarono a noi per dirci che sarebbero andati a osservare il cielo da un lago distante quaranta minuti. Non trovai nulla in contrario ad andare con loro, visto che ormai la gente era sorprendentemente bendisposta nei nostri confronti. Oltretutto preferivo parlare in gruppi ristretti e per arrivare là avevo guidato ben quattro ore, così pensai che forse il nostro viaggio si sarebbe rivelato un'esperienza positiva.

Al lago, l'inquinamento luminoso era scarsissimo e la notte era limpida e serena. Circa la metà delle persone che erano alla conferenza si erano radunate in piccoli gruppi sulla spiaggia. Parlavano e osservavano la volta celeste. Appena si sparse la voce che io ero presente, molti di loro si avvicinarono per salutarmi e farmi domande. Un uomo mi strinse la mano e mi disse che lui e sua moglie erano venuti apposta da Wilmington per sentirmi parlare. Si chiamava Dan. Conversammo spesso nel corso della serata. Molti altri si avvicinarono, e le domande sulla signora rivaleggiarono con quelle sull'incidente al fiume. Mi sentii meglio. L'argomento che aveva suscitato ilarità nella sala conferenze non era più così sciocco, ora che eravamo riuniti insieme a scrutare puntini luminosi primordiali, a distanze inimmaginabili nel cielo infinito. Così come ci trovavamo al limite del lago, eravamo pure al limite esterno del pianeta terra a confrontarci con ciò che conoscevamo in maniera superficiale.

Qualche settimana dopo, il MUFON mi richiamò per sondare la mia disponibilità ad andare a Wilmington per incontrare una studiosa di nome Diana. Apparentemente era la moglie di Dan, e non avevo avuto modo di parlare con lei durante quella notte a osservare il cielo ad Asheville. Volevano soltanto che incontrassi Diana, non dovevo tenere alcun discorso o fare nient'altro. Era una professoressa di studi religiosi all'università di North Carolina a Wilmington, e desiderava conoscere meglio me e la mia storia. Accennarono alla possibilità di collaborare insieme a un progetto, ed essendo io sempre assetato di sapere, accettai con entusiasmo. Dopo l'incontro, avremmo approfondito la conoscenza cenando insieme e andando poi a osservare il cielo dalla spiaggia.

Siccome Junior era interessato al college, lo portai con me a Wrightsville Beach. Avremmo anche visto il mio secondo figlio Jeremy che studiava là. Durante il viaggio ricordammo i tempi passati, quando vivevamo in quell'area per costruire una casa insieme agli stessi individui con cui eravamo andati a pescare al fiume di Cape Fear. Guidavo lungo un percorso che seguiva il corso del fiume da Fayetteville fino a Wilmington. Era una serena mattinata di sabato e sembrava arrivato il momento di affrontare un argomento ancora aperto. Prima di quel giorno, Junior non aveva mai voluto parlare di ciò che era accaduto e tantomeno ascoltare altra gente che ne discuteva. La ferita era per lui così profonda che non tollerava che venisse riaperta. Tuttavia, la reputazione che precedeva Diana lo motivava a voler esplorare l'argomento. Con un Master all'Università di Berkley e un Dottorato di ricerca a Stanford, pensavo che Diana avrebbe potuto offrirgli una convalida. Avere il sostegno da parte di una persona altamente rispettata in campo accademico avrebbe fatto una grande differenza per Jeremy. Non avrebbe azzittito i suoi detrattori, ma avrebbe reso le voci un po' più deboli.

Arrivammo all'auditorium con mezz'ora d'anticipo, ma Diana era già lì che aspettava e si preparava a introdurre il relatore. Si sbracciò per salutarci e ci accolse calorosamente.

Me la ricordavo dalla serata di Asheville e vedendola così amichevole trovai curioso che non fosse venuta a parlarmi quella sera. Ascoltammo la presentazione di un suo collega seduti insieme in fondo alla sala, sussurrando tra di noi. Venni a sapere che, nell'inverno passato, era stata contattata dal MUFON. Le avevano spedito un insieme di circa duemila resoconti di avvistamenti UFO con incluse descrizioni di angeli e altri aspetti religiosi. Quando diedi conferma al MUFON che avrei parlato alla loro conferenza, l'avvisarono che vivevo nella stessa zona e che le mie esperienze sarebbero state un soggetto ideale per le sue ricerche. Mi impressionò scoprire che l'amministrazione del MUFON era stata efficiente a tal punto da organizzare il nostro incontro, ma lo shock vero fu per me il momento scelto dalla signora per la sua apparizione. Se non mi fosse apparsa, mai e poi mai avrei accettato di guidare sei ore per fare il mio intervento ad Asheville. Quando mi resi conto di questo allineamento, ne fui onorato. Non fu il primo e certamente non sarebbe stato l'ultimo.

Un bel gruppo di suoi colleghi e studenti si unì a noi per osservare il cielo quella sera stessa. Diana fu molto gentile con Junior e gli parlò del college e del fatto di iniziare a frequentarlo in ritardo rispetto all'età consueta. Jeremy aveva portato dei suoi amici del college a conoscere Junior e la serata procedeva nel migliore dei modi. Dopo la cena i ragazzi e gli studenti andarono lungo la spiaggia con telescopi ed equipaggiamento fotografico. Fui felice di vedere Junior in compagnia di ragazzi della stessa età che non lo sminuivano. Lontano dagli altri, io e Diana ci accomodammo su due sdraio in spiaggia, con il naso all'insù e le onde che si rinfrangevano sulla battigia.

In tutti gli anni spesi a studiare la Bibbia, disse Diana, aveva appurato che le immagini popolari degli angeli stridevano totalmente con i testi in cui venivano citati. Tra le molteplici descrizioni di angeli biblici non se ne trova una di figure con le ali sulla schiena, come vengono rappresentati nelle tipiche illustrazioni per bambini, e il libro delle Rivelazioni non parla di neonati dalle gote rosse a carponi a mezz'aria. Disse anche che, tra i vari resoconti di questi incontri, il mio era quello che secondo lei si avvicinava maggiormente alla verità, fino al più piccolo dettaglio. Fu un momento di svolta per lei. Qualche giorno dopo il nostro incontro, mi scrisse un'email per dirmi che la nostra conversazione l'aveva trasformata e che credeva che gli esseri visti da me fossero angeli e non alieni da pianeti lontani.

Il giorno seguente, durante il viaggio di ritorno a casa, io e Junior parlammo tutto il tempo. Mio figlio era entusiasta di aver trovato persone che non lo giudicavano per le sue esperienze. Gli studenti di Diana e gli amici di Jeremy fecero le stesse domande che lui non aveva mai avuto il coraggio di fare. Fu una giornata di liberazione e di guarigione. Solo in rarissime occasioni avevo sentito collegare quei fenomeni inspiegabili agli angeli, e dunque fui stupito e sollevato di aver incontrato qualcuno, per giunta un acclamato professore, con cui condividere la mia convinzione. Fin dalla prima sera in cui, dopo aver invocato la protezione di Dio, avevo visto le sfere sopra il campo sapevo di avere a che fare con una presenza divina. Quasi tutta la teatralità fantascientifica del MUFON mi aveva sempre fatto arrabbiare. Le loro teorie e il loro approccio si basavano su pseudo filosofie egocentriche, atte a incutere timore. Queste esperienze non erano hobby o esperimenti mentali per me e la mia famiglia, ma un confronto difficile e quasi quotidiano con forze che sfuggivano alla nostra comprensione. A livello intuitivo, sembrava tutto proveniente da Dio: le parole della signora, gli esseri (o guardiani come li chiamava la signora) emananti compassione e non violenza, l'apparizione ultraterrena delle sfere stesse, con tutte le contrapposizioni alla fisica così com'è ora concepita. Anche prima dell'incidente al fiume, le varie circostanze che il destino mi aveva riservato nel corso della mia vita non potevano essere semplicemente l'interferenza di piccoli omini verdi. Le mie esperienze ai confini con la morte, la mia prima moglie spirata tra le mie braccia, il guadagno e la conseguente perdita di una fortuna, il passaggio da membro rispettato dalla comunità a emarginato: tutto questo mi aveva portato ad apprezzare la vita in maniera più completa. Così come ero stato ricco con due aerei e una grande casa, mi sentivo altrettanto ricco ora tornando a casa da mia moglie e dai miei figli. La signora mi aveva ricondotto su questo cammino e io ero determinato a restarci questa volta.

Nei mesi successivi, io e Diana restammo in contatto. Sia le richieste della sua ricerca accademica che il suo personale interesse facevano da stimolo alle nostre conversazioni. Diana iniziò immediatamente a scrivere la mia storia sperando di pubblicare un libro. Parlammo delle sottigliezze di ciò che avevo visto e sentito. Imparai molto da lei sui vari contesti religiosi in cui apparivano esperienze simili alla mia. Il fatto che tali esperienze fossero citate nella Bibbia e in molti testi religiosi in generale mi lasciava a bocca aperta. Diana era estremamente ferrata in tutte le religioni del mondo e spesso paragonava un elemento della mia storia a quello di un santo medioevale o di un personaggio mistico. Avevo precedentemente letto i brani della Bibbia, ma non mi era mai passato per la testa di leggerli sotto questa luce.

Il caso volle che Diana avesse recentemente fatto consulenza a un paio di sceneggiatori di Hollywood, i gemelli Chad e Carey Haynes, che avevano scritto un film dell'orrore in uscita l'anno seguente. I gemelli si erano consultati sulle varie implicazioni religiose legate a un'infestazione di spiriti in un contesto cattolico. Diana aveva apprezzato la collaborazione e aveva mantenuto un buon rapporto con gli sceneggiatori, così decise di metterli a conoscenza della mia storia e sondare se fossero interessati a farne un film. Dapprima pensai che valesse la pena di esplorare l'idea, pur essendo cauto per via degli strascichi dopo l'episodio di Discovery. Non avrei assolutamente permesso che la mia famiglia fosse di nuovo infangata, e non era possibile avere garanzie totali nella realizzazione di un film. Eppure Diana insistette che avrei potuto almeno dar loro la chance di incontrarmi, visto che sarebbero venuti in città a ottobre. Diana sentiva che noi quattro fossimo destinati a fare questo film sugli UFO insieme e che gli UFO fossero un fattore importante nelle religioni del mondo. Diana continuò a lavorare sul libro che parlava di me, e io preferivo questa opzione perché avrei avuto modo di dare la mia approvazione prima che fosse pubblicato. Voleva intitolarlo *Seraphins,* un termine antico per gli angeli e altre figure celestiali usato nell'antico ebraismo, cristianesimo e islamismo. Suo marito Dan e i loro figli vennero a trovarci diverse volte e diventammo tutti amici.

I gemelli si dovevano fermare a Wilmington per una settimana. Diana sperava ancora che accettassi di incontrarli e forse avrei detto di sì se fossi stato l'unico protagonista della storia, ma erano coinvolti anche i miei famigliari e non potevo rischiare di compromettere il loro benessere. Il lunedì prima del loro arrivo, le dissi che ogni sera sarei uscito a pregare per un segno. La mia sensazione era che se gli esseri avessero voluto che incontrassi gli sceneggiatori me lo avrebbero fatto capire.

Le prime sere non vidi nulla e nelle giornate di martedì e mercoledì continuò a piovere. Il giovedì Diana mi scrisse un'email, alla quale risposi che ero dispiaciuto e che non avevo ricevuto nessun segno. Ero sereno. Mi ero stancato di sperare e anche Yvonne fu sollevata quando sentì la notizia. La sera stessa uscii nella veranda dietro casa verso le 21. La pioggia era cessata, ma era ancora tutto bagnato intorno. Stavo pensando di andare a controllare gli ortaggi, quando Yvonne aprì la porta ed esclamò: «Chris guarda! Che succede a quell'albero?»

Vidi un albero in fiamme a circa settanta metri da noi. Urlammo ai ragazzi di venir fuori a vedere. L'albero in fondo al prato era una catalpa. L'anno precedente aveva perso la parte superiore e ora il tronco era alto circa sei metri e largo quanto una palla da basket. Nell'avvicinarci appurammo che non si trattava di fuochi d'artificio, ma di un vero incendio che si propagava dall'interno dell'albero per tutto il tronco, dall'alto in basso. Ci posizionammo intorno, confusi e stupefatti. Nessuno di noi era uscito all'aperto nell'arco della giornata, non c'erano stati fulmini o tuoni, e l'erba sotto i nostri piedi era ancora bagnata di pioggia. Tra le aperture del tronco si vedevano le fiamme voraci salire a spirale verso l'alto. Emily attraversò in auto il vialetto proprio mentre Ryan stava filmando il tronco con un iPad. I fari dell'auto mostrarono la cima dell'albero espellere rapidi flussi di fumo. Nel video si sente Emily chiedere da lontano, «Perché quell'albero sta bruciando?!?» Con grande sconcerto, continuammo a circondarlo.

Quando le fiamme si placarono, entrai in casa per scrivere a Diana che avevo ricevuto il mio segno e che lunedì mattina avrei incontrato lei e i due fratelli gemelli. Yvonne mi accompagnò a Wilmington. Con il rischio di mettere ancora a repentaglio la nostra famiglia, stavolta avremmo diviso equamente le nostre responsabilità. Incontrammo Diana e i gemelli a cena. Mi chiesero subito quale fosse il segno che mi aveva condotto lì. Mostrai loro il video fatto da Ryan e furono tutti colti alla sprovvista. I gemelli furono molto gentili con me e Yvonne, e mi lasciarono una sensazione positiva che mi rese propenso ad ascoltare una loro proposta. Diana disse che avrebbe messo a disposizione le pagine che aveva scritto per il libro *Seraphins*. Gli sceneggiatori mi dissero che nella loro posizione non potevano garantire alcun controllo sul prodotto finale. In ogni caso, io e Yvonne eravamo curiosi di esplorare il terreno e ci accordammo verbalmente sull'opzione per un film dal titolo *Seraphins*. In seguito ricevetti un'email da Diana dove parlava di cambiare il titolo in *The prophecies of Cape Fear*. Nel frattempo gli esseri sembravano manifestarsi con maggiore frequenza. Inoltre, era impossibile dimenticare quello squarcio infuocato nel legno in una serata apparentemente normale.

Chiaramente indicava un'urgenza pari agli altri fenomeni che avevo già sperimentato. Avevo già le istruzioni dalla signora: dovevo continuare a raccontare la mia storia.

Incontro con Lue Elizondo e Tom DeLonge

Chris Junior nel nostro giardino
nell'area di passaggio di un UFO

Brandon seduto sulla scrivania del Presidente nell'Ufficio Ovale della Casa Bianca

Dott. Timothy Taylor (NASA), giunto da Huntsville Alabama per festeggiare Emily, reginetta del liceo.

Onorato di incontrare il fisico dott. Harold Puthoff

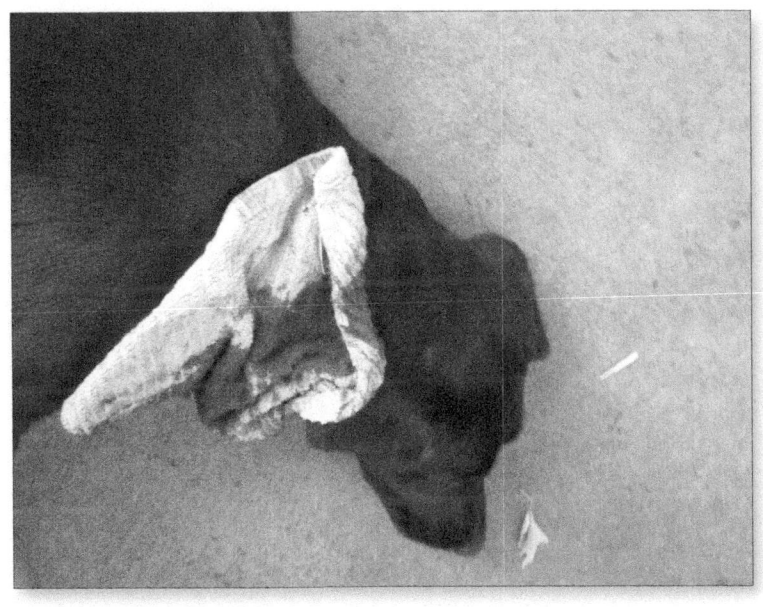

Nelly sanguinante per una misteriosa ferita al collo

Orb che sembra contenere un bebè

Con il mio caro amico col. John B. Alexander

*Jim Semivan e sua moglie Deborah
in visita a Emily a NYU*

*David Broadwell in mio supporto durante
un esperimento EEG che utilizza la
tecnologia ZETO Active Electrode*

*La famiglia Broadwell è testimone del
fenomeno durante una sperimentazione
di entanglement condotto da me e David
in Fayetteville NC e Bluemont VA*

*Sperimentazione in doppio cieco con
metamateriale al Monroe Institute*

*L'Albero
Infuocato*

*Chris Junior, Ryan, Yvonne, io,
Emily, Jeremy, e Biscuit*

CAPITOLO 16

Ciò che avevo predetto alla conferenza del MUFON ad Asheville sull'inefficacia del legittimo processo elettorale si verificò puntualmente. Diana mi comunicò via email che avevo avuto ragione sul fiasco elettorale e che il temporale aveva causato un'infinità di problemi. Anche una conferenza alla quale io e Yvonne eravamo stati invitati da mesi fu posticipata. L'invito, giunto inaspettato, era per un evento che si chiamava *The Gathering*, e proveniva da un uomo d'affari di nome Larry Frascella. Il programma prevedeva di volare a Philadelphia, completamente spesati, per trascorrere il weekend partecipando a una serie di eventi elencati, insieme ad alcuni degli ospiti, nella locandina. Nel programma c'era anche una cena in un centro governativo che in passato veniva utilizzato per addestrare piloti e astronauti. La lista dei partecipanti comprendeva fisici, egittologi e tutta una serie di ufficiali del governo. Feci in modo d'includere anche Diana nel nostro invito, e poiché di primo acchito ci sembrava tutto legittimo non eravamo preoccupati che sarebbero apparsi i *Men in black* per farci sparire. Nel peggiore dei casi sarebbe stata una mini vacanza.

Il 16 novembre, io e Yvonne ci recammo all'aeroporto senza sapere a cosa stavamo andando incontro. Come al solito il frammento di proiettile rimasto nel mio torace fece scattare l'allarme del metal detector, ma al di là di questo episodio fu un volo tranquillo. Ci incamminammo all'uscita del terminal dell'aeroporto di Philadelphia e trovammo ad attenderci un autista in divisa elegante che reggeva un iPad con la scritta "*The Gathering*" e che ci condusse all'hotel su un bus-limousine. Il trattamento vip proseguì per l'intero weekend. Non badarono a spese. Ci portarono sempre in limousine a una cena raffinata in una vigna. Conoscevo di fama parecchi ospiti, grazie alle mie ricerche sugli UFO, ma Yvonne e Diana erano le uniche invitate che conoscevo personalmente.

C'erano sculture di ghiaccio, tovaglie di lino e candele disseminate intorno alla sala allestita per ricevere duecento persone. Mi ero un po' agitato nel vedere tutta quella fanfara, ma siccome Yvonne era sempre l'anima della festa riuscimmo a instaurare nuove importanti amicizie. Quella sera indossammo i nostri abiti più eleganti dopo esserci preparati di tutto punto in hotel. La seconda sera andammo alla centrifuga e la cena fu ancora più stravagante. L'enorme spazio industriale in cemento fu allestito per un banchetto. La centrifuga era in pratica un lungo braccio d'acciaio reticolato che si estendeva fino a un modello di cabina di pilotaggio a forma di M&M innalzato sul fianco. Gli ospiti potevano divertirsi ad arrampicarsi su per tutta la sera e restare nella stessa posizione degli astronauti che nei test di resistenza, per guadagnarsi un posto nell'equipaggio, dovevano resistere alla perdita dei sensi il più a lungo possibile. Io e Yvonne avemmo l'opportunità di sederci allo stesso posto di Neil Armstrong.

L'allestimento e i vari relatori stimolavano tutti a raccontare agli altri del proprio lavoro o delle proprie esperienze legate al mondo dei fenomeni inspiegabili. Fui indicato come uno dei due presenti all'evento ad avere avuto un contatto diretto. La quantità di persone serie impegnate a trovare risposte mi portò quasi alle lacrime. Avevo di fronte i migliori nel campo. Personaggi di altissimo livello, con menti brillanti che avrebbero dovuto sapere cosa accadeva nel mondo, e invece sembravano altrettanto incerti quanto me. C'era una parte di me che invidiava la loro posizione di agenti, ufficiali e scienziati in grado di legittimare le loro domande molto più di un semplice costruttore di Fayetteville, ma ero comunque grato di trovarmi là.

Per quasi tutta la sera restai al nostro tavolo con Kathleen Marden e Linda Moulton Howe, due tra le più autorevoli scrittrici-giornaliste sugli UFO e sui casi di *abduction* perpetrati dagli UFO, il fisico nucleare Stanton Friedman che giunse per primo sulla scena dell'incidente di Roswell, e Diana. Al contrario, Yvonne girò per la sala a incontrare più gente possibile. Larry Frascella, l'uomo che si supponeva fosse l'organizzatore dell'evento, notò Yvonne da lontano e lasciò il gruppo con cui stava parlando. Apparentemente Larry si ricordava bene della mia storia e, avvicinatosi a Yvonne, la punzecchiò scherzosamente per la sua mancanza di fiducia iniziale nei miei confronti.

Yvonne sorrise e replicò, «Beh, sono qui adesso!»

Col tempo le nostre due famiglie fecero amicizia, ma in quell'occasione fu un po' uno shock. Il resto del weekend fu molto piacevole e nel complesso incontrammo molte persone incredibili, con le quali siamo rimasti in contatto da allora. Era presente anche il colonnello John Alexander, ma non ci fu occasione di conoscerlo. Saremmo poi diventati grandi amici e collaboratori, qualche anno più tardi. In seguito incrociammo il cammino con molte delle persone incontrate in quel weekend. Tre anni dopo, Larry portò me e John Alexander per le strade di Philadelphia a raccogliere informazioni su un imminente tentativo di attentato al papa.

Domenica mattina io e Yvonne salimmo sul volo di ritorno. Arrivati a casa, i ragazzi ci fecero un milione di domande sul weekend e noi rispondemmo con molto piacere. Di sera andai a trovare i miei genitori, nella casa di fianco alla nostra, per raccontare anche a loro del weekend appena trascorso. Abitando così vicini a noi, erano molto coinvolti nella nostra quotidianità. I ragazzi erano sempre felici di andar da loro e di mangiare le prelibatezze della nonna. Passai da loro all'imbrunire, verso le 17, e rimasi per alcune ore. Tra la levataccia e l'eccitazione del weekend, avevo addosso una gran stanchezza e volevo tornare a casa verso le 20 per andare a letto presto. Era una sera fredda e serena, quando mi incamminai sul breve tratto da percorrere. Mentre stavo per raggiungere la porta posteriore, apparve una sfera così come era successo tante altre volte. Stavolta la vidi direttamente sopra la casa. Era una bellissima sfera di luce pura. Era più vicina e più larga del solito, così mi venne spontaneo fare un video. Tirai fuori il cellulare e avviai la registrazione. Restai di stucco quando vidi che la sfera non svanì in un istante, non schizzò via né si nascose all'obiettivo. Come al solito avevo gli occhi fissi sulla sfera e contemporaneamente la filmavo con il cellulare. Mi arrischiai a spostare lo sguardo, perché volevo controllare se la sfera appariva sullo schermo del mio telefonino. C'era eccome, un po' più piccola e smorta che dal vivo, ma c'era. Per quasi sei anni avevo tentato invano di catturare immagini di sfere ed esseri. Fu uno degli aspetti più frustranti della mia vita in quell'arco di tempo. Era quasi crudele che gli esseri si palesassero prontamente a me e a chi mi stava intorno, ma rifiutassero di essere catturati in video. Avevo provato con 35mm, macchine fotografiche digitali, telefonini e iPad, nessuno dei quali aveva funzionato. Riuscivo a malapena a credere che fosse ancora davanti a me e sul mio schermo allo stesso tempo. Stavolta fui strafelice di constatare, dopo la sua scomparsa, che la registrazione era stata salvata con successo nel cellulare. Qualunque fosse l'energia o radiazione emanata dalla sfera non aveva danneggiato l'apparecchio, e fui in grado di inviare il video a Yvonne. Entrai in casa e lo mostrai anche ai ragazzi: avere finalmente una prova tangibile e "reale" di ciò che vedevo mi provocò un'immensa commozione e gratificazione. Fu un punto di svolta e un'ulteriore conferma che la signora sosteneva la mia missione di parlarne al mondo. Nulla di ciò che riguardava le sfere era una coincidenza, ne ero proprio convinto. Riuscivo a filmarle perché erano loro a permetterlo, e da quella sera si resero sempre più disponibili a essere filmate. Ebbi l'impressione che la signora avesse apprezzato la mia partecipazione al *Gathering*, e quindi mi avesse ricompensato autorizzandomi a filmare le sfere. Intorno a me, ovunque mi trovassi, un intero mondo invisibile iniziava a rivelarsi. La signora stava mantenendo la sua promessa.

Quell'inverno la mia artrite diventò insopportabile. Il lavoro fisicamente più duro nell'orto era spesso durante i mesi freddi, quando si doveva preparare il suolo per la semina primaverile. Ero determinato a usare il letame delle mie quaranta galline, poiché volevo continuare a sostentare la mia famiglia e i nostri vicini nella sventurata ipotesi che si fossero realizzate per davvero le mie visioni apocalittiche. In un mondo del genere non avrei certo potuto contare su negozi di ferramenta e fertilizzanti. Preparare il fertilizzante alla vecchia maniera poneva però il rischio di contaminare il raccolto con il botulismo, e quindi si doveva compiere un complicato processo d'invecchiamento prima di poterlo utilizzare.

Il procedimento implicava una grossa dose di sollevamento e spinta. Le mie articolazioni erano talmente gonfie e sofferenti che anche il compito più leggero mi accecava dal dolore. Il clima gelido di gennaio e febbraio peggiorava la situazione:

sentivo le giunture ancor più irrigidite, il suolo era più duro e a causa del freddo sempre meno persone si presentavano a darmi una mano.

A gennaio le giornate scorrevano veloci e c'era ancora parecchio lavoro da fare prima che arrivasse febbraio, il mese adatto per seminare patate, cipolle, cavoli e rape. Chiamai Bobby Blue, un amico che avevo da quaranta anni, e lui venne subito ad aiutarmi. Era sempre presente quando mi serviva aiuto. Il sole iniziò lentamente a graziarci con la sua presenza più a lungo, facilitando l'apertura del terreno per i primi germogli che spuntavano. Per l'intera primavera continuai a fare video e fotografie delle sfere e a condividerli con poche persone fidate.

∞

A Pasqua del 2013 avvenne il mio secondo incontro con la signora. In quell'occasione fu lei a condurmi dove si trovava. In parte mi sembrò di stare in un sogno, in parte fu assolutamente reale. La mia artrite era talmente peggiorata da impedirmi di dormire. Quando si infiammava provavo fastidio in qualsiasi posizione, sia da seduto, che in piedi o sdraiato. Anche la pressione del materasso sulle mie articolazioni era causa di disagio. In quei casi andavo a dormire nello studio per non svegliare Yvonne, mentre mi giravo e rigiravo.

Nelle prime ore del 31 marzo fui svegliato dolcemente da un lieve alleggerimento della pressione sotto di me. Non perché i dolori fossero svaniti, bensì per l'assenza di forza di gravità nel mio corpo. Ero sospeso in aria. Vidi che stavo salendo verso il tetto della casa, sveglio ma completamente rilassato. In quel periodo, al risveglio mattutino, provavo sempre un gran dolore nel riattivare il corpo dopo le ore di immobilità notturna, eppure ora mi muovevo liberamente e senza alcun dolore. Una mano gigante mi innalzava con precisione verso un'apertura apparsa nel soffitto, sopra le scatole e le travi della soffitta, attraverso il tetto. Non c'erano strappi o un raggio traente, ma solo un'ascesa costante. Mi accorsi che mi stavano attirando verso una brillante luce biancoblu sospesa a una trentina di metri sopra la casa. A questo punto non provavo paura e neanche sorpresa per ciò che stava succedendo. Per un attimo, ricordai l'avvenimento di Pasqua dell'anno precedente e la volta in cui mi prelevarono giù al fiume: nessun accadimento era una coincidenza. Se non mi avevano ancora fatto del male, non c'era nessun motivo perché avvenisse ora. Dentro di me sentivo che mi stavano preparando per diffondere la storia al mondo. Questo era solo un altro passo per modellarmi nel testimone di cui avevano bisogno. Raggiunsi la luce che mi avviluppò.

La sua brillantezza sempre più intensa sembrò tramutarsi in una stanza buia a me familiare. Era esattamente lo stesso spazio in cui mi ero trovato durante il tempo mancante, nell'incidente al fiume. Ero in piedi nel buio totale e potevo sentire l'eco del mio respiro tra i muri. Come la prima volta, nel completo silenzio del luogo, ebbi l'impressione che l'eco del mio respiro demarcasse una sala circolare. Notai che i muri non erano più bianco-blu elettrico come la sfera, ma trasparenti. Mi accorsi di poter camminare e andai verso il muro, posando le mani su un limite invisibile che mi tratteneva all'interno. Vidi davanti a me che eravamo saliti molto al di là dell'atmosfera terrestre e che stavamo attraversando una distesa infinita di stelle. Pur non avendo idea di dove stessi andando, ero consapevole di aver percorso una distanza inimmaginabile finché all'improvviso mi abbassai verso una superficie, attraverso l'atmosfera. Il luogo in cui stavamo discendendo aveva una fioca luce diurna, o forse era una pallida sera. Guardai in basso e dove eravamo diretti non c'erano né luci, né case o strade. C'era solamente un'immensa distesa di deserto. Poteva essere l'Egitto o qualunque altro luogo desertico della terra, ma per qualche ragione ebbi la sensazione di trovarmi nello Utah. Mentre la sfera mi portava giù, vidi che la discesa puntava a un canyon scavato in profondità nel terreno. Senza il tempo di accorgermene, la superficie della sfera fu rimpiazzata dal feeling di sentire sotto i miei piedi la sabbia gialla e calda del deserto. A piedi nudi e con indosso ancora il pigiama, guardavo davanti a me le pareti frastagliate del canyon che si protendevano per decine e decine di metri da entrambi i lati. Quando atterrammo la sfera si aprì, quasi come una bolla che scoppia, e rivelò tre esseri della stessa stazza e forma di quelli che mi avevano condotto dalla signora durante la Pasqua precedente. I loro corpi brillavano di un color giallo avorio simile alla luna, e mi pareva che indossassero una specie di mantello per proteggere i miei occhi dalla loro luminosità. Dovevano essere stati con me dentro la sfera per tutto il tempo, ad accompagnarmi in quel luogo misterioso.

Le tre figure mi oltrepassarono tutte insieme lungo il canyon. Completamente sconcertato faticavo a muovermi, ma loro si fermarono e mi fecero un cenno di seguirli. Curioso e timoroso di essere lasciato solo, mi incamminai al loro seguito. Davanti a noi le pareti del canyon sembravano snodarsi all'infinito. Li seguii per un bel po', a occhio e croce per una distanza di un chilometro e mezzo. Sia dentro la sfera che nel canyon c'era un silenzio totale. Non mi sforzai di parlare e non so neanche se avrei potuto farlo.

Camminavo dietro di loro a un ritmo costante quando all'improvviso, nella tetra oscurità, vidi le pareti del canyon più avanti inondate da una luce brillante. Nella sinuosità del canyon, vidi la luce provenire da dietro un angolo sulla sinistra. Era scioccante vedere le pareti del canyon così chiaramente. Era proprio come i canyon del nostro pianeta. Avvicinandoci, ero sempre più impaziente di scoprire quale fosse la sorgente di luce in quel luogo così strano e desolato. Gli esseri davanti a me proseguirono allo stesso calmo ritmo.

Finalmente girammo l'angolo. La signora era lì, raggiante. Era lei la luce e la sorgente della luce. Il canyon intorno a lei brillava del medesimo colore biancoazzurro della sua aura, e la sua veste era di un bianco talmente luminoso che quasi non riuscivo a guardarla. Era seduta su un imponente trono intagliato nella pietra, in una rientranza delle pareti del canyon. Mentre gli esseri mi conducevano a lei, la guardavo. Era immobile, potente, indescrivibilmente bella. Ci avvicinammo davanti al trono e gli esseri fecero un lieve inchino prima di congedarsi, lasciandomi da solo a osservarla. La signora si alzò dal trono imponente, rimase sospesa in aria a un'altezza di circa sei metri, senza mai toccare il pavimento scolpito sotto di lei, e da una distanza di una dozzina di metri mi raccontò una parabola che impiegai molto tempo a decifrare.

«Quando la stella rossa di Regolo si allineerà con lo sguardo della Sfinge appena prima dell'alba, una nuova conoscenza giungerà al mondo.» Non ero sicuro del suo significato. Ora credo che intorno alla Pasqua del 2026 ci sarà la fine della vecchia era e l'inizio di una nuova era per l'umanità.

Sentii dentro di me una ritrovata abilità nel percepire il dolore altrui e un impulso ad aiutare a superarlo. I pensieri e le emozioni degli altri sembravano collegati a me in modo vitale e straordinario. Mi comunicò che ora poteva fidarsi che avrei sempre mantenuto il mio impegno di condividere al mondo intero la mia esperienza, a qualunque costo. Voleva che il mondo sapesse, e si fidava che avrei consegnato al mondo tutta la conoscenza che ero destinato a trasmettere. Mi avrebbero aiutato durante il viaggio ed erano grati per la mia disponibilità a sopportare questo fardello. La signora aggiunse che non avrebbero interferito con il nostro libero arbitrio, ragion per cui era molto importante che avessi scelto d'intraprendere questo cammino, e che continuassi a sceglierlo.

Quella domenica mattina mi risvegliai nel mio letto ricordandomi ogni dettaglio che era emerso dall'incontro. La sua bellezza, in particolare, era stampata nella mia mente. Volevo proprio sapere come l'avevano reso possibile. Ero semplicemente sbalordito. Dopo tanto tempo con solo una minima prova, se possiamo definirla così, tra le mani, adesso avevo quasi un anno intero di totale sostegno, riconoscenza e approvazione da alcune delle persone più rispettate del pianeta. Io e la mia famiglia avevamo sacrificato tanto, solamente per dire la verità su ciò che avevo visto, e adesso sentivo che ne era valsa la pena. Svariate dimostrazioni di compassione e comprensione, oltre a doni materiali come cene e feste ci venivano recapitati dopo anni di privazioni, isolamento e miseria. Appena qualche giorno più tardi, avrei scoperto il dono più importante ricevuto dalla signora.

CAPITOLO 17

E la preghiera della fede salverà il malato, e il Signore lo rialzerà.

—Giacomo 5.15

Uno degli amici conosciuti al *Gathering* fu Grant Cameron, scrittore e ricercatore che studiava gli UFO da decenni. Era seduto di fronte a me e Yvonne su una delle navette per l'hotel e facemmo subito amicizia. Alla fine del weekend ci scambiammo i numeri di telefono, ripromettendoci di restare in contatto. Un paio di settimane dopo Pasqua, Grant ci mandò un messaggio per comunicarci che doveva andare a due conferenze a Washington e Miami, e che nel tragitto in auto tra le due città sarebbe passato dalle nostre parti. La signora avrebbe certamente voluto che cogliessi questa opportunità. C'era sempre qualcosa da imparare sulla storia dei fenomeni inspiegabili e lui era tra i maggiori esperti al mondo.

Avendo qualche giorno libero tra un evento e l'altro, Grant finì per trascorrere da noi un paio di notti. Aveva un milione di storie da raccontare e tutta la famiglia lo ascoltò con estrema attenzione. La seconda sera, consumammo una cena take out portata da uno dei ragazzi. Prima di iniziare a mangiare, portai fuori i cani per evitare che ci disturbassero. Erano Nelly, un bel labrador nero di tre anni e Bell, il chihuahua a pelo lungo di Emily. Mentre il gruppo era seduto intorno al tavolo e ognuno preparava la propria porzione, io accompagnai i cani lungo il corridoio e fuori dalla porta principale. Erano bravi cani e uscirono in giardino senza protestare. Chiusi la porta e tornai in cucina. Non feci in tempo a sedermi con il piatto pieno, che notai Nelly e Bell lì a fissarmi con lo sguardo affamato. Chiesi se qualcuno sapeva cosa fosse successo. Ricevetti soltanto alzate di spalle. Mi rialzai e li condussi fuori una seconda volta. Poi mi assicurai che la porta fosse chiusa bene. Eravamo di nuovo tutti riuniti in cucina. Dopo qualche momento, alzai lo sguardo e i cani erano di nuovo lì con noi. Nelly e Bell, ancora a fissarmi in attesa di cibo. Tutte le porte erano chiuse ed era assolutamente impossibile aprirle senza l'uso delle mani. Yvonne, i ragazzi e io ci scambiammo degli sguardi divertiti. Riportai di nuovo i cani fuori, ma inspiegabilmente trovarono la maniera di ritornare dentro casa per la terza volta. Grant non si accorse di nulla, ma noi sapevamo che questo mistero aveva a che fare con gli esseri. Alla fine ci arrendemmo e decidemmo di tenere i cani in casa.

Grant partì per Miami la mattina seguente e alcuni giorni dopo ci chiamò per chiederci se poteva ancora fermarsi da noi durante il viaggio di ritorno in Canada. Praticamente la nostra casa era distante solo pochi minuti dall'autostrada che doveva percorrere. Voleva fare qualche fotografia all'albero infuocato e ad altre aree del giardino dove alcune sfere avevano incenerito il prato.

Sabato pomeriggio, Grant chiamò per avvisare che era in arrivo. Gli dissi di parcheggiare sul retro e che l'avrei incontrato lì. Era una bella serata di primavera inoltrata, la temperatura era sui 21 gradi e il cielo era privo di nuvole. Non c'erano ancora insetti a dar fastidio, ed eravamo soliti lasciare le finestre aperte per far circolare l'aria fresca e risparmiare sul condizionatore. Specialmente Yvonne aveva l'abitudine di controllare che si spegnessero tutte le luci superflue, dopo anni di ristrettezze economiche. Una bella brezza in una giornata serena era un gran regalo per noi. Mentre dalla veranda dietro casa osservavo Nelly e Bell che giocavano all'ombra di una quercia, sentii lo scricchiolio familiare di un'auto che percorreva il vialetto sterrato.

Grant scese dall'auto e si sgranchì le gambe. La luce del giorno stava per calare e Grant chiese di poter andar subito a fotografare l'albero. Risposi affermativamente e camminai insieme a lui per circa settanta metri fino all'albero, mentre Grant preparava la macchina fotografica. Da amico fedele, Nelly ci seguì fino all'albero dove restammo a parlare per una ventina di minuti. Grant scattò immagini ravvicinate da ogni angolatura e nel frattempo ci raccontammo storie. Intanto Ryan, Junior e alcuni loro amici si erano radunati sulla veranda del retro. Grant finì il suo lavoro e tornammo verso casa.

Quando eravamo quasi arrivati, Grant si fermò per farmi una domanda e anche Nelly, mentre io rispondevo, si fermò sdraiandosi al mio fianco. Anche i ragazzi erano lì intorno, così dissi a Grant che se desiderava passare la notte da noi potevamo aiutarlo a portare in camera i bagagli. Alla sua risposta affermativa ci avviammo verso casa. Nelly se ne accorse e scattò in avanti per arrivare per prima alla porta, sfiorando Grant e superandomi di corsa. Notai tracce di sangue: c'era una scia che si allungava sull'erba. Scioccato e terrificato, vidi il sangue sgorgare dal collo di Nelly mentre si avvicinava alla porta.

«Oh mio Dio, Nelly è ferita!»

Sprintai in casa dietro di lei e la bloccai subito dietro la porta. Un forte dolore artritico mi colpì e caddi a terra, sorreggendo Nelly. Il suo pelo nero era impregnato di sangue che colava sul pavimento mentre la riportavo fuori in veranda. Ero in preda al panico. Amavo Nelly profondamente e c'era così tanto sangue che temevo di perderla. Mi inginocchiai e individuai la ferita, uno squarcio di quattro centimetri sul lato del collo. Non sapendo bene cosa fare, Grant iniziò a riprenderci con la sua videocamera. Avevo il cuore a mille. Non sapevo come reagire.

«Oh Signore, che devo fare?»

Premetti la mia mano nuda sul suo pelo insanguinato e mi sentii male. Fu orribile. Con il sangue che continuava a filtrare tra le mie dita, invocai ancora il Signore per chiedergli cosa fare. Provai a mettere pressione per fermare il sangue, ma non funzionò e allora tolsi la mano per controllare meglio la ferita.

Osservai il taglio rosso scuro. Non so quanto fosse profondo, ma era largo a sufficienza per infilarci tre dita.

«Portatemi un asciugamano!»

Junior si precipitò dentro casa e tornò immediatamente con una salvietta della cucina. Riuscivo a malapena a pensare. Premetti la salvietta ripiegata sul collo di Nelly, chiusi gli occhi e pregai. La salvietta cominciò a impregnarsi di sangue e io ero sicuro che stava per morire. Non c'erano ambulanze per cani. Sanguinava troppo per poter arrivare in tempo alla clinica veterinaria. I suoi occhi scuri erano spaventati e confusi. Alzai lo sguardo al cielo in quel principio di serata e mantenni la pressione.

«Oh Dio, cosa faccio?!»

Chiusi gli occhi. Qualcosa si sbloccò nel mio profondo. Il respiro affannato di Nelly si placò lentamente. Si rilassò. Allentai la pressione. Sollevai la salvietta umida, domandandomi cosa avesse provocato il cambiamento. Non usciva più sangue. Non c'era più neanche lo squarcio. Guardai le tracce di sangue sui gradini e dentro casa. Vidi il sangue sulle mie mani e sui miei vestiti, pensando a come cavolo era potuto succedere. Ricaddi all'indietro e mi trovai seduto per terra, esterrefatto, perplesso, sollevato. Grant continuò a scattare foto di me e Nelly, che girava intorno scodinzolando come se nulla fosse.

L'unico mio pensiero fu che avevo sentito la presenza della signora al mio fianco. Avevo chiesto aiuto e lei era arrivata, trasmettendo la sua energia familiare attraverso me. Ora Nelly

saltellava di qua e di là in giardino e io ero al colmo della gratitudine. Qualunque fosse stata la causa della ferita, era guarita
altrettanto misteriosamente. La signora, qualunque fossero
le sue ragioni, aveva pure permesso a Grant di testimoniare e
registrare tutto. Con Grant ho tuttora una grande amicizia, in
parte dovuta a quel giorno. La signora, in qualche modo, mi
aveva utilizzato come strumento di guarigione. Da quella volta
fui consapevole che poteva scegliere di agire attraverso me per
risollevare le persone da malattie e infortuni. Fu la mia sincera,
disperata richiesta d'aiuto a portarla da noi quel giorno. Io riconobbi solamente il suo potere, la invocai e lei richiuse la ferita.

Tra tutti gli inviti e le richieste ricevute grazie al *Gathering*
ci fu l'occasione di un altro viaggio tutto spesato in Pennsylvania. Un editore mi aveva invitato a passare un weekend di
giugno 2013 insieme ad alcuni suoi autori e amici benestanti
nella sua bella baita sul lago, dove avremmo pescato e, parole
sue, "parlato dell'universo". Non ero esattamente sicuro di
cosa desiderassero da me, ma sembrava un'altra occasione
che, secondo la signora, avrei dovuto sfruttare.

Dopo l'atterraggio a Philadelphia, trovai ad attendermi
davanti al ritiro bagagli un tale che avevo incontrato al *Gathe-*
ring. Il viaggio in auto dalla città alla campagna durò un'ora.
Il paesaggio del luogo era splendido e io ero ben felice di
passare lì il weekend. Fui l'ultimo ad arrivare e ci radunammo
nella sala per le presentazioni. La conversazione volse presto
al motivo per cui l'editore ci aveva radunati insieme.

Un uomo mi fece una domanda sul bene e il male. Esistono? E come riconoscere la differenza? Quale obbligo abbiamo verso il bene? Mi sentivo preso di mira. Credevo che il bene e il male esistessero, che ciascuno di noi avesse il compito di cercare il bene e la luce. Uno di loro asserì che non esiste il male, che il caos regna nell'universo e il caso nella vita stessa. Alcuni si inserirono nel discorso, dandogli ragione. A quel punto desideravo andarmene a casa. Questa filosofia così pessimistica e solitaria era quasi intollerabile per me. Andava contro tutto ciò che conoscevo della vita: che la natura riordina il caos, che nulla succede per caso, che il miracolo della maturazione di un pomodoro non era meno sorprendente di una flotta di UFO danzante nel cielo. La signora aveva lasciato la sua impronta su di me e sapevo senza alcun dubbio che lei era il bene, che lei era la luce.

Continuavano a chiedermi come facevo a sapere dell'esistenza del male, così menzionai il caso di Jeffrey Dahmer. Per dare una definizione del male si poteva sicuramente cercare nell'anima e nelle azioni di un uomo che aveva commesso omicidi, stupri, cannibalismo e necrofilia. Non si trattava di un crimine passionale, bensì di feroci crimini pianificati e ripetuti nel corso degli anni. Nessuna delle sue vittime si era meritata quella terribile fine. Non c'era giustizia nelle sue azioni, e di certo non c'era alcun motivo di simpatizzare con lui. Tutte le sue azioni andavano contro natura. Dentro di me, un istinto naturale su cosa è giusto e cosa è sbagliato sapeva che senza ombra di dubbio lui costituisse il male.

Con i loro ragionamenti da sofisti, tirarono fuori una risposta predefinita in difesa dell'asserzione che il male non esiste. Dissero che le vittime di Dahmer avevano in verità scelto di essere mangiate nelle loro vite precedenti. Non solo ero confuso sul loro interesse verso questo argomento o cosa avesse a che fare con me o con gli UFO, ma ero pure rabbrividito. Se questa gente era propensa a difendere Jeffrey Dahmer, seppur indirettamente, cos'altro erano pronti a difendere in nome di un'assurda filosofia morale? Certi argomenti non erano un gioco per me. La signora mi aveva dato la missione di agire con amore e carità verso ogni creatura vivente. Io stesso ero stato vicino alla morte così tante volte che celebravo la vita in un modo sconosciuto a questa gente. Feci del mio meglio per ignorare i loro discorsi per il resto del pomeriggio.

Alla fine arrivò un ospite a sorpresa di nome Timothy E. Taylor. Mi era stato detto che saremmo stati solo in cinque durante il weekend, ma apparentemente Timothy venne a sapere della mia presenza all'ultimo momento e decise di unirsi a noi. Aveva sentito parlare di me alcuni mesi prima a una conferenza in Arizona e si era ripromesso di incontrarmi. Era in viaggio da Los Angeles all'Alabama quando ricevette la chiamata, così decise di fare una deviazione di un giorno per venire a incontrarmi alla baita. Quando eravamo tutti seduti in circolo a parlare, notai che la sua attenzione era quasi esclusivamente rivolta su di me, sebbene io mi fossi già estraniato dalla conversazione.

Al calar della sera ci prendemmo una pausa. Andai a chiamare Diana per chiedere consiglio su come comportarmi.

Non avrei sopportato di stare in compagnia di quegli uomini per l'intero weekend, e men che meno sopportavo il loro interesse a negare l'esistenza del male. Io e Diana stavamo ancora lavorando insieme sulla stesura di un libro, e in questa fase lei mi aveva trasmesso tanti insegnamenti sulla storia delle religioni del mondo e su vari fenomeni celestiali. In piedi davanti al lago, le dissi che non avevo idea della situazione in cui mi ero cacciato.

Finita la telefonata con Diana, fui raggiunto da Tim. La prima cosa che mi disse fu di non preoccuparmi di quelle persone, perché semplicemente non potevano capire le mie esperienze e da dove venivo. Tim aveva sentito quanto mi costasse parlare delle difficoltà di Junior nell'accettare quello che aveva visto, come pure dell'ostracismo e del rifiuto che aveva subìto in seguito. Una parte di me ancora credeva che tutte le sue sofferenze fossero colpa mia.

Mentre eravamo all'aperto, Tim disse che aveva lavorato per la NASA per tutta la vita e che era interessato alla mia storia. Ecco perché aveva fatto tutta quella strada per vedermi. Mi espresse il suo desiderio di venire a visitarci a casa, aggiungendo che magari uno con le sue credenziali avrebbe potuto parlare con Junior e aiutarlo a comprovare la sua esperienza al fiume. Voleva soltanto aiutarci. La sola altra persona che ci aveva offerto supporto senza alcun tornaconto era stato Hal Povenmire, anche lui della NASA, che veniva a trovarci diverse volte all'anno, giusto per vedere come stavamo. Hal ci disse perfino che era stato inviato da noi per sbugiardare la storia dell'incidente al fiume e che, dopo quattro anni di interrogazioni ai nostri vicini e di ricerche nell'archivio regionale, non gli fu possibile. Con tutto il tempo che aveva impiegato per il nostro caso finì per diventare una sorta di padrino dei nostri figli. La salvezza della mia famiglia in tutti questi anni è stata la capacità di fare amicizia con gli estranei. Nel momento di maggior bisogno, abbiamo scovato alleati impensabili e ancora oggi è così. Anche Tim, proprio come Hal, è diventato un caro amico di famiglia. È stata l'energia trasmessami dalla signora a permettermi di formare una comunità di sostenitori e amici che continua a guidarci nel nostro cammino. Dopo un lungo periodo di isolamento, sento l'amicizia di Diana, Grant, Hal e Tim come un dono incredibile nelle nostre vite. So che l'esistenza corre sempre sul filo del rasoio, per cui non do nulla e nessuno per scontato. Non ho mai più camminato in prossimità di Nelly senza farle un saluto o una carezza.

CAPITOLO 18

L'organizzazione del MUFON venne a conoscenza dell'interesse di Diana verso di me e dell'idea di fare un film. Nel 2013, Diana offrì di comprare i diritti sulla storia della mia vita mettendo sul contratto il nome della sua compagnia, *No Coincidences Management and Research, LLC*. Una frase nel contratto diceva, "Nella piena consapevolezza, con la presente concedo, perpetualmente e irrevocabilmente, il diritto incondizionato ed esclusivo in ogni parte dell'universo di usare, simulare e ritrarre il mio nome, aspetto, voce, personalità, identità personale, biografia ed esperienze personali, incidenti, aneddoti, situazioni ed eventi accaduti in precedenza o che accadranno d'ora innanzi (interamente o in parte) basati su o presi dalla mia vita o altrimenti legati in qualunque modo alla mia vita, morte e storia, in riferimento a libri, film, registrazioni audio, e qualsiasi altro tipo di media di ogni genere, sia noti attualmente sia concepiti in futuro." Rifiutai l'offerta. Ero ancora in contatto con i fratelli sceneggiatori

che proseguivano a fare meeting a Hollywood, malgrado l'incertezza sulla realizzazione del film. Il MUFON ovviamente
credeva di poter rivendicare dei diritti sulle esperienze della
mia famiglia, e in estate riaprì il mio caso sperando di ottenere pubblicità e fondi grazie al film. Fui molto contrariato
dalla notizia. La loro investigazione iniziale era stata così poco
professionale che non volevo aver più nulla a che fare con loro.
Oltretutto, il MUFON aveva continuato a diffondere storie su
di noi nelle loro newsletter e pubblicazioni. Molte delle cose
che scrivevano sulla mia famiglia erano ridicole. Un articolo
suggerì che Junior era stato rapito da *Bigfoot*, l'abominevole
uomo delle nevi. Ora però avevo intorno a me un piccolo
gruppo di validi amici sostenitori che non volevano sfruttare
la mia famiglia a proprio vantaggio. Non eravamo più nel
2008: sapevo di avere a disposizione risorse legittime e non
mi sarei fatto nuovamente sfruttare.

Una donna di nome Chase Kloetzke si era messa in contatto
con me, preannunciandomi cosa stava per succedere. Era
stata un'investigatrice del MUFON per molto tempo, ma
recentemente aveva lasciato l'organizzazione per aver subito
delle discriminazioni sessuali. Era risaputo che nel 2008 la
mia famiglia aveva ricevuto un pessimo trattamento sia dal
MUFON che da Discovery, così quando Chase venne a sapere
che stavano riaprendo il mio caso mi contattò per avvisarmi.
Aveva anche interesse a proseguire le sue ricerche in maniera
indipendente e chiese il permesso di raccogliere dei campioni
dall'albero infuocato. Grato per il suo avvertimento, decisi di

accordarle fiducia e fui lieto di accogliere la sua visita.

In una giornata di agosto questa donna abbronzata, dai capelli neri e un sorriso smagliante comparve nel mio vialetto con sacchetti di plastica. Chase prelevò pezzi di legno e terra dall'interno del tronco e intorno all'albero, poi li etichettò prima di spedirli al M.I.T. (Massachusetts Institute of Technology) per farli analizzare con sostanze chimiche. Infine mi aiutò a preparare alcune lettere di diffida da inviare al MUFON, in caso avessero continuato a intromettersi nella mia storia o a scrivere cose ridicole su di noi nelle loro newsletter.

Un paio di settimane dopo, Chase mi chiamò per comunicarmi i risultati. Non furono trovati né benzina, né altri acceleranti o alcun segno di colpi di fulmine. Il responso ufficiale determinò che la causa dell'incendio era sconosciuta. Il tronco della catalpa restava eretto a un'altezza di circa sei metri sul prato dietro casa. Sorprendentemente, notammo alcuni ciuffetti verdi spuntare da parti dell'albero che credevamo morte. Era bruciato a lungo, e ancora bruciava anche dopo che Yvonne aveva estinto il fuoco con acqua per ben tre volte consecutive. Qualunque fosse stata la causa dell'incendio non aveva fatto morire l'albero.

∞

Quell'estate, io e Tim Taylor eravamo in contatto costante. Tim aveva programmato una visita il 7 settembre, per dare un'occhiata intorno al prato e per parlare con Junior della legittimità delle sue esperienze. A partire dal weekend insieme in Pennsylvania, grazie alle nostre discussioni, avevo appreso il raggio incredibilmente ampio del suo addestramento e delle sue qualifiche. Era altamente esperto in tecnologia medica, aerospaziale, militare e dei servizi segreti. Come ingegnere e inventore, aveva all'attivo tredici brevetti. Possedeva un'infinità di affiliazioni con agenzie governative, sebbene ufficialmente fosse impiegato dal *National Reconnaissance Office*. L'intera famiglia, compreso Jeremy che aveva appena iniziato l'anno scolastico a Wilmington, tornò a casa per incontrarlo. Per combinazione, Chase chiamò in mattinata per dire che si trovava in zona con suo marito Pete e che anche lei sarebbe stata felice di incontrarlo. Siccome ero ancora grato a Chase per il suo intervento con l'albero e con le lettere di diffida, malgrado la richiesta all'ultimo momento Chase e Pete arrivarono un'oretta dopo Tim, mentre eravamo tutti seduti in salotto a conversare.

Tim, seppur colto di sorpresa dalla comparsa di due estranei, fu molto amichevole con noi. Naturalmente il suo atteggiamento fu di limitarsi a parlare superficialmente delle sue attività e dei suoi spostamenti. Si creò una situazione strana inizialmente. Pete indossava una t-shirt con la scritta *U.S. Navy Seal,* e dall'espressione impassibile di Tim era impossibile constatare se la cosa lo rassicurasse o lo preoccupasse. Nessuno di noi poteva sapere che l'intenzione di Tim, con la sua visita, era di metterci al corrente di alcune informazioni riservate. Gli spiegai che Chase aveva lavorato per il MUFON e che ci aveva dato una mano a fare ricerche sull'albero. Parlammo di alcuni argomenti a livello superficiale per alcuni minuti.

Con la coda dell'occhio vidi Tim fare un piccolo cenno a Ryan, che si alzò e andò in cucina. Quindi si alzò anche Tim e con il suo zaino seguì Ryan in cucina. Disse a Ryan che voleva spiegarci alcune cose in privato e anche effettuare un piccolo test. Ryan lo condusse nella sua piccola cameretta, dove Tim aprì il suo pc portatile e lo sistemò sulla cassettiera di Ryan.

Trascorsero diversi minuti durante i quali noi altri continuammo a chiacchierare con Chase e Pete in salotto. All'improvviso, Jeremy si alzò e andò nella stanza di Ryan. Mi venne spontaneo pensare che Ryan gli avesse mandato un messaggio o un segnale da dietro l'angolo. Dopo di che fu il turno di Emily. Uno alla volta, tutti tranne me scomparvero dall'altra parte della casa. Yvonne tornò a sedersi con me, Chase e Pete, ma era chiaro che nessuno dei ragazzi sarebbe riapparso. Chase e Pete si resero conto che forse non era il momento migliore per una visita e decisero di tornare al loro hotel per qualche ora e ripassare nel pomeriggio.

Dopo averli salutati guardai Yvonne, completamente frastornato dalla situazione. La seguii nella stanza di Ryan e trovai tutti quanti là, ammassati sul letto e sulla poltrona di Ryan. Oltre a noi sei c'era Jennifer, la ragazza di Ryan, ed eravamo tutti seduti con gli occhi puntati verso il portatile di Tim. Nella prima slide c'era scritto FOR THE BLEDSOE FAMILY ONLY, e nella seguente un monito sulle penalità in caso di diffusione delle informazioni riservate contenute nel file. Ovviamente non sono autorizzato a condividere il contenuto della presentazione, ma posso dire che molto probabilmente raccoglieva informazioni private del governo USA sul soggetto UFO, fenomeni inspiegabili e argomenti relativi. Era esteso e dettagliato, e lasciava ben poco spazio all'incertezza.

Al termine, Tim infilò la mano nello zaino e tirò fuori un piccolo pezzo di metallo. Era di colore grigio-argento, grande quanto un francobollo. Me lo consegnò e lo misi sul palmo di una mano, per osservarlo.

«Cosa ne pensi?», mi domandò.

«Non so cosa sia. È stranamente leggero. Quasi senza peso. Sembra un pezzetto di alluminio.» risposi.

Tim prese dal suo zaino un altro contenitore. Ne estrasse un altro pezzo di metallo simile, grigio scuro opaco, che però aveva delle grinze come un foglio di alluminio. Poi Tim dimostrò che il metallo aveva proprietà inusuali: poteva essere stropicciato come la carta stagnola, ma poi poteva tornare liscio e privo di segni di stropicciamento. Con il pezzetto grigio-argento nella mia mano sinistra, Tim mise l'altro metallo nella mia mano destra. Dal nulla, fui investito da una scossa di energia. I miei occhi si oscurarono in una visione a tunnel, simile alla progressiva perdita della vista indotta su un aereo da combattimento, quando sottoposto ad altissime forze G. «Cosa è stato?!», riuscii a dire, nonostante il battito del cuore a mille. Notai l'avambraccio pulsare.

«Perché tu? Perché tu?», domandò Tim.

In un attimo, aveva tolto il materiale dalla mia mano, per poi riporlo nel contenitore e sistemarlo nello zaino. Fissavo il pavimento, sbattendo gli occhi e cercando di recuperare la vista. Senza fiato e sconvolto, non ebbi modo di rispondere alla sua domanda. Quando alzai lo sguardo, tutti quanti nella stanza mi stavano fissando.

«Perché tu?», chiese nuovamente.

«Che significa perché io? Cosa mi è appena successo?» dissi.

Tim rivelò che questo materiale aveva isotopi provenienti da una distanza di cinquanta milioni di anni luce. Non si era ancora compresa la composizione di tali materiali: non erano stati creati dall'uomo e non esisteva nulla di simile in natura sul pianeta terra. Aggiunse che tra tutte le persone che aveva sottoposto al test, soltanto due prima di me avevano prodotto una reazione e che per lui il test confermava la veridicità delle mie esperienze. Non so bene cosa intendesse. Oltretutto, la mia reazione fu la più forte che aveva mai osservato.

Qualcosa intorno era cambiato. I visi dei miei familiari, rivolti su di me, esprimevano preoccupazione e shock. Qualunque cosa fosse stata, nemmeno Tim pareva aver completamente compreso le sue implicazioni. Yvonne si risollevò quando vide che avevo ripreso a respirare normalmente. Andai in cucina a bere un bicchier d'acqua e Tim tornò in hotel, e così si concluse l'incontro.

Fu un giorno a dir poco memorabile per tutti noi. La sera stessa mia figlia Emily fu proclamata *Homecoming Queen* al match di football americano del suo liceo. Tim ritornò quel pomeriggio e si unì a Chase, Pete e la mia famiglia per festeggiare Emily. Immortalammo quel momento speciale con una foto tutti insieme sulle tribune: una reginetta del liceo, i Bledsoe, uno scienziato della NASA e un sottufficiale della Marina. Una serata da ricordare.

∞

Due settimane più tardi, mi stavo godendo una fresca serata autunnale sulla veranda dietro casa, seduto davanti a un bel falò. Non avevo la TV e non mi mancava. Avevo sempre più cose a cui pensare. Avevo mantenuto la corrispondenza sia con Tim che con Hal Povenmire, e avevo iniziato una sorta di studio sull'astronomia, la fisica e tutto ciò che mi esortava a porre quesiti. Fuori in giardino, pensai ai loro insegnamenti e a come si allineavano con le mie visioni. Imparai a predire le fasi della luna, quando nasce e quando cala, e persino le sue traiettorie, notando come i periodi dell'anno influenzino tutti questi fattori. Memorizzai le maggiori costellazioni e le nebulose. Sviluppai un senso sulle posizioni dei pianeti, su come ognuno di loro orbitava intorno al sole a un ritmo diverso. La via lattea era una cicatrice brillante che strisciava attraverso il cielo. La stella polare era fissa a nord, circondata da una vasta rete di stelle che giravano lentamente. Ogni notte, restavo incantato da quel sistema infinitamente bello e complicato sopra la mia testa. Attraverso enormi distanze vuote, fredde e inimmaginabili, la gravità del sole ci tratteneva nel suo calore. Un fotone, particella di luce, aveva il privilegio di muoversi più velocemente di qualunque cosa. Ero meravigliato da tale impellenza. Centinaia di milioni di anni fa, furono creati dei puntini che viaggiando a centinaia di milioni di anni luce raggiungevano le mie pupille in una costante danza scintillante. Tutti quanti contemporaneamente a reclamare la mia attenzione, e l'unica cosa da fare era ricambiare il loro favore.

Seduto là fuori a controllare il fuoco e a riflettere, vidi apparire due sfere dal nulla. Si fecero annunciare con dei flash luminosi, mentre io stavo seduto in relax sulla sdraio. Erano di color arancione acceso, sospese un bel po' sopra di me. Appena mi concentrai su di loro, la frequenza dei flash accelerò, alternandosi tra luce soffusa e radiante. Ebbi l'impressione che volessero attirare la mia attenzione, come quando si accende e si spegne una torcia per segnalare a qualcuno nel buio. Poi precipitarono in verticale, con la stessa accelerazione istantanea e il brusco stop che avevo osservato tante altre volte. Durante la discesa, la sfera a sinistra mutò il colore da arancione a bianco luccicante, e poi di nuovo arancione. Come in risposta alla sfera di sinistra, quella a destra diventò dello stesso bianco per poi riprendere lo stesso colore arancione. Arrivarono a circa quattrocento metri dalla mia proprietà, non più di cento metri sopra la fila di alberi. In confronto agli alberi, apparivano come due perfette sfere grandi quanto un furgone. Restarono arancioni, ma continuarono a comunicare ondeggiando su e giù. Mentre una scendeva, l'altra andava su a delle velocità che parevano casuali. Con una spinta e un movimento dall'aria giocosa, sembravano telegrafare al mio cervello l'immagine di bambini intenti a giocare insieme.

Dopo una performance di coppia che durò una trentina di secondi, le sfere si arrestarono in posizione parallela. Come un proiettile sparato da una pistola, schizzarono verso ovest, direttamente dietro la casa. Restai seduto meravigliato, con le fiamme del falò che scoppiettavano al mio fianco. Controllai alle mie spalle se qualcuno fosse uscito a guardare senza avvisarmi. Ero nuovamente solo con il cielo, ma non mi sentivo per niente solo.

∞

Due sere dopo, ricevetti una telefonata da Chase. Mi chiese se conoscessi la cittadina di Saint Paul's, che si trovava dalle mie parti. Lì c'è un cimitero dove sono seppelliti molti dei miei antenati e parenti. La interruppi e le dissi, «Chase, prima di andare avanti lasciami raccontare cos'è successo sabato sera.» Le dissi delle due sfere danzanti, dei loro colori e di come ondeggiavano sopra le cime degli alberi. Le dissi che le sfere schizzarono via proprio in direzione di Saint Paul's, che si trova a dieci miglia di distanza in linea d'aria da casa mia. Conoscevo benissimo quella zona per averci volato sopra innumerevoli volte ai tempi in cui pilotavo gli aerei.

«Chris! Stai scherzando.» rispose Chase con tono sorpreso.

«No, è successo davvero!» replicai.

Chase mi raccontò di far parte di un network di investigatori del paranormale, e che le era appena stato riferito di un incidente a Saint Paul's. Quel sabato sera, un gruppo di cinque persone aveva guidato da Wilmington per un'ora e mezza fino alla fattoria di un'ex piantagione. Il gruppo era composto da un ex poliziotto, un'infermiera, una guardia carceraria e un padre con suo figlio. Oltre ad avere alcune armi, erano equipaggiati con videocamere, microfoni, registratori EVP e altri macchinari adatti a catturare prove di attività paranormale. La fattoria era una casa bianca a due piani costruita nel 1840, con dietro un campo di quaranta ettari. Alle prime ore della sera, il gruppo iniziò a sistemare l'equipaggiamento all'interno della casa, registrando i loro movimenti mentre esploravano le stanze. Invocarono spiriti e fantasmi in cerca di una risposta. Non accadde nulla di insolito e alla fine decisero di controllare la proprietà. Camminarono per un centinaio di metri lungo la fattoria fino a una densa fila di alberi, per la maggior parte pini. In mezzo agli alberi trovarono una capanna di legno vecchia e fatiscente, un tempo destinata agli schiavi. La bassa struttura era composta da una sola stanza e non si poteva vedere dal campo aperto. Dopo aver chiamato, ascoltato e registrato con lo stesso metodo non ottennero alcun risultato nemmeno là, così decisero di inoltrarsi nel bosco alla ricerca di qualcosa. Direttamente dietro la casa c'era un fossato profondo un paio di metri, parallelo al muro posteriore della cabina. Si catapultarono giù nel fossato e subito su dall'altra parte. Appena l'ebbero superato, videro due brillanti strisce di luce color arancione sopra le loro teste. Le strisce, luminose come fulmini, sfrecciavano sopra le cime degli alberi.

Il gruppo fu subito colto da disorientamento e timore, eppure erano tutti abituati a trascorrere lunghi periodi in luoghi sinistri. Spesso si trovavano a investigare luoghi dove erano successe cose orribili e raccapriccianti. Nessuno di loro si spaventava facilmente ed erano tutti preparati a ogni tipo di imprevisto, ma non per quella esibizione insolita e avvincente.

Poi si accorsero che qualcosa, sporgendosi da dietro un albero, li stava guardando. I suoi occhi erano spalancati e luminosi. Due dei ragazzi sfoderarono immediatamente le pistole e si misero a sparare in direzione dell'albero. Nel mezzo della sparatoria, la figura misteriosa svanì. Il gruppo, turbato da quella visione, andò a controllare intorno all'albero, e quindi decise di abbandonare l'esplorazione. Arrivati alle loro auto, i ragazzi scoprirono che erano passate due ore in più di quel che credevano. I loro orologi e macchinari vari funzionavano tutti perfettamente, ma era come se la loro memoria fosse stata cancellata subito dopo aver oltrepassato il fossato. Dettaglio che li sconvolse a tal punto da fare un rapporto il giorno successivo.

Chase, che viveva in Georgia in quel periodo, sapeva che io abitavo in quell'area e si prese l'incarico di seguire la vicenda con un'investigazione supplementare del luogo insieme a suo marito. Mi telefonò per invitarmi a unirmi a loro il sabato successivo e io colsi subito l'occasione. Non avevo mai partecipato a una caccia ai fantasmi, per cui mi interessava saperne di più sullo svolgimento. Chase mi aveva parlato del suo equipaggiamento high tech e io volevo capire il suo funzionamento per la ricerca di qualcosa di così elusivo e sfuggevole.

La sera dopo, durante la nostra solita telefonata settimanale, raccontai la storia a Tim Taylor, aggiungendo che sarei andato con Chase a investigare ancora. Incuriosito, Tim mi chiese se poteva aggregarsi a noi e, dopo la mia risposta affermativa, prenotò subito un volo da Huntsville. Qualche giorno dopo, mi ritrovai a guadare un'ex piantagione verso la foresta oscura insieme all'agente Tim, che ufficialmente non esisteva, all'investigatrice Chase, esperta del paranormale, e a suo marito Pete, ex comandante di un sottomarino. E non eravamo affatto preparati per quello che ci attendeva.

CAPITOLO 19

La domenica mattina andai a prendere Tim all'aeroporto. Per il ristretto tempo a disposizione, Tim fu costretto a prenotare il viaggio con il volo d'andata la mattina presto e quello di ritorno la sera stessa. Non avendo avuto modo di visitare l'albero infuocato la prima volta che venne a trovarci, facemmo prima una tappa a casa mia. Tutta la famiglia era entusiasta di incontrare nuovamente Tim, che indossava una camicia nera aderente e appariva come un quarantenne in forma smagliante, in grado di superare gli standard fisici dei corpi speciali della Marina.

Nello spazio dietro casa si godeva di una bellissima giornata autunnale. Il giardino era rigoglioso e l'albero infuocato dava segni di ritorno alla vita. Mentre ci avvicinavamo raccontai a Tim altri particolari, ad esempio che i risultati del laboratorio erano inconclusivi, e che Yvonne aveva spento il fuoco tre volte e ogni volta si era riacceso. Quando arrivammo all'albero, Tim girò intorno al lungo squarcio per guardare all'interno della cavità del tronco.

Un serpente argenteo emerse dal buco, estendendo il corpo direttamente verso Tim. Fu come se l'albero stesso gli volesse offrire un saluto curvo e squamoso. Vedemmo gli occhi neri fissi su Tim per qualche attimo. Il rettile misurava circa sessanta centimetri e il suo colore sembrava alluminio semilucido, la testa era minuta e non aveva altri segni particolari. Tim sussultò arretrando un paio di passi, poi il serpente si ritirò lentamente e deliberatamente all'interno della cavità oscura del tronco. Ero convinto di aver visto qualunque tipo di animale e pianta in quella proprietà dove ero cresciuto, eppure non mi ero mai imbattuto in un serpente simile, e tuttora è ancora così. Girammo intorno all'albero per controllare i vari germogli verdi che erano spuntati. Più tardi consultammo le guide sugli animali selvatici e l'unico serpente simile era una specie endemica dell'Amazzonia. Rientrati in casa, Tim mi disse che sua nonna era una nativa americana, e per quel motivo lui aveva ricevuto una borsa di studio per studiare al college. Sua nonna gli diceva spesso che l'apparizione di un serpente argenteo era sempre un segno divino.

In tarda mattinata, fummo raggiunti da Junior e partimmo verso Saint Paul's per incontrare Chase, Pete e i cinque cacciatori di fantasmi davanti alla casa. Tim mi chiese di mantenere il segreto sulla sua identità perché doveva tenere un profilo basso, così lo presentai semplicemente come un mio amico. Siccome Tim era interessato soltanto agli eventi accaduti nel bosco, e aveva poche ore a disposizione, evitammo di entrare nella grande casa. Camminammo tutti insieme dietro la casa per un tratto di terreno di quasi duecento metri, passando tra i solchi di un campo di fagioli che avevano raggiunto un'altezza di cinquanta centimetri. Mentre procedevamo, avvistammo parecchi serpenti che strisciavano verso la casa e la strada, in direzione opposta rispetto alla nostra. Non erano color argento né insoliti per quella zona, ma trovai molto strano che andassero tutti nella stessa direzione. Quando fummo vicini alla fila di alberi ci accorgemmo che molte sezioni del bosco erano state tagliate e lavorate nelle ultime due settimane. Fortunatamente, la parte dietro la casa che comprendeva anche la capanna sembrava intatta.

Tim non si capacitava di aver visto così tanti serpenti in un solo giorno. Volle sapere la mia opinione. Dissi che secondo me era tutto legato alla natura: il fenomeno, gli esseri, la signora erano parte integrante del mondo naturale e i serpenti apparvero quel giorno per mostrarci tale connessione. Inoltre, a mio parere era stata l'eliminazione del loro ecosistema a spingere gli esseri a rimuovere due ore ai cacciatori di fantasmi, anche per spaventarli. Lo stress ambientale aveva provocato l'intervento degli esseri, non in forma violenta e protettiva, bensì perché chiamati in causa dal loro legame con la foresta. Io e Tim parlavamo di questo argomento, mentre attraversavamo la foresta di pini. Sarei tornato lì in serata insieme ai cacciatori di fantasmi ed era utile imparare a orientarsi con la luce del giorno. Superammo le linee elettriche di alta tensione e andammo oltre uno spiazzo erboso, poi trovammo uno stagno collegato a un lento ruscello. Trascorremmo molto tempo su e giù per il fossato, osservando l'albero colpito dai proiettili dell'ex poliziotto e della guardia carceraria. La capanna era vuota e sgangherata. Senza nemmeno accorgermi, arrivò l'ora di riaccompagnare Tim all'aeroporto.

Durante il tragitto Tim mi comunicò un'importante strategia che avrei dovuto utilizzare nell'eventualità di un incontro con gli esseri. Era cruciale che impedissi loro di entrare nella mia testa, per la loro abilità di poter leggere i nostri pensieri e riempirci di paura anche quando non stava accadendo nulla di spaventoso o inusuale. Mi disse di scegliere una canzone che durasse almeno quattro minuti e di cui conoscessi tutto il testo. Dovevo cantare la canzone, o nella mia testa o a voce alta, ogni volta che sentivo la presenza degli esseri. Gli fui grato per il suggerimento, pur essendo passato molto tempo dall'ultima volta che avevo provato paura, specialmente dopo il mio incontro con la signora.

Al ritorno dall'aeroporto, decisi di passare a trovare mia madre. Ero curioso di sentire cosa sapesse riguardo a Saint Paul's, così le raccontai della storia dei cacciatori di fantasmi, del tempo mancante e degli occhi luminescenti. Mi chiese il luogo esatto e le risposi che si trattava della grande casa bianca dove Shaw Mills Road termina sulla Highway 20.

«Beh, ovviamente i miei genitori sono seppelliti proprio lì a Shaw Mill. E pure alcuni dei famigliari di tuo padre. Lo sai che la famiglia viveva lì da molte generazioni», disse mia madre. «Comunque so di quale casa parli. Ci passavo sempre davanti andando a scuola. In verità, quando ero piccola, i proprietari di quel posto erano del tuo stesso sangue. Erano Bledsoe. Se ricordo bene, era una delle zie di tuo nonno...»

Non avevo mai sentito parlare di quella casa prima d'ora e fui colto di sorpresa, ma neanche tanto. Con tutte le coincidenze incredibili che mi avevano lasciato di stucco, ormai sorridevo e basta quando succedevano cose di questo tipo. Iniziava a far buio. Ero di nuovo atteso a Saint Paul's.

M'incontrai con Chase, Pete e gli altri davanti alla grande casa. Il programma della serata prevedeva di ricreare il più dettagliatamente possibile gli eventi di due settimane prima. Il gruppo avviò i timer nelle auto e terminò di preparare l'equipaggiamento. Tre di loro indossavano elmetti con videocamere incorporate su ogni lato. Uno dopo l'altro avviarono la registrazione ed entrarono nella casa. Io entrai per ultimo indossando i jeans e il cappotto, sperando solo di non intralciarli. Avevo cacciato praticamente ogni tipo di mammifero nordamericano, ma non presumevo certo di sapere i protocolli e i metodi di una caccia ai fantasmi. Nella soffitta scura e ammuffita da cui ebbe inizio la perlustrazione, Chase si accorse che non sapevo bene come muovermi e mi sussurrò di starle vicino e di non preoccuparmi.

Seguii il gruppo di sette persone di stanza in stanza, mentre invocavano spiriti e fantasmi che magari erano lì in attesa. In una delle stanze al primo piano, fui colto da giramento di testa e rischiai di cadere. Dissi a Chase che non mi piaceva l'energia circostante e uscii ad attendere che finissero. Quando mi raggiunsero all'esterno non ci fu nulla di speciale da riportare, sebbene spesso in queste situazioni accade di fare qualche scoperta solo dopo aver analizzato i filmati. Durante l'esplorazione può succedere di non notare elementi che vengono invece rilevati dagli audio, dai video, dagli infrarossi e dal registratore di metafonia. Proseguimmo guardinghi, guidando verso il campo di fagioli fino alla capanna e parcheggiammo lungo la fila di alberi in un'area che ci sembrava riparata dalla vegetazione. L'equipaggiamento fu di nuovo controllato e resettato, e per la seconda volta nello stesso giorno ci inoltrammo nella foresta. Il sottobosco era talmente fitto che eravamo costretti ad avanzare in fila indiana, ed era talmente buio che senza la torcia riuscivamo a vedere a malapena intorno a noi. Arrivammo alla capanna piuttosto rapidamente e trovammo la porta anteriore chiusa a chiave. Riuscimmo a raggiungere la parte posteriore e rividi il fossato. Di notte sembrava più profondo e assomigliava più a una trincea scavata dentro il terreno che al risultato di un drenaggio naturale. Ci infilammo ancora nella struttura vecchia e malandata, poi la squadra diede il via alla caccia ai fantasmi seguendo il protocollo e invocando eventuali presenze. Mi misero in mano un registratore EVP e ascoltammo il quieto drone statico. All'apparenza non c'era nulla nella stanza, ma apprezzai l'empatia e il coraggio mostrati durante quei tentativi, finalizzati a cercar di risolvere traumi radicati. Forse non era possibile cancellare il dolore grazie all'ascolto. Tuttavia, ipotizzando che anime tormentate avessero bisogno di un orecchio comprensivo per compiere il loro viaggio, consideravo la caccia ai fantasmi non tanto come l'inseguimento di una preda, ma piuttosto come un atto di gentilezza fuori dal tempo. Non trovando nulla, ci recammo all'esterno nella stessa direzione della visita iniziale. Nell'attraversare il fossato uno alla volta, mi venne in mente di concentrarmi sul testo della canzone. Non cantai ad alta voce per timore di interferire con la loro investigazione, ma anche per l'impossibilità di imitare i virtuosismi vocali e il falsetto di Robert Plant e Sandy Denny in *"The Battle of Evermore"*. Scelsi quel motivo perché i Led Zeppelin erano popolarissimi quando ero ragazzo, e soprattutto perché durava oltre quattro minuti e conoscevo già tutte le parole.

Eravamo io e Chase a chiudere la colonna, mentre zigzagavamo tra gli alberi. Uno dei cacciatori di fantasmi ci faceva strada con una torcia. Dopo aver camminato un po', arrivammo a uno spiazzo con le linee elettriche che proseguivano a perdita d'occhio nell'oscurità della foresta. Ogni tanto arrivava una brezza leggera che scuoteva le cime dei pini, mettendo in risalto la loro enorme flessibilità contro il soffio del vento. Si potrebbe pensare che un legno così pesante sia in grado di resistere al vento più caparbiamente, ma tante cose che si pensano risultano sbagliate. I cacciatori di fantasmi erano interessati a verificare l'effetto dell'elettricità sui loro strumenti, e la volta precedente erano rimasti lì per un'ora. Fu così anche quella sera. Durante il giro, osservavo il walzer dei pini e cantavo tra me e me, *"... With flames from the dragon of darkness. The sunlight blinds his eyes!..."* (forse non proprio la miglior scelta di canzone), controllando se ci fosse qualcosa di inusuale negli spazi più scuri tra gli alberi. Appena trascorso il tempo previsto e senza nulla di speciale da segnalare, ci radunammo tutti nello stesso luogo di partenza di fianco alle linee elettriche.

Da comandante navale di sottomarini, Pete aveva una bussola ad alta tecnologia incorporata nell'orologio, per cui ci affidammo a lui per orientarci. Ci disse che c'eran solo duecento metri a separarci dalle nostre auto in direzione est, e che in quindici minuti di cammino le avremmo raggiunte. Così ripartimmo immersi nel buio, mentre io e Chase eravamo sempre in coda al gruppo. Dopo pochi minuti di camminata lenta tra boschetti e terreno scosceso, sentii che l'energia nell'aria stava cambiando. Vidi uno degli uomini davanti fare il gesto d'imbracciare il fucile, poi ebbe un'esitazione e quindi lo imbracciò ancora. Accelerarono il ritmo e io intanto continuavo a concentrarmi sulla mia canzone.

Improvvisamente, sopra alla spalla destra di Chase i miei occhi incontrarono un paio di occhi verdi, luminosi e brillanti che spuntavano da dietro un albero. Toccai la schiena di Chase per indicarglieli. Anche Chase li indicò con la bocca spalancata. Era evidente che tra gli altri nessuno se n'era accorto perché procedevano frettolosamente. Non volendo essere lasciati indietro continuammo a seguirli. Mi voltai a guardare il punto dove avevo avvistato il paio di occhi, ma erano spariti. Dopo cinque minuti, raggiungemmo tutti il fossato. Lo attraversammo scendendo e risalendo ritrovandoci dall'altra parte, sul lato posteriore della capanna.

Tranne il fatto che non c'era alcuna capanna. Eravamo ritornati allo spiazzo con le linee elettriche, stesso identico luogo da dove eravamo partiti. Eravamo scombussolati. La nostra familiarità con il luogo ci faceva credere che tutto ciò fosse impossibile. Eravamo tutti quanti profondamente turbati. Pete aveva tenuto la bussola per tutto il tempo, e non avevamo notato alcuna deviazione lungo il percorso. Erano tutti disorientati e un po' spaventati. I casi erano due: o l'uomo che aveva operato sottomarini nucleari negli immensi oceani aveva in qualche modo perso la strada tra la boscaglia che aveva già perlustrato durante il giorno, oppure ci doveva per forza essere un'altra spiegazione. Io avevo capito esattamente cos'era successo, ma per il momento non dissi nulla. Ripercorremmo la boscaglia sulla stessa strada appena attraversata. Non c'era nessun fossato. Era lo stesso sentiero del nostro primo tentativo di tornare al punto di partenza, e infine arrivammo allo stesso fossato. Stavolta, quando raggiungemmo l'altro lato, la capanna era riapparsa. Ci affrettammo a raggiungere le auto.

In piedi, formammo un circolo e discutemmo per alcuni minuti sulla situazione e sugli eventi accaduti. Più che altro, io ero sollevato dal fatto che stavolta Junior non fosse presente. Eravamo comunque tutti perplessi. Chase, Pete e i cacciatori di fantasmi erano estremamente preparati a seguire i loro metodi e le varie procedure. Un errore del genere era molto destabilizzante per la macchina ben oliata che di solito operavano, in quanto il loro approccio si basava su scienza e verifiche oggettive. Poco dopo entrammo nelle auto, auspicando di non restare intrappolati là.

Chase mi telefonò il giorno successivo.

«Chris, non crederai a ciò che è successo ieri sera! Abbiamo capito», mi disse.

«So già cos'è successo. Quindici minuti di tempo mancante», risposi.

Oh mio Dio!», disse Chase. "Come facevi a saperlo?»

«Perché è il tempo impiegato ad attraversare quel tratto di bosco. Devono aver cancellato dalla nostra memoria uno di quei tragitti, perché il fossato era lo stesso. Ne sono sicuro.»

Chase si mise a dare una spiegazione tecnica sul particolare che i timer delle auto mostravano una discrepanza di dodici minuti rispetto ai timer che avevamo con noi, comprese le indicazioni temporali delle videocamere montate sugli elmetti. Dopo averne discusso, arrivammo alla conclusione che in qualche modo erano trascorsi dodici minuti dal momento in cui avevamo attraversato il fossato a quando avevamo raggiunto le linee elettriche. Sia nel caso che fosse stata cancellata la nostra memoria durante il tragitto di ritorno nel bosco, sia che fossimo stati presi e trasportati da qualche altre parte, oppure altro ancora, Chase e io sapevamo che i responsabili di ciò erano quegli esseri dagli occhi verdi che avevamo visto.

CAPITOLO 20

La gente che mi contattava per chiedere di venire nel nostro giardino a osservare il cielo aumentava a dismisura, tanto che dovevamo quasi cacciare via tutti con la scopa. Era diventata una consuetudine quotidiana arrivare a casa e trovare bigliettini o lettere attaccate alla porta con richieste di incontrarmi. Non mi piaceva dover dire di no a così tante persone, ma avevo una famiglia da proteggere e figli da crescere. Era inammissibile che la nostra casa diventasse una trappola turistica.

Nell'estate del 2013, quella precedente alla caccia ai fantasmi, fui contattato da un uomo di nome Doug Auld. Era un pittore che viveva a Hoboken, New York, e aveva trovato il mio indirizzo email grazie a un podcast dove ero intervenuto. Era uno dei pochi ad aver visto il documentario su Discovery Channel e aver compreso l'ingiustizia resa alla nostra storia. Sembrò sincero nella sua email introduttiva, così decisi di dargli una chance e avviare una conversazione. Nei nostri scambi di messaggi autunnali mi riferì della prima volta in cui vide una sfera. Essendo un pittore, spesso portava con sé una macchina fotografica per catturare immagini che poi avrebbe dipinto nel suo studio. Doug aveva perso la moglie otto anni prima dopo una lunga battaglia contro il cancro, mentre sua madre malata era ricoverata in una casa di riposo. Seduto sui gradini davanti a una chiesa di New York, durante uno dei momenti più difficili della sua vita, alzò lo sguardo e la vide. Una piccola sfera bianca sospesa in aria, immobile e pacifica sopra il caotico traffico cittadino.

Doug disse che fin da bambino era interessato agli UFO, e che questo suo primo incontro fu uno dei suoi scatti migliori. Dopo aver visto l'episodio in tv e ascoltato il podcast, si convinse di aver visto lo stesso fenomeno e di dovermi incontrare. Doug mi riferì che, invece di provare incredulità e timore per ciò che avevo vissuto, avrebbe dato qualunque cosa perché accadesse a lui! Sapendo che avevo iniziato a dipingere, si offrì di mettermi a disposizione il suo aiuto professionale. Mancavano pochi giorni al *Thanksgiving*, così lo invitai a venire da noi. Lo avrebbe trascorso in compagnia e sarebbe stata una bella occasione per conoscerci meglio.

Incontrai Doug in un ristorante il giorno prima del *Thanksgiving* e gli raccontai la mia intera storia. Naturalmente, mi venne da piangere in alcuni momenti e Doug mostrò pazienza e sostegno. Seduti a tavola durante la cena, scherzammo e ridemmo sulle differenze superficiali che esistevano tra di noi, una famiglia del sud che ospitava uno *Yankee*. Doug e mio padre Ted erano seduti vicini, a parlare del fenomeno in piena sintonia. Mio padre sorprese Doug con i racconti delle sue esperienze, nonostante il suo passato caratterizzato dallo scetticismo. Fu una bella serata trascorsa in armonia tra la mia famiglia e Doug, che rimase solo un po' deluso dall'assenza di attività da parte del fenomeno.

Il caso volle che il primo sabato di dicembre Emily dovesse cantare in un gran concerto di Natale al Crown Coliseum. Doug voleva venire a dare il suo sostegno, da artista ad artista, e decise di tornar giù da noi il venerdì prima del concerto. Quando andai a prenderlo all'aeroporto notai che zoppicava e che faceva smorfie mentre camminava, per cui gli chiesi che problema avesse. Rispose che la sera prima aveva giocato a hockey a New York e che gli era uscito un tremendo livido sul muscolo posteriore, appena sopra il ginocchio. Non essendo riuscito a vedere molto durante la sua prima visita, lo portai a visitare i luoghi lungo il fiume di Cape Fear, dove tutto si svolse. Quando Doug mi mostrò il suo livido mi accorsi che era veramente orribile, di color viola, rosso e nero, ed ero meravigliato che riuscisse a stare in piedi. Dopo avergli indicato i vari punti dove erano accaduti gli eventi, tornammo all'auto. Vidi di nuovo la sua gamba e mi venne spontaneo dire una preghiera per lui. Misi la mia mano sulla gamba e chiesi a Dio di curare l'infortunio. La serata trascorse allegramente, conversando seduti intorno al fuoco.

A colazione, Doug mi comunicò che c'era stato un miracolo quella mattina. Il suo orrendo livido era scomparso del tutto e pure il dolore. Quella sera andammo allo show *Heart of Christmas*, dove Emily si rese protagonista di una bellissima performance, dopo di che tornammo a casa e ci radunammo ancora intorno al fuoco.

Il volo di ritorno di Doug era domenica sera. Gli domandai se la sentiva di ritrarre la signora in un dipinto e lui rispose che temeva di non renderle giustizia. In ogni caso, saremmo rimasti in contatto. Prima della partenza, Doug volle andare a salutare i miei genitori. Restammo a parlare con loro per alcune ore. Doug era affascinato dal racconto della vita mio padre, del suo duro lavoro, del suo adattamento all'era internet, e a quello graduale di riconoscere e credere alle esperienze di suo figlio. Mio padre gli raccontò delle sue visioni e delle sue esperienze di viaggi astrali, mentre era in ospedale. Quando accompagnai Doug all'aeroporto, mi disse quanto era felice che il nostro rapporto di padre e figlio si fosse ricostruito. Avremmo saputo la sera successiva che, a parte me e mia madre, Doug era stato l'ultima persona ad aver parlato con mio padre.

Tornando a casa dal lavoro mia madre trovò mio padre, il mio miglior amico per cinquanta anni, sul pavimento stroncato da un improvviso attacco di cuore. Non dimenticherò mai la telefonata: il panico nella sua voce, il pianto disperato che non avevo mai sentito prima, il suo racconto di come l'aveva trovato. La notizia mi sconvolse a tal punto che scoppiai a piangere incontrollabilmente. Ricordo a malapena quei momenti. Un offuscamento, un dolore per tutto il corpo, il tentativo di riprendere il respiro tra un singhiozzo e l'altro.

Ero rimasto al fianco di mio padre per cinquantadue anni. Tra amore e rabbia, tra successi e fallimenti, restammo uniti e trovammo sempre la maniera di superare gli ostacoli. Ero ciò che ero grazie a mio padre, colui che mi insegnò che usando coraggio e determinazione non esistono ferite insopportabili, che nulla è troppo difficile da comprendere e che nulla può mettersi tra di me e le persone che amo maggiormente, i miei famigliari. Era imponente come una montagna, incredibilmente forte. Mi sembrava persino inconcepibile che l'uomo che mi aveva insegnato a cacciare, pescare e sopravvivere potesse essere toccato dalla morte. Giocavamo tra di noi con la stessa fierezza con cui ci volevamo bene. Recuperammo l'armonia anche sul tema delle mie esperienze con il fenomeno, causa delle nostre più grosse divergenze. Mio padre passò dall'accusarmi di utilizzare droghe alla totale accettazione, al piazzarsi al mio fianco e diventare testimone.

Alcuni anni prima, nel periodo autunnale successivo al mio primo incontro con la signora, iniziai a pregare con più concentrazione e intento che mai. La salute di mio padre stava degenerando, e io pregavo giorno e notte. Guardavo in alto nel cielo e pregavo la signora, Dio, gli angeli o chiunque fosse lassù, di salvare mio padre.

Aveva appena subito un serio intervento chirurgico e ora riposava a casa, in attesa dei risultati della biopsia. Eravamo tutti raccolti a casa sua ad attendere notizie dai medici. Era un venerdì pomeriggio e stavamo tutti sulla veranda dietro casa. Yvonne, i ragazzi, le mie sorelle, le loro famiglie, mia madre e mio padre insieme in attesa di una telefonata. Il sole splendeva, ma per noi era un'agonia. Quasi nessuno parlava, mentre mio padre andava avanti e indietro sul dondolo.

Finalmente il telefono squillò. Mia madre si alzò e raggiunse la porta per andare a rispondere. Con espressione di terrore, avvicinò la cornetta all'orecchio. Sorrise. La osservammo sorridere, annuire e piangere per uno o due minuti dopo di che riagganciò il telefono. Disse che a Chapel Hill non era stato evidenziato alcun tumore. Dalla risonanza magnetica risultava soltanto la crescita di un minuscolo granello, innocuo se monitorato.

Saltai dalla sedia e alzai entrambe le braccia al cielo. Con un groppo alla gola dissi: "Grazie a Dio!"

Improvvisamente, tra le dita delle mie mani tese, vidi un UFO a forma di tic tac. Lo indicai e gridai, "Guardate!", e tutti quanti lo videro, bianco argento brillante, leggermente traslucido e sospeso in aria proprio su di noi. Persino mio padre recuperò le forze e si sollevò dal dondolo per guardarlo. L'oggetto si mosse lentamente verso ovest e svanì.

Eravamo tutti sconcertati. L'unica cosa che riuscii a dire fu, "Dio, ti ringrazio per aver guarito mio padre." Lo abbracciammo. Era ancora con noi. Papà trascorse gli anni successivi impegnato a seguire i nipoti. Era una presenza fissa, un porto sicuro per tutti noi, dove rifugiarci durante ogni tempesta.

∞

Il funerale avvenne alla chiesa battista distante un paio di miglia dalla nostra abitazione in un piovoso, freddo e lugubre giorno d'inverno. Era come se la natura stessa piangesse per lui. Dopo il servizio funebre strappalacrime, rientrammo a casa nella limousine delle pompe funebri. Eravamo tutti silenziosi e tristi a guardare fuori dai finestrini, in commiserazione come il tempo inclemente. Lungo la strada di campagna ci trovammo in un luogo dove gli alberi sconfinavano su entrambi i lati della strada e i loro rami lambivano il suolo. Tra la fredda luce grigiastra e gli spruzzi delle gocce d'acqua sul parabrezza avvistammo un enorme gufo bianco appollaiato in mezzo alla via. La sua posizione, unita alla sua indifferenza per la pioggia, gli dava un'aria da guardiano in attesa della nostra processione funebre. Aveva chiazze bianche e nere, come un allocco, e i suoi occhi scuri erano grandi come palle da baseball.

Oltrepassammo il volatile, che si trovava a circa quattro metri sopra di noi. Non potemmo non riconoscerlo come un messaggio indicante che mio padre stava bene. L'uccello che ci fissava era lo stesso che era apparso prima che mi sparassero e prima che il fulmine colpisse la sedia nel mio studio. Adesso però il pericolo era passato, e questa specie di forza protettiva aveva mantenuto il suo appuntamento con noi. Come spesso accade con il fenomeno, un'emozione e un chiaro significato vennero comunicati a tutti noi. Queste forze sono vigili e persistenti. Magari non ci salvano da ogni cosa, ma non ho alcun dubbio che provino empatia per qualunque tipo di vita. Un paio di anni fa, nacque il primo pronipote di mio padre. Teddy porta il suo stesso nome. La mia più grande speranza è che queste forze si prendano cura della sua vita, così come hanno fatto con la mia.

CAPITOLO 21

Nel periodo successivo alla morte di mio padre, la mia artrite continuò a peggiorare. Non era soltanto fastidio e gonfiore, bensì una sofferenza costante e debilitante. Certi giorni mi auguravo di poter amputare i mei arti, tanto insopportabile era diventato il dolore. Yvonne mi accompagnava al pronto soccorso, ma le iniezioni e gli antidolorifici erano un minimo sollievo dal fiume di sofferenza che mi scorreva dentro. I medici mi consigliarono di vedere un reumatologo, anche se la lista d'attesa era di sei mesi. Nel frattempo tiravo avanti faticosamente. Spesso passavo di nuovo le notti da solo nel mio studio, semplicemente piangendo per il dolore che non riuscivo a calmare.

Tra l'inverno e l'inizio della primavera, io e Yvonne notammo che Junior trascorreva sempre più tempo in camera sua. Tornava dal lavoro, pronunciava qualche parola e subito si rinchiudeva nella sua stanza, poi non lo rivedevamo fino a sera o al giorno successivo, in quanto lavorando ancora nelle costruzioni si alzava sempre prima di noialtri. A un certo punto smise di parlare del tutto. Temevamo che potesse nuovamente scomparire. In passato, eravamo costantemente preoccupati per lui ogni volta che se ne andava, ma ora era un adulto e dovevamo rispettare le sue scelte.

Con il passare degli anni, amici e famigliari prendevano in giro Junior molto più raramente. Non era più un fresco ricordo nelle menti della gente. Se qualcuno rideva di noi alle nostre spalle non aveva lo stesso effetto di prima. Le persone con cui Junior interagiva erano cresciute e maturate, e questo aiutava. Inoltre nel corso del tempo, Junior iniziava a sentirsi più a suo agio nel raccontare le sue esperienze. Le credenziali e le parole di sostegno dei due esponenti della NASA Tim Taylor e Hal Povenmire erano uno scudo inattaccabile a cui si poteva aggrappare. Quando di notte aveva il timore di essere osservato, poteva affidarsi a strategie apprese da loro. I nostri famigliari che inizialmente ci avevano giudicato così severamente vennero a sapere del coinvolgimento di Tim e Hal, e iniziarono a evitarci mentre una volta eravamo noi costretti a evitare loro.

Feci del mio meglio per descrivere a Junior la benevolenza dell'aura che circondava le mie esperienze con il fenomeno, ma era difficile cancellare il trauma e lo spavento di quella prima sera. Era un ragazzino di diciassette anni che aveva lasciato l'ultimo anno di scuola per guadagnare soldi per la sua famiglia, e non c'era da meravigliarsi che fosse rimasto segnato da quelle ore trascorse al gelo, paralizzato e terrorizzato.

In seguito, arrivò il profondo isolamento. Nessun coetaneo poteva relazionarsi alla sua storia e si sarebbe messo a ridere al suo racconto. Junior fu allontanato dal mondo in un'età durante la quale si è propensi a trovare il proprio posto nel mondo. Ci vogliono anni per guarire una ferita del genere. Io e Yvonne non volevamo spingerlo via, per cui gli davamo spazio. Oltretutto, la mia artrite mi affaticava molto e certi giorni riuscivo solo a curarmi di me stesso.

La Pasqua del 2014 si avvicinava e io speravo che la signora apparisse ancora per offrirmi sollievo dai miei sintomi. L'intera famiglia era andata a letto presto la sera del 19 aprile, il sabato prima della festa. Già alle 23,30 tutte le luci erano spente. La figlia di mia sorella, Stephanie, e sua figlia Anna si erano trasferite nella casa a fianco da mia madre, per starle vicino nel periodo del lutto. Erano sempre state molto legate a noi e venivano spesso a trovarci. Ora che eravamo diventati vicini di casa, facevano avanti e indietro da una dimora all'altra senza limitazioni. Quel weekend, Stephanie e Anna erano state impegnate come dogsitter nell'abitazione di un parente a tre chilometri dalla nostra. Finito di badare ai cani, ritornarono a casa di mia madre. Era passata la mezzanotte da una trentina di minuti. Anche loro avevano un cane di nome Scrappy e prima di andare a letto dovevano portarlo fuori. Quando l'auto s'infilò nel vialetto, notarono che tutte le finestre in entrambe le case erano completamente buie. Misero il guinzaglio a Scrappy e lo fecero uscire per una passeggiatina nella serena notte primaverile. Mentre il cane annusava per terra, Stephanie e Anna furono attratte da una luce brillante che lampeggiava sulla veranda davanti a casa mia. Eccola, giusto in tempo.

Descrissero l'apparizione di una bellissima donna luminosa in un ondeggiante abito bianco. Emerse dalla porta principale fluttuando proprio sopra la veranda, dopo di che superò gli scalini scivolando giù lentamente fino al vialetto frontale. La sua figura era permeata da un alone brillante, come se lei stessa fosse composta di pura luce. Al suo confronto, tutto il resto era di un'oscurità imperscrutabile. Dopo qualche istante di avanzamento lungo il vialetto, la signora si arrestò e si voltò verso Stephanie, Anna e Scrappy. Strabiliate, Stephanie e Anna ricambiarono il suo sguardo. Pura, radiosa, con le pieghe della sua veste in dolce movimento, anche se lei era immobile. La signora si avvicinò per un momento, quindi saettò via tra le due case verso il giardino posteriore in un bagliore accecante. Immediatamente, Stephanie mi scrisse un messaggio. Era estasiata, ma io ero già addormentato e vidi il messaggio solo la mattina dopo.

«Mamma, mi sento malissimo. Non so cosa mi sta succedendo.» Queste furono le prime parole di Junior la mattina di Pasqua. Spiegò che da un po' di tempo sentiva male nella parte inferiore della schiena, e che adesso il dolore era troppo forte per ignorarlo. Alzando la maglietta, si evidenziò una massa gonfia grande quasi quanto una palla da baseball. La visione terrorizzò Yvonne e me. Senza aggiungere altro, lo portammo di corsa all'ospedale locale dove non restò a lungo. Da lì fu trasferito in fretta al più attrezzato ospedale dell'università di North Carolina a Chapel Hill, distante un'ora e mezza. Il percorso fu per me e mia moglie uno dei momenti di maggiore ansia della nostra vita.

Junior fu ammesso nel reparto di terapia intensiva, e ci fu detto che da molte settimane soffriva in silenzio per un'infezione renale. L'infezione aveva continuato a peggiorare e i medici ci dissero di ringraziare il fatto di averlo portato lì prima che fosse troppo tardi. Se avessimo aspettato un altro giorno probabilmente non sarebbe sopravvissuto. Di solito Junior era forte e abbronzato per via del suo lavoro, ma nel suo letto d'ospedale appariva pallido ed emaciato. Vederlo così ci spezzò il cuore. Rimase nel reparto di terapia intensiva per quasi due mesi, con potenti antibiotici iniettati direttamente al cuore senza interruzioni. Durante la lunga, pesante degenza sviluppò una miocardite, e negli ultimi giorni i medici ci avvertirono che le terapie mediche a cui era stato sottoposto lo avrebbero con tutta probabilità reso sterile. Lentamente, troppo lentamente Junior iniziò a fare progressi e ad avere un aspetto migliore, mentre l'infezione si indeboliva.

Nel profondo del mio cuore sapevo che la signora era apparsa quella notte per dare a Junior l'impulso di chiedere aiuto. Le ero grato per essere venuta, ma allo stesso tempo ero frustrato. Non avevo forse vissuto abbastanza esperienze a rischio di morte? Perché era stato necessario spingere mio figlio sull'orlo del baratro, lui che aveva già subito un enorme trauma? Perché condurlo là in fondo per poi riportarlo al sicuro? L'unico tentativo di risposta a tutte queste domande era di ricordare ciò che mi era stato insegnato: provare compassione per ogni tipo di vita, parlare di ciò che vedevo e non mollare mai. La signora era apparsa a Stephanie e Anna per un valido motivo, quello di aumentare il sostegno dei famigliari nei riguardi di Junior. Sono dell'idea che ogni nuovo testimone sia un dono da parte della signora. Stephanie e Anna sono ora al mio fianco in un modo che fatico a esprimere, ma per il quale sento un infinito senso di gratitudine.

In uno dei primi messaggi che Tim Taylor mi inviò, disse di essere venuto al mondo per curare il cancro nei bambini. Non ci feci molto caso in un primo momento e pensai soltanto che mi sembrava una causa più che ammirevole. Scoprii cosa intendeva per questa sua missione solo in seguito, durante le nostre conversazioni settimanali all'inizio del 2014. In realtà, Tim era impegnato in ricerche mediche che utilizzavano tecnologie molto avanzate e sofisticate. Mi inviava documenti accademici che discutevamo insieme, e occasionalmente mi presentava a membri del suo team che avevano contribuito alla sua ricerca. Gli studi erano incentrati sulle applicazioni delle cellule staminali, e con il passare dei mesi Tim cominciò a chiedermi sempre più cose sulle cellule staminali. Il mio compito era di meditare e sognare i dati scientifici che mi stava trasmettendo, nella speranza che il suo team arrivasse a una svolta.

A un certo punto, Tim mi rivelò perché mi aveva coinvolto. Disse che avevo una relazione speciale con la metodologia che stavano investigando, precisamente l'applicazione innovativa di formazioni di quasicristalli in campo medico. Al livello più basico, i quasicristalli sono schemi geometrici regolari che non si ripetono mai. Come i numeri irrazionali Pi o la sezione aurea, gli schemi quasicristallini possono continuare all'infinito e schivare comunque le aspettative. Il Pi fu per l'appunto sequenziato a cento triliardi di cifre nel 2022, e il lavoro è ancora lontano da una conclusione. Gli egiziani calcolarono il Pi con tale accuratezza che si distaccava di poche cifre, Archimede di qualcuna in più, e ad oggi siamo ancora alle prese con lo stesso incredibile, apparentemente eterno problema matematico. La sezione aurea è un altro numero talmente irrazionale che la sua complessità non ha mai termine, a prescindere dalla potenza dei nostri computer. Gli schemi di quasicristalli vanno avanti a seguire questa sezione aurea, cosa molto significativa essendo così legata al mondo naturale: la fioritura di un carciofo, la disposizione delle cellule degli occhi delle api, il posizionamento delle foglie su di uno stelo seguono tutti questo numero come guida.

Nelle moschee mediorientali, schemi quasicristallini perfetti erano utilizzati nei complessi mosaici dai colori brillanti. Negli anni '80, uno scienziato sintetizzò una disposizione di molecole in uno schema quasicristallino: quello che vide al microscopio sfidava ogni conoscenza accettata sulla costituzione della materia solida. Fu solo nel 2011 che quello scienziato, Daniel Schechtman, vinse il premio Nobel per questa scoperta, dopo una battaglia durata trent'anni con i membri dell'Accademia al fine di convincerli della validità della sua scoperta. Mentre Tim mi spiegava il tutto, sentii automaticamente che ci fosse un profondo legame con il fenomeno: ad esempio, due sfere che non sono mai identiche, o le coincidenze che governano la mia vita in modo così imprevedibile, o la costante sottile differenza del cielo notturno in due notti consecutive. Esiste un detto secondo cui la storia non si ripete mai, ma è spesso in rima. Pertanto ritengo che, se in natura esistono schemi che non si ripetono mai, l'apparizione di questi fenomeni a me e ad altri possano essere altrettanto considerati come una rima.

Inoltre, Tim mi disse che la sera in cui eravamo riuniti a casa mia a compiere il test, quegli oggetti che apparivano di metallo argentato, da lui piazzati nelle mie mani, presentavano le stesse strutture di quasicristalli. Non mi rivelò la loro provenienza, ma disse che erano datati cinquanta milioni di anni fa e che non venivano dal pianeta terra. Aggiunse che pure la galassia era disposta con questi schemi regolari irripetibili. La mia reazione gli indicò che in qualche modo ero legato a questa formazione della materia e che lui aveva bisogno della mia guida, pur non comprendendone esattamente il motivo. Mi disse che gli oggetti avevano impresso questo schema nella mia mente e nel mio corpo. Non mi poteva dare i metalli perché erano troppo preziosi, e comunque non desideravo affatto provare quell'esperienza di forza G regolarmente, così mi chiese di meditare sulle fotografie che mi inviava, nel tentativo di sbloccare qualcosa. Notai che l'osservazione di immagini di varie formazioni di quasicristalli mi provocava sogni potenti, e presi l'abitudine di guardarle tutte le sere prima di andare a letto. Provavo la sensazione di connettermi con la natura più profondamente, proprio come osservando le stelle ogni sera. Talvolta, Tim aveva in programma un esperimento particolare il giorno seguente e mi dava l'incarico di concentrarmi su qualcosa di specifico. Svolgevamo ogni esercizio come una missione, sperando che il mio legame con questi schemi rivelasse indizi per la sua ricerca scientifica. La mattina mi svegliavo e disegnavo qualsiasi schema geometrico apparso nei miei sogni. Li interpretavo come cellule che crescevano l'una dall'altra. Avevo la sensazione che le cellule, le stelle, le sfere e tutto il resto in natura fossero integrati da questo disegno.

Dopo Pasqua, quando Junior andò in ospedale, i miei sforzi in questo senso si moltiplicarono. Non smettevo di pregare e chiedere la sua guarigione, ma mettevo anche molta energia in questo progetto. La malattia di mio figlio ispirava qualcosa in me. Questi sforzi con Tim mi davano speranza per Junior, per gli altri miei figli e per il mondo intero. La preoccupazione principale di Tim era la prima operazione del suo team. Avevano finalmente ricevuto l'approvazione del governo per mettere in pratica i metodi e le tecnologie da loro sviluppati. Per l'operazione selezionarono una paziente spagnola quarantenne con un cancro alle ossa considerato inoperabile dalla maggior parte dei medici.

∞

Durante il ricovero di Junior, io e Yvonne ricevemmo un invito da alcuni nostri amici per un weekend in montagna.

L'operazione della donna spagnola era programmata per il lunedì successivo, per cui speravo di dare qualche notizia positiva a Tim alla fine del weekend. La donna aveva due figli e noi due facevamo il tifo per lei. A metà giugno, Junior aveva lasciato Chapel Hill ed era tornato a casa dove avrebbe proseguito la sua convalescenza. Yvonne e io desideravamo festeggiare il suo recupero, pertanto ci recammo a Linville Falls, North Carolina, dove si trovava lo splendido resort di montagna con venti stanze di proprietà dei nostri amici. Arrivammo venerdì intorno alle 21,30 e trovammo sette nostri amici ad attenderci nella hall. C'erano psicologi e altri professionisti, ma io e Yvonne eravamo lì soprattutto per rilassarci e provare benessere dopo uno dei periodi più stressanti della nostra vita da genitori.

Dopo aver fatto il check in, andammo a radunarci nella hall intorno a un piccolo camino acceso. La struttura era costruita in legname prelevato nella zona, e ogni muro metteva in risalto la bellezza delle venature del legno. Era un luogo confortevole e meraviglioso per la conversazione. La prima domanda che mi fu posta fu il motivo per cui dipingevo così tanti uccelli. Fin da quando avevo iniziato a dipingere durante i campeggi nel 2008, ero incline ai paesaggi naturali. In seguito, presi l'abitudine di condividere le mie opere preferite con amici sui social. In genere i miei soggetti erano variabili, ma negli ultimi mesi continuavo a dipingere colibrì. Per qualche motivo, associavo queste minuscole creature ai miei sforzi insieme a Tim. Trovavo tutto molto affascinante: il battere rapidissimo delle loro ali come una vibrazione, il fatto che dovessero costantemente mangiare zuccheri per non morire, che per loro dormire fosse pari a ibernarsi, la loro percezione del tempo più lenta rispetto alla nostra, e la loro sfavillante iridescenza. Dipingere era per me un modo di studiarli e di avvicinarmi alla natura.

In ogni caso, la mia risposta fu convincente e la conversazione proseguì spedita fino all'una di notte. Ci stavamo divertendo e uno di noi propose di fare un tentativo per vedere le *Brown Mountain Lights*. Il luogo era abbastanza vicino e conoscevamo una strada sterrata che portava su per sei chilometri fino al punto panoramico su Linville Gorge. Da lassù pensavamo di riuscire a vedere le famose luci di Brown Mountain, un fenomeno documentato attraverso i secoli dai nativi americani, fino ai pionieri e ai tempi moderni. La storia è lunga e complessa, ma ci sono sempre state testimonianze di avvistamenti di sfere, luci e altri oggetti nel cielo sovrastante la montagna. Ero curioso e anche gli altri volevano vedere il fenomeno, sapendo che le persone intorno a me spesso vedevano quello che vedevo io. Nella peggiore delle ipotesi avremmo potuto ammirare un panorama speciale di Linville Gorge, detto anche il Gran Canyon dell'est.

Ci sistemammo nel mio veicolo a quattro ruote motrici e ci avviammo fino alla strada sterrata che portava al punto panoramico. Appena iniziammo a percorrere lo sterrato, ci apparve un uccello marrone della dimensione di un tordo che, illuminato dai fari dell'auto, volò da destra a sinistra uscendo dalla foresta. Ipotizzai che si trattasse di un mimo rossiccio. L'uccello si spostò dietro l'auto e ci accompagnò dall'esterno del finestrino dei passeggeri. Poi passò di nuovo davanti a noi, una decina di metri davanti ai fari. Per l'intera salita in cima alla montagna, il volatile continuò a volarci intorno. Aveva piovuto molto e la strada era piena di pozzanghere profonde. Dovevo manovrare attentamente affinché i miei passeggeri non si sentissero male e l'auto non perdesse trazione lungo la ripida salita. Impiegammo quarantacinque minuti a completare il percorso, tra un'inversione e l'altra, e per tutto il tempo fummo accompagnati da quella scorta svolazzante.

Appena giunti in cima, camminammo per quattrocento metri fino al punto panoramico, e il nostro amico restò ancora con noi. Trascorremmo due ore lassù, incantati dal vasto paesaggio che si estendeva al di sotto. Distese di foglie verdeggianti frusciavano al chiaro di luna. Il fiume Linville, con le sue rapide in basso a noi, risuonava come un quieto sussurro dalla nostra posizione. Il cielo era tappezzato da un arazzo di stelle. Vedemmo Brown Mountain, ma nessuna luce. Il volatile era sempre con noi, come incaricato di guidarci nella nostra missione di osservazione. Verso le quattro del mattino, decidemmo di ritornare all'auto e, guarda caso, il nostro compagno fedele ci accompagnò. Scendemmo giù per la montagna con maggior rapidità, senza poter notare se volasse ancora intorno a noi, ma quando raggiungemmo la via principale lo vedemmo rinfilarsi nella foresta nel punto esatto da dove era comparso all'andata. Qualunque fosse il significato, ero grato che l'uccello fosse rimasto con noi. Lo vidi come un segno di riconoscenza o un premio per i miei sforzi di avvicinarmi alla natura.

La mattina dopo ricevetti una telefonata da Tim, che voleva sapere la mia opinione sull'esito dell'operazione prevista il lunedì successivo. Tim e la sua squadra erano sulle spine. Il successo dell'intervento era importante non solo per ottenere finanziamenti in futuro, ma perché una vita umana dipendeva dal test per la ricerca. Gli raccontai dell'uccello della sera prima, ma entrambi cercavamo un segno più preciso. Terminai la chiamata dicendogli che avrei pregato per un segnale concreto.

Due degli amici incontrati la sera prima, Cindy e Dave, erano i padroni del resort e quella mattina dovevano lavorare. Decidemmo con un'altra amica, malata di tumore e quindi con energia limitata, di fare insieme un trekking leggero a Linville Falls. Cindy era intenzionata a saltare il lavoro per unirsi a noi, ma fu trattenuta da un mal di testa. Per noi fu una bella mattinata e la compagnia dell'amica malata fu molto gradevole. Di fronte alle spettacolari cascate mi godetti il meraviglioso feeling di trovarci nella profondità della valle, circondati in entrambi i lati dalla foresta, come se fossimo nel mezzo di uno stadio naturale brulicante di vita.

Al nostro rientro nella hall, trovammo Cindy in attesa con gli occhi spalancati. Con urgenza, ci disse enfaticamente di ascoltarla. Disse che dopo la nostra partenza era andata a riposarsi in casa sua, una baita di due piani proprio dietro al resort. Era salita al secondo piano, si era coricata e aveva chiuso gli occhi. Mezza assopita, aveva sentito improvvisamente che qualcosa non quadrava. Il disagio che provava le fece volgere spontaneamente lo sguardo verso il comodino. Mise a fuoco gli occhi e notò una stranezza nell'appendiabiti di fianco al letto. Si muoveva. No, c'era qualcosa che si muoveva sull'appendiabiti. Poi realizzò. C'era un serpente nero di quasi due metri attorcigliato lungo il palo. Cindy balzò subito in aria. Adesso il serpente la guardava. Gridando per chiamare il marito, Cindy scappò fuori dalla stanza.

Mentre il resto del gruppo l'assillava con un milione di domande, io non potei far altro che pensare all'immagine che avevo in mente: un caduceo. All'inizio pensai soltanto al serpente attorcigliato a un bastone, ma in retrospettiva ricordai che il serpente attorcigliato a un bastone è comunemente detto bastone di Asclepio, il dio greco associato alla medicina e alla guarigione. Simbologia a parte, nel momento in cui l'immagine del caduceo si trasformò in una visione della paziente spagnola che riprendeva a camminare fui sicuro che si trattasse di un segno per Tim. Inoltre, la mia visione fu accompagnata dalla sensazione che sarebbe accaduto presto. Dopo pochi minuti chiamai Tim e gli dissi dell'accaduto e che la sua paziente sarebbe stata in grado di camminare entro sessanta giorni.

Infatti l'operazione ebbe successo e la donna si rimise in piedi ben prima della scadenza dei sessanta giorni. Ero entusiasta quando seppi la notizia. Il mio supporto a Tim in quell'occasione fu una delle esperienze più gratificanti della mia vita. Era incredibile che, pur avendo lavorato nell'edilizia e non avendo potuto studiare al college di North Carolina, fossi riuscito ad apprendere tante cose e a contribuire a ricerche salvavita. Naturalmente non potrò mai quantificare l'utilità dei miei disegni e dei miei sogni, ma Tim mi disse che hanno aiutato i loro sforzi e questo mi basta per esserne orgoglioso. Mio figlio stava di nuovo bene, e adesso anche questa donna per cui avevo pregato per mesi poteva tornare in buona salute dai suoi due figli. Malgrado la mia salute fosse sempre più compromessa a causa dell'artrite, trovavo consolazione nel benessere degli altri. Anche un piccolo contributo da parte mia significava tutto per me.

Una delle cose più frustranti nel corso degli anni sulle mie esperienze è stata la segretezza che mi è stata imposta. Tim e gli altri erano abituati a ignorare i commenti e le opinioni dei detrattori ignari di tutto, ma per me era difficile. Purtroppo per me, essendo un uomo di parola, mantenni la mia promessa di custodire il segreto. Ci tenevo alle persone, anche quelle che dicevano che fossi impazzito, e mi feriva dover tener nascoste tutte le mie esperienze insieme a scienziati della NASA e a medici leader nel loro campo. Ogni volta che un detrattore, e ne esistevano fin troppi, lanciava una campagna contro di me e la mia famiglia, avrei voluto salire sul tetto e urlarlo al mondo. Questo libro rappresenta il mio grido dal tetto: il mondo celestiale è tutto intorno a noi, e interagisce con noi ininterrottamente.

CAPITOLO 22

Ogni anno, la cittadina di Hope Mills si attiva sfarzosamente per il quattro di luglio, festa dell'Indipendenza. Le celebrazioni durano tutto il giorno. I colori bianco, rosso e blu sono rappresentati negli abiti dei cittadini e degli spettatori durante la lunga parata, e il paesaggio è riempito a perdita d'occhio dai camioncini dello street food, da artisti che pitturano il viso, e altri che creano palloncini a forma di animali. In serata, viene gente da ogni parte per assistere ai fuochi d'artificio che illuminano il cielo, partendo dal centro del lago cittadino. Lo show, che di anno in anno ha sempre aumentato la sua durata e importanza, scaglia colori brillanti e rumorose onde d'urto in aria e sull'acqua.

La distanza tra il punto focale e la nostra casa era di quindici minuti, che però diventavano un'ora a causa del traffico e delle strade congestionate. L'artrite mi rendeva difficile persino uscire di casa, quindi l'idea di sfidare la folla per andare a un evento che avevo visto per tutta la vita non era particolarmente allettante. Inoltre i fuochi si vedevano anche da casa nostra, a oltre sette chilometri di distanza. Io ed Emily scegliemmo di restare comodi a casa a guardare un film e trascorrere una serata dedicata all'arte creativa. Mia figlia dipingeva e disegnava spesso, o dava comunque spazio alla creatività. Scegliemmo di guardare *Independence Day* e ci sistemammo nel mio studio.

Intanto Junior, dopo un lungo periodo di malessere, si sentiva finalmente molto meglio. Era come se un enorme peso si fosse sollevato dalle sue spalle, ed era fantastico vederlo muoversi libero dalla malattia. Me ne accorgevo dall'espressione del suo viso, dalla sua camminata e da come si rivolgeva al resto della famiglia. Uscito dall'ospedale con una nuova prospettiva sulla vita, quella sera aveva il suo primo appuntamento con una ragazza con la quale aveva in programma di assistere ai fuochi artificiali. Junior voleva che tutto andasse bene e ci ammonì di non menzionare gli UFO o alcun fatto strano in presenza della ragazza. Quando la coppia fece tappa a casa nostra, prima di recarsi in città, noi tutti tenemmo diligentemente la bocca chiusa, e vederli insieme mi scaldò il cuore.

Jeremy e Ryan andarono a casa del loro amico Nick per una festa in piscina. Nick era loro amico da sempre e viveva in fondo alla strada, guarda caso nella stessa abitazione in cui era cresciuta la mia prima moglie. Yvonne uscì per conto suo, mentre io ed Emily ci mettemmo a guardare il film classico del 1996. Trovavo divertente rivisitare film del genere e confrontare il concetto di vita aliena e la risposta governativa, entrambi presenti nel film, con le mie esperienze vissute.

Contemporaneamente, seduta vicino a me, Emily lavorava a un dipinto sul pavimento.

Verso le 21, il calar della sera diede inizio all'esplosione di fuochi in centro e nel nostro vicinato. Nel frattempo, il suono delle esplosioni sullo schermo della tv sembrava non aver fine, ma a un certo punto i boati all'esterno erano così forti che ormai facevo a malapena attenzione agli sforzi di Will Smith di salvare il mondo. Alle 21,30 misi il film in pausa e chiesi a Emily se volesse andare da McDonald's a mangiare il gelato, mentre io avrei preso un caffè. I boati erano sempre più forti e più frequenti, in preparazione al gran finale. Era la nostra ultima chance di uscire perché le strade si sarebbero intasate in pochi minuti. Emily accettò e iniziò a metter via le pitture e a pulire i pennelli. Andai a chiedere a Yvonne se desiderava che le portassi qualcosa e, poiché era nella doccia, le dissi attraverso la porta che io ed Emily stavamo uscendo per recarci da McDonald's.

Decisi di aspettare Emily fuori, per approfittare di un po' d'aria fresca. Nell'uscire di casa chiamai Emily e le dissi che l'avrei attesa vicino all'auto, che si trovava dietro l'angolo della casa. Passò all'incirca un minuto e mentre stavo per entrare in auto sentii Emily gridare. «Papà! Cos'è quello?!»

Guardai intorno e non vidi nulla, poi chiusi la portiera velocemente e le andai incontro sul patio da dove Emily stava indicando un punto. Vidi di fronte a lei ciò che non ero riuscito a vedere prima: una gigante sfera arancione, grande come una casa, sospesa appena sopra gli alberi. Mi accorsi all'istante che era della stessa forma e dimensione della sfera che mi aveva prelevato per quattro ore l'8 gennaio del 2007. Dalla mia auto, l'albero di noce di fianco alla casa mi aveva bloccato la visuale, ma ora potevo osservarla bene. Pur restando immobile, la sua forma si trasformò lentamente da oblunga a un cubo con angoli arrotondati. Eravamo catturati dal suo ciclo di sottili mutamenti di forma. Dopo essersi gradualmente ritirata in un cubo arrotondato, partendo da una sagoma simile a un tic tac, all'improvviso si espanse esternamente. Oltre a variare forma, presentava pure uno schema di ombre circolari concentriche che davano l'idea di permettere di intravvedere all'interno. Questi circoli concentrici erano in movimento, dandoci così l'impressione di avanzare attraverso un tunnel. Invece, eravamo in piedi sul prato a circa un quattrocento metri dalla sfera. Il gran finale dei fuochi d'artificio a diversi chilometri di distanza appariva smorzato sopra e intorno alla sfera, come un lontano bouquet di scintille a circondare la base di un reattore nucleare.

Mi vennero in mente le descrizioni di Diana Pasulka sui serafini e come questa parola, solitamente usata per significare "angeli", sia la traduzione letterale di "ardenti". Le scintille dai mille colori, create dai fuochi artificiali in lontananza, "bruciavano" come il ceppo di un falò, ma al confronto l'attività della sfera era molto più che bruciare. Non sembrava utilizzare carburante né scaturire energia, mentre irradiava la sua luce radiosa sulla fila di alberi.

Dopo averla osservata per un paio di minuti, dissi ad Emily di restare lì mentre andavo a chiamare Yvonne. Era fondamentale che Emily restasse con la sfera, essendo apparsa a lei per prima. Chiamai Yvonne dall'ingresso, dicendole di venire in fretta e lei si precipitò sulla veranda dietro casa, avvolta da un asciugamano. Yvonne fece appena in tempo a vederla, che la sfera schizzò via verso nord come un animale impaurito. Dopo aver controllato l'orologio, Emily disse che la sfera era rimasta sospesa e in attività per cinque minuti pieni, tenendo sotto osservazione la nostra casa o i fuochi d'artificio che anche Emily guardava divertita. Io ed Emily eravamo curiosi di sapere se ci fosse qualcos'altro là fuori, per cui salimmo in auto dirigendoci verso McDonald's.

Al ritorno a casa, dopo aver sviato l'intenso traffico, trovammo Junior e la sua amica seduti in veranda a parlare con Yvonne. Io ed Emily ci preoccupammo subito sentendolo parlare di UFO, l'argomento tabù per lui. Yvonne era una madre cosciente e responsabile, e non avrebbe di certo dimenticato tale richiesta. Dalla confusione iniziale passammo a un totale sollievo quando riconoscemmo l'eccitazione nella sua voce mentre spiegava cos'era successo.

Junior e la sua amica stavano tornando verso casa lungo un tragitto più lungo per evitare il traffico, quando notarono una sfera sospesa sopra un campo. La ragazza era sconcertata. Rallentarono per poter osservare meglio la brillante sfera di luce arancione. Non vi erano fuochi d'artificio al di sotto, e lo show in centro città era ormai terminato. Nel momento in cui si trovarono a circa cento metri, il punto più vicino dalla strada, l'oggetto svanì immediatamente nel cielo.

Junior era euforico. Nel percorso finale verso casa, si mise a raccontare gli eventi capitati a lui e al resto della famiglia durante gli ultimi sette anni. Per la prima volta si sentì a suo agio nel parlare con qualcuno del fenomeno, oltretutto a un primo appuntamento. Era da poco uscito dall'ospedale e ora si ritrovava a provare divertimento e orgoglio nel vivere questi momenti inspiegabili. Vedendolo finalmente in grado di condividere le sue esperienze, compresi che Junior stava iniziando a superare il doloroso fardello da tanto tempo tenuto soppresso. La ragazza annuiva, sorrideva e mostrava la sua meraviglia. Fu una delle cose più belle che io abbia vissuto da padre.

Ben presto tornarono anche Ryan e Jeremy dopo la festa in piscina dall'amico Nick. Dimenticandosi di non dover accennare al fenomeno in presenza di Junior, la prima cosa che dissero fu che una sfera arancione era schizzata via sopra le loro teste mentre stavano a bordo piscina. Eravamo tutti raccolti sulla veranda, con l'aria circostante pervasa dai resti fumanti dei giochi pirotecnici che pian piano svanivano nel cielo notturno, e proseguimmo a scambiarci le nostre storie. Qualunque fossero le intenzioni di queste sfere incandescenti, quella sera ebbero il pregio di riunire l'intera famiglia così come avevo sempre sperato e pregato. Ognuno di noi era meravigliato in modo diverso, ma nessuno si sentiva più solo.

CAPITOLO 23

Quell'autunno, Tim mi invitò al lancio di una navicella spaziale al Kennedy Space Center di Cape Canaveral. Nel mese di agosto ricevetti un pacchetto postale con su stampato "*CONFIDENTIAL* e *PROPERTY OF THE U.S. GOVERNMENT*". Conteneva dozzine di pagine di documenti da leggere e compilare. Dovevo innanzitutto passare le misure di sicurezza per avere poi l'autorizzazione a visitare le strutture che Tim voleva mostrarmi. L'opportunità era una finestra speciale apertasi grazie alla responsabile del centro spaziale, che aveva deciso di aprire a un ristretto numero di visitatori alcune aree riservate che solitamente erano off-limits. Impiegai settimane a compilare i moduli, dopo di che dovetti affrontare diversi colloqui con Tim. Nessun aspetto della mia vita fu risparmiato. Raccontai proprio tutto. Mi fu chiesto di menzionare amici d'infanzia, insegnanti di scuola, parenti lontani, ogni mio impiegato, datori di lavoro e i viaggi intrapresi praticamente da ogni persona con cui avevo interagito. Indipendentemente da ciò che Tim voleva mostrarmi, facevo fatica a credere che il processo per ottenere l'autorizzazione dovesse essere così estremamente approfondito.

A metà settembre mi comunicarono i risultati: non rappresentavo una minaccia per la sicurezza, non ero una cellula nascosta o sotto l'influenza di alcun governo straniero. Poi ci furono una serie di istruzioni e regole da seguire dentro alla base, in quanto avrei dovuto muovermi all'interno di un ambiente militare attivo. La sala di controllo della missione possedeva uno dei maggiori sistemi di sicurezza al mondo e per me era un onore essere invitato a visitarla. Ero più che contento di essere sottoposto a tali misure di sicurezza. Il mio entusiasmo era alle stelle. Gli uomini che avevo osservato camminare sulla luna all'età di sei anni avevano intrapreso il loro viaggio da questa striscia di terra paludosa sulla costa orientale della Florida. Avrei conosciuto la realtà dei viaggi spaziali, le persone, la tecnologia e il boato fragoroso del balzo umano verso l'alto. Si trattava del primo test della porzione del modulo equipaggio dell'*ORION Multi-Purpose Crew Vehicle* con un razzo *Delta IV Heavy*.

Un lunedì, guidai per dodici ore da Fayetteville giù fino a Cape Canaveral, facendo varie soste lungo il percorso per distendere le mie articolazioni irrigidite e rileggere le istruzioni per la visita. Mi auguravo che l'artrite non mi impedisse di seguire tutti i tour organizzati. Il lancio era in programma per mercoledì e le previsioni davano bel tempo. Io ero una delle otto persone invitate da Tim: un gruppo che includeva scienziati, personale militare, medici ricercatori e ingegneri aerospaziali. Quando giunsi all'hotel di Titusville dove eravamo alloggiati quella sera, incontrai Tim e tutti gli altri. Ci radunammo intorno al fuoco in veranda e iniziammo a conversare per conoscerci tra di noi. Tra l'aria umida e pesante proveniente dall'oceano, Tim distribuì sigari a tutti. Durante la riunione con Tim a casa nostra, quando ci aveva mostrato quei materiali misteriosi, ero rimasto colpito dalla sua professionalità e precisione, e anche in questa occasione Tim fu perfetto nella sua presentazione. Il gruppo ricevette da lui guide orali e scritte, istruzioni preziose su come muoversi in quell'ambiente militare. Per la maggior parte si trattava di regole di comportamento sociale. Ad esempio, i brigadieri generali dovevano essere indirizzati semplicemente come "Generale" seguito dal loro cognome. Seguivano dettami simili sul comportamento da adottare davanti a scienziati, ricercatori e ingegneri, così come per i loro rispettivi campi. Tim si volle assicurare nei minimi dettagli che filasse tutto liscio per i suoi ospiti nel centro spaziale. Sebbene il lancio sarebbe avvenuto senza astronauti a bordo c'erano in ballo milioni di dollari, il futuro del programma spaziale e anche di vite umane, per cui il fallimento dell'operazione sarebbe stato una catastrofe. La responsabilità e l'integrità di Tim provocavano lo strano effetto di farmi sentire protetto e instabile allo stesso tempo. La sua aura di "questione di vita o di morte" aggiungeva uno spirito solenne alla visita.

Uno degli scienziati, di nome Pete, lavorava in un'altra divisione della NASA come manager del velivolo per altitudini elevate *WB-57*. In un forte accento texano, Pete parlava di questi aerei insoliti con lunghe e ampie ali, in grado di avanzare con velocità da crociera nell'aria rarefatta ai limiti dell'atmosfera. Raccontò che il loro progetto attuale consisteva nell'osservazione di test missilistici, volti a migliorare i missili e anche a studiare sistemi di difesa da attacchi missilistici. Era chiaro che se all'interno del governo ci fosse stato qualcuno in grado di vedere UFO regolarmente sarebbe stato l'uomo responsabile di questi aerei da ricognizione. Eravamo soltanto all'inizio ed ero già enormemente impressionato dal gruppo.

Il martedì fu trascorso ad esplorare il più possibile, in quanto il complesso mastodontico sarebbe stato in pieno lockdown nel giorno del lancio. Di mattina, ci radunammo per il caffè nella hall dell'hotel. Tim ci disse che quel giorno era molto occupato con i preparativi per il lancio e dunque sarebbe stato Pete a farci da guida. Ci sistemammo in un pullmino Ford e iniziammo il lungo processo di blocchi e controlli di sicurezza. Una guardia apparve sotto il sole della Florida e m'infilò un accredito sul collo. Ero pieno di meraviglia mentre osservavo le vaste e magnifiche strutture intorno a noi. Solo qualche anno prima, mi ero appena ripromesso di non parlare più del fenomeno quando la signora apparve di fronte a me. Adesso mi ritrovavo nel punto di partenza verso lo spazio, insieme ad alcuni degli esperti più qualificati del pianeta sull'argomento UFO. Privo di laurea universitaria, e con il corpo segnato da colpi di caccia e cicatrici, mi ero in qualche modo legato a un gruppo di persone con dottorati multipli, invenzioni all'attivo e le più alte autorizzazioni ad accedere ai segreti governativi e militari. Iniziavo a rendermi conto di quanto l'intera esperienza fosse surreale. Se esistevano persone informate sul fenomeno, dovevano per forza essere quelle accanto a me.

Ebbi il tempo di fermare Tim nel parcheggio, prima che si recasse a un meeting.

«Tim, sono lusingato ma perché avevi bisogno proprio della mia presenza qui?», gli chiesi. I suoi occhi scuri e penetranti si fissarono su di me e il suo viso diventò impassibile.

Con il suo modo efficace e deliberato di esprimersi rispose: «Li vediamo, ma sembrano non voler aver nulla a che fare con noi. Per qualche motivo tu piaci a loro. Ti permettono di osservarli e avere esperienze con loro. Dobbiamo capire perché.» Con quella frase, Tim si staccò dal gruppo e girandosi s'incamminò verso uno dei palazzi anonimi intorno a noi. Non potei fare a meno di sorridere e pensare al messaggio della signora: che lei e i suoi emissari sarebbero stati sempre al mio fianco in questa missione di raccontare ciò che vedevo. Da quel momento, ogni dubbio che avevo sulla mia appartenenza al gruppo di scienziati e ricercatori cessò di esistere. In ogni caso, per ogni evento che accadeva sentivo di essere guidato secondo il piano della signora.

Pete ci condusse da un punto di lancio all'altro, indicandoci i diversi siti dei razzi e dei lanci del passato. Pian piano, i vari nomi e numeri si confondevano nella mia mente, ma la portata e la complessità di ciò che vedevo era sconcertante.

Al centro delle diverse strutture e rampe di lancio vi era un palazzo mastodontico chiamato *Vehicle Assembly Building*, con la bandiera americana e il logo della NASA dipinti su entrambi i lati. Originalmente serviva all'assemblaggio contemporaneo e alla salvaguardia di quattro razzi *Saturn*, e si tratta dell'ottava struttura al mondo per volume. Le sue porte impiegano quarantacinque minuti per aprirsi e chiudersi, e si dice che abbia un proprio clima interno. Nelle giornate nebbiose si radunano le nuvole e può piovere dentro. Entrando in quello spazio, mi sentii piccolo come non mai. Come un misero granello sul pavimento a osservare le luci sovrastanti, le scale e i macchinari posti a distanze siderali tra di loro, notai l'assenza dei consueti punti di riferimento che vengono in genere utilizzati per decifrare misure e dimensioni. Fummo lasciati soli con i nostri strumenti per alcuni minuti, e in uno stato di stordimento m'incamminai qua e là osservando i corridoi infiniti, i colori e le luci. C'erano persino troppe informazioni da metabolizzare. Non avevo mai vissuto un'esperienza simile e nemmeno l'ho rivissuta in seguito. Poi salimmo su un cingolato, un veicolo gigantesco usato per trasportare i razzi dall'*Assembly Building* alle rampe di lancio. Una volta costruiti, erano i più grandi veicoli autoalimentati al mondo. Avanzando con i nostri passi intorno a bloccaggi imponenti, ci arrampicammo dentro al bestione. Vedemmo una sala di controllo dove lavoravano una trentina di persone, numero necessario per manovrarlo. Un pensiero scontato mi balenò nella mente: mi trovavo dentro una tappa del viaggio di ogni astronauta verso lo spazio.

Dopo pranzo, Tim ci comunicò che era libero di condurci alla prossima destinazione del tour, gli *Astronaut Crew Quarters* localizzati nell'*Operations and Checkout Building*. Era il luogo dove gli astronauti trascorrevano insieme alle loro famiglie le settimane precedenti a ogni lancio, e dove venivano sottoposti a rigorosi esami medici. Terminata la missione, restavano di nuovo al suo interno per altri controlli medici. Ogni astronauta della NASA che ha viaggiato per lo spazio ha dovuto trascorrere alcune settimane in quarantena lì dentro in compagnia dei famigliari stretti, un piccolo staff, un dottore e una supervisora. Quest'ultima ci accolse all'ingresso e ci fece entrare. Ci raccontò che aveva lavorato lì per oltre trent'anni e che era stata al fianco degli astronauti nei giorni prima del saluto, al momento della missione. Ci fu spiegato che dagli anni '60 ad oggi, cioè da quando esiste la struttura, soltanto trecento persone erano state autorizzate a entrare nelle stanze in cui ci trovavamo. Solo un presidente degli Stati Uniti aveva fatto visita, e mai alcun membro del Congresso.

Fu in quell'istante che mi tornò in mente la frase di Tim pronunciata un paio di anni prima: *Perché tu?* Ero incredulo, ma la cosa mi stava bene. La supervisora ci portò in giro, indicandoci anche la sedia sulla quale Neil Armstrong si sedette a vestirsi prima di mettere piede sulla luna. Dietro a quella, c'era una serie di strumentazioni atte a misurare la funzionalità della sua tuta spaziale. Visitammo poi le camere da letto, la sala conferenze, una grande sala e una cucina. L'aria era impregnata di storia.

Scattammo alcune foto ricordo nella sala conferenze e poi lasciammo Cape Canaveral per goderci una cena a base di pesce sulla spiaggia. Approfittai dell'occasione per prendere Tim da parte e chiedergli ancora una volta: «Perché io?» Di nuovo, Tim mi fissò con un'aria di impenetrabilità.

«Chris», rispose imperturbabile «Chi è stato in quelle stanze è stato nello spazio. Tutti hanno portato indietro qualcosa che è rimasto lì nel tempo. Ora anche tu lo hai sentito. E quel qualcosa ha sentito te. Sarà tutto diverso d'ora in avanti.»

Ad oggi, non ho dimenticato le sue parole perché il mio rapporto con il fenomeno è diventato più ricco e pieno. Quando fu il momento di accomiatarci, Tim mi raccomandò di concentrarmi a cantare una canzone dentro di me, attraversando i posti di controllo. Disse che, proprio come quella volta in compagnia di Chase e Pete quando sperimentammo il tempo mancante nel bosco, lo stratagemma avrebbe impedito la lettura della mia mente. Quella sera andai a dormire esausto e meravigliato, cercando di processare tutto ciò che avevo vissuto.

Come la mattina precedente, Tim ci accompagnò dentro al Kennedy Space Center e ci lasciò con Pete, istruendoci di farci trovare al controllo missione alle 10,30 precise. La sicurezza era raddoppiata rispetto al giorno prima. Superammo dozzine di uomini con gli M-16, mentre venivamo condotti in fretta attraverso stanze dai vetri oscurati e ci venivano poste varie domande. Mi sforzai di cantare la canzone nella mia testa.

Finalmente, dopo averci fissato per qualche istante, una guardia armata aprì l'enorme porta di metallo che portava alla sala di controllo. Era sorprendente osservare la complessa rete di professionisti che lavoravano insieme per preparare i motori, controllare il tempo e un milione di altri minimi dettagli necessari a mandare un satellite su un'orbita precisa. Mancava un'ora al lancio e la sala era pervasa da un brusio eccitato. Incontrammo il generale al capo dell'operazione e osservammo ognuno svolgere diligentemente il proprio compito.

Mezz'ora dopo, Pete ci guidò alla rampa di lancio. Era una giornata limpida e serena. Durante il tragitto, la realtà dei viaggi spaziali penetrò in me più profondamente che mai. Gli uomini e le donne che avevo appena visto stavano per inviare un razzo nel blu infinito. Mi commossi al pensiero del profondo coraggio richiesto da tale sforzo, della fiducia inimmaginabile posta su un compagno, del sacrificio di ogni partner e membro familiare nel lasciare andare i propri cari nello spazio. Mentre guardavo i cameramen e i reporter sotto scorta militare, fui grato di non dover affrontare lo stress di assistere a una missione con astronauti.

Un ufficiale militare ci urlò di star pronti a correre verso i pullmini, le cui portiere erano tenute aperte, per poter scappare se qualcosa fosse andato storto. La sera prima, Tim ci aveva raccontato che molte auto posizionate troppo vicine a un lancio erano state sciolte.

Le uniche persone più vicine di noi alla rampa erano in bunker sotterranei a monitorare il sistema di lancio. Il razzo era alto e stretto con l'estremità a cono che puntava all'insù. Gli ultimi minuti trascorsero lentamente, mentre noi controllavamo l'orologio e un secco ruggito aumentava piano. Infine, apparì una piccola scia di fumo alla base del razzo. Improvvisamente, come un'onda d'urto proveniente da lontano, fui investito da un suono mai sentito prima. Sentivo il mio petto tuonare e vibrare mentre dalla base del razzo scaturiva una luce di una brillantezza inaudita. Il ruggito cresceva e cresceva, lasciandomi senza fiato. Questo razzo dall'altezza di cinquantacinque metri e dal peso di seicento tonnellate stava effettivamente alzandosi verso l'alto. Gradualmente, guadagnò trazione in aria e accelerò verticalmente a un ritmo costante. Fummo travolti da un'ondata di vento e calore, e pregai che non accadesse nulla di male. Osservammo il razzo innalzarsi con la sua scia di fumo fino alla sua scomparsa nell'azzurro del cielo. Era tutto finito. Pochi attimi prima, svettava su di noi e adesso potevamo solo immaginare la sua sagoma bianca da qualche parte lassù in alto nel blu.

Dopo due giorni a camminare così intensamente, ero spossato a causa della mia artrite in peggioramento. Sentivo anche la mancanza della mia famiglia e non volevo passare un'altra notte in hotel, per cui decisi di guidare di notte e riposare all'arrivo, dopo dodici ore di guida. Se non altro, avrei evitato il traffico che avevo incontrato all'andata. Ero atteso dalla mia famiglia per giovedì sera, ma pensai di far loro una sorpresa. Fu una notte lunga e solitaria per strada, con i fari dall'auto che nascondevano le stelle. Più percorrevo i chilometri più aumentava il dolore nelle mie articolazioni, facendomi quasi il favore di tenermi sveglio. Stava albeggiando quando deviai verso l'interno in direzione nord. Indolenzito e con gli occhi stanchi, vidi il segnale per Hope Mills e pur sentendomi esausto mi ritrovai a sorridere pensando al significato del nome. La speranza era viva. Dopo tutto ciò che avevamo subito io e la mia famiglia, c'era ancora speranza.

Quando vidi la casa, ebbi una strana sensazione. Frenai per svoltare dalla strada asfaltata nel vialetto di ghiaia e provai questa sensazione infausta. Al rumore delle gomme sulla ghiaia, mi ritrovai con il cuore spezzato all'improvviso. Una sofferenza acuta mi afferrò e mi trascinò nel profondo. I miei occhi erano colmi di lacrime. Singhiozzavo e faticavo a respirare. Sapevo che Nelly se n'era andata.

Entrai dalla porta posteriore con il cuore pesante e lo sguardo addolorato. Emily, seduta sul divano, rimase di stucco vedendomi apparire nove ore prima del previsto. Capii la notizia dai suoi occhi e le dissi che lo sapevo già, che doveva soltanto spiegarmi come era successo.

«Papà, è stata investita da un'auto. È morta due giorni fa e l'abbiamo seppellita in giardino. Abbiamo aspettato a comunicartelo per non rovinarti il viaggio. Come facevi a saperlo?»

«Non lo so. L'ho visto nel momento in cui sono entrato nel vialetto di casa. Lei non sa nemmeno di essersene andata», fu la mia risposta prima di sedermi a piangere fino ad addormentarmi, affamato, in lutto, sofferente e distrutto. Qualche sera dopo, mi trovavo in piedi nel giardino a piangere davanti alla tomba della mia migliore amica. Le stavo dicendo di andare verso la luce, che ora andava tutto bene, che ci saremmo rivisti presto. Sentii qualcosa e alzai lo sguardo, proprio mentre una sfera di color avorio mi lampeggiò. Sapevo che era Nelly. Presi il cellulare e mi permise di scattare la sua ultima foto.

CAPITOLO 24

Ero sempre in fitta corrispondenza con Diana Pasulka, in modo da tenerla regolarmente al corrente di tutto. Quasi tutte le mie storie denotavano un riferimento o un parallelo con qualche testo antico, ed era illuminante parlare con lei. Grazie alle nostre conversazioni, realizzai quanto la natura interconnessa del fenomeno si estendesse anche al passato. La gente ha sempre visto ciò che vedevo io. A cambiare erano le parole utilizzate per descrivere i fenomeni, secondo le culture e le religioni. Intanto, le possibilità di un libro o di un accordo per un film sembravano al momento in fase di stallo, ma restavamo ottimisti.

Tim aveva desiderato incontrare Diana fin da quando gli avevo parlato di lei. Dal canto suo, Diana era restia ad avere a che fare con esponenti governativi di grande potere. Diceva che la materia dei suoi studi le aveva procurato dei nemici in alcune comunità religiose e accademiche. Anche lei, come me, aveva una famiglia da proteggere dallo scherno e naturalmente la comprendevo bene. Diana ascoltò per due anni i miei racconti sulle interazioni che avevo con Tim e dopo la mia visita ai quartieri degli astronauti disse finalmente di essere pronta per un primo contatto telefonico. Chiaramente non vi era nulla di malizioso o poco serio nell'indole di Tim. All'inizio di dicembre del 2014 li misi in contatto tra di loro via email, a cui fece seguito una lunghissima telefonata fra noi tre. Ci fu subito grande intesa tra loro e l'incontro diede una svolta alla ricerca e alla carriera di Diana.

A metà dicembre ricevetti un misterioso regalo natalizio in anticipo. La busta che lo conteneva era anonima e priva di indirizzo del mittente. Ritenendo di non essere un bersaglio per atti terroristici con buste contenenti antrace mi ritirai nel mio studio per aprirla. Il primo oggetto che ne uscì fu un fazzoletto bianco intonso. Lo girai e vidi il sigillo presidenziale con intorno la scritta *Camp David* e *Presidential Retreat*. Non sapendo cosa contenesse, invece di infilare la mano all'interno della busta presi a scuoterla delicatamente sopra la scrivania. Ne venne fuori una *patch* finemente ricamata della missione a cui avevo assistito. Era circolare con una serie di abbreviazioni che non riconobbi, ma fui in grado di leggere il nome *ORION*.

L'ultimo oggetto che comparve fu una piccola scatola per gioielli. Aprendola, trovai una spilla in oro 24 carati con un distinto triangolo all'interno di un cerchio. La forma era quasi esattamente come quella sul petto degli esseri che avevo incontrato fuori dalla mia casa nel 2007. La presi in mano ed era sorprendentemente pesante. Non presentava alcuna scritta o altre caratteristiche particolari. In seguito, venni a sapere che il simbolo è tenuto in gran segreto da quelli che come Tim lavorano a contatto con il fenomeno. La sua denominazione era spilla O.P., che sta per *off-planet*, e veniva donata a chi aveva vissuto esperienze dirette con il fenomeno. Il gruppo che ne è conoscenza è molto ristretto, ed è ancora più ristretto il gruppo di chi ne è in possesso. Fu un gran bel regalo di Natale, tuttavia non avevo idea di chi ringraziare.

∞

Finalmente quell'inverno arrivò il mio appuntamento con il reumatologo. In quegli anni, la differenza tra normale artrite e artrite reumatoide mi era sempre stata poco chiara. Durante la prima visita con questo dottore mi fecero un esame del sangue che confermò che si trattava di artrite reumatoide, e aggiunsero cinquanta radiografie alle mie articolazioni. La diagnosi ufficiale fu artrite degenerativa e osteoartrite. La seconda visita, in programma due settimane dopo, mi avrebbe dato il responso finale sullo stato della mia condizione. Non ero di certo ottimista. Entrò il medico e la prima cosa che mi disse fu che presentavo un caso piuttosto severo. Il dottore era serio. Ero preoccupato. In attesa di ulteriori esami, un'infermiera mi diede un opuscolo. Ad oggi, ancora detesto quell'opuscolo e vorrei non averlo mai guardato. Il suo linguaggio era crudo, brutale e punitivo: aspettativa di vita ridotta di dieci anni, cecità, multipla insufficienza di organi, dolore debilitante, affaticamento, e chemioterapia come trattamento. Nessuna di queste informazioni mi era stata comunicata a voce. Ero scioccato e inorridito, mi sentivo solo e intrappolato in quella stanza. Il dottore estrasse le radiografie per mostrarmi il danno irreversibile alle mie articolazioni. Il trattamento prescritto fu di dosi settimanali di metotrexato, farmaco chemioterapico con effetti collaterali devastanti, insieme a iniezioni settimanali di immunosoppressori nello stomaco. Acconsentire a un regime di auto avvelenamento fu una scelta terribile, ma il lieve sollievo che mi donava lo rese appena accettabile. Inoltre, avrei fatto di tutto per restare vivo per la mia famiglia, e il rischio di una insufficienza di un organo era inaccettabile, pur sapendo quanto fosse orribile la chemioterapia.

Passai i primi mesi del 2015 ad abituarmi a questa terapia e a cercare di mantenere il mio peso. Un college di religione battista, a due ore da casa, mi invitò a una cena per tenere un discorso a una classe che stava studiando il rapporto tra UFO e cristianità. Mi sembrava che la signora e i suoi guardiani fossero al mio fianco ancor più di prima, ma d'altro canto sapevo di dover prestare attenzione. Indipendentemente dalla loro gentilezza, temevo che trattandosi di un college improntato sulla Bibbia mi avrebbero etichettato come un eretico destinato all'inferno. Avevo affrontato una marea di accuse simili e non avevo nessuna intenzione di affrontarne altre. Man mano che parlavo con Diana e apprendevo la storia delle religioni mondiali, diventavo sempre più certo che il fenomeno fosse una presenza angelica a livello mondiale.

Il folklore dei nativi americani descriveva l'apparizione di canoe bianche di pietra che volavano per aria. C'erano stati molti riferimenti di navicelle spaziali luminose durante il diciottesimo e il diciannovesimo secolo: un resoconto descrisse persino un'astronave che ancorò dentro un camino londinese. I resoconti del mondo occidentale sono solo la punta dell'iceberg. Secondo Diana, uno dei maggiori ostacoli legati ai racconti sul fenomeno era la traduzione sbagliata della parola *nuvola,* sia nell'Antico che nel Nuovo Testamento. Significati alternativi, e a volte totalmente errati, furono usati per tradurre la parola *nuvola.* Ovviamente, sarebbe stato più facile per la gente leggere di un angelo che parlava a qualcuno invece che una nuvola, o che un fulmine illuminasse il cielo piuttosto che una nuvola di luce brillante. Io e Diana discutevamo sulla possibilità che le nuvole di tutti quei testi antichi fossero in realtà sfere di luce come quelle che vedevo io. Alcune volte pareva una forzatura, ma la maggior parte delle descrizioni mi erano alquanto familiari. Potevo esclamare con totale fiducia di riconoscerne i tratti: la loro giocosità, la singolarità, le consistenti inconsistenze, i colori, l'intensità, la connessione mentale erano presenti anche nelle scritture. La storia delle varie guerre religiose mi inquietava particolarmente. Mi spezzava il cuore vedere che persone di tutto il mondo condividevano questa abilità di connettersi direttamente con il fenomeno, ma dovevano sentirsi dire che fosse contro le regole. Generalmente parlando, diverse istituzioni e associazioni religiose affiliate alla politica pretendono di essere le uniche depositarie dell'esperienza religiosa, e nel frattempo prevedono la dannazione per tutti coloro che non ne fanno parte. Questa profonda divisione spirituale tra gli uomini ha causato interminabile miseria, isolamento, deumanizzazione e violenza. Le sfere sono sempre state presenti e aperte verso tutti noi, pronte a darci i messaggi e i segnali di cui abbiamo bisogno. Gli studenti del *Southern Babtist Bible College* avrebbero dovuto dimostrare un'insperata apertura mentale nel considerare le mie idee e, augurandomi che fosse così, decisi di accettare l'invito sentendo il sostegno della signora. Se avessi percepito ostilità, avrei potuto stare in silenzio e godermi la grigliata. Ho un profondo rispetto per tutti coloro che sono alla ricerca di Dio, qualunque sia la loro religione. Sono le pecche nelle istituzioni a condurre a tanta violenza, sofferenza e pene superflue.

L'appuntamento era per le 17,30 del primo marzo in un rinomato ristorante di Goldsboro. L'unico con cui avevo parlato era il decano del college, che era pure l'insegnante del corso, per cui non avevo idea di cosa aspettarmi. Quando feci il mio ingresso venni accolto da un paio di persone che mi riconobbero e mi condussero nella saletta privata dove avremmo cenato e conversato. Con mia grande sorpresa, nella sala c'erano persone della mia età e pure più anziane, al posto dei giovani tirocinanti che mi aspettavo di trovare. C'erano circa venti studenti, insieme a me e al decano, tutti in piedi intorno ad alcuni tavoli che erano stati uniti per formare un lungo rettangolo. Mi avevano assegnato un posto in mezzo e, mentre lo raggiungevo, notai un libro posizionato di fronte alla sedia di fianco alla mia. Sulla copertina c'era un omino verde e la scritta *Ultraterrestrial*. Provai una sgradevole sensazione, ma presto iniziò la cena e l'aria si riempì di una buonissima fragranza di carne affumicata. Mangiando seduti uno di fronte all'altro, conversavo piacevolmente con i vicini di sedia. Conclusa la cena, il decano seduto al mio fianco si alzò tenendo il libro in mano. Mi presentò agli altri menzionando l'episodio di Discovery e qualche evento accaduto in seguito. Quando ebbe finito, mi alzai e cominciai a raccontare la mia storia e ciò che era stato escluso dal programma televisivo. Arrivai al punto in cui mi ero nascosto dalle sfere, tra i cespugli. Raccontai di quando, alzando gli occhi, avevo avvistato una terza sfera che mi osservava, e di ricordare vagamente che mi avevano prelevato.

Avevo appena iniziato a raccontare la mia storia quando il decano si rialzò, si schiarì la voce e prese a spiegare alla classe cosa credeva che mi fosse successo. Alzò il suo libro *Ultraterrestrial* e ci diede una lezione sui demoni, sulle forze negative e sulle energie oscure che ci avevano raggiunto quella sera al fiume. Ovviamente aveva preparato una lunga lista ci citazioni e frasi della Bibbia per supportare le sue asserzioni. Ero indispettito, ma gli lasciai terminare il suo giochetto. Ripresi la mia storia da dove era stata interrotta, elencando i dettagli che avevo già raccontato un sacco di volte. Dopo meno di dieci minuti il decano si alzò di nuovo, scatenato dalla frenesia di gridare al gruppo la sua convinzione: ero stato preso da una forza diabolica, ero un delirante e avevo permesso al diavolo di penetrare nel mio cuore.

L'unico motivo per cui non provai timore e rabbia fu vedere che quasi tutti i presenti lo stavano guardando con la mia stessa aria confusa e d'imbarazzo nei suoi confronti. Il silenzio riempì la sala. Non sapendo come rispondergli, mi rimisi seduto. Immediatamente fui attorniato da un gruppo di signore mature molto gentili che mi dissero di non badare a lui. Diedi un'occhiata al decano che mi stava fissando insieme ad alcuni suoi amici. Le signore capirono che non volevo più restare là e mi invitarono a mangiare torta e gelato a casa di una di loro, non lontano da lì. Uscii in fretta e mi ritrovai quasi subito nel salotto di Monica a fare la conoscenza con tutto il gruppo di gente che evidentemente era dispiaciuta per come ero stato trattato. Era una bella sensazione sentire il loro calore e sostegno dopo aver subito un'invettiva da fuoco e fiamme. La torta preparata da Monica era deliziosa e mi convinsi che il vero scopo di quella sera fosse la visita a casa sua. Erano tutti curiosi di conoscere il resto della mia storia, così continuai il racconto. Ogni tanto qualcuno mi faceva una domanda, mai mostrando ombra di dubbio o scetticismo, ma per pura curiosità e con la mente aperta.

Mentre parlavo notai una donna che stava raggomitolata sul divano dalla parte opposta della stanza e non aveva aperto bocca. Era molto più giovane di tutti noi e mi dispiaceva vedere una donna così giovane con un'aria molto triste. Per qualche motivo, decisi di saltare un paio d'anni della mia storia e arrivare al racconto sul tumore di mio padre nel 2012. Spiegai che partendo dalla diagnosi di cancro a un rene in stadio avanzato ricevuta da un ospedale, passammo a un esito praticamente negativo, quindi assenza di tumore, da parte di un secondo ospedale. Tutto questo nel giro di poche settimane. Raccontai delle mie preghiere e del colpo di fortuna iniziale, in quanto a UNC avevano un nuovo macchinario per l'esame oncologico. Raccontai di tutta la famiglia riunita sulla veranda in attesa del risultato e di come, nel momento in cui vidi mia madre sorridente e con le lacrime agli occhi, alzai le braccia al cielo a ringraziare Dio. E in quello stesso istante, tra le mie braccia apparve un oggetto color grigio perla a forma di tic tac.

Non appena menzionai l'oggetto alcune signore strabuzzarono gli occhi, fissando un punto dietro la mia testa. Tre di loro, quasi all'unisono, esclamarono: «Ma avete visto?» Improvvisamente la giovane donna triste mi venne incontro e abbracciandomi mi disse: «Lo sapevo che avresti parlato di cancro al rene!»

Mi ci volle un po' per elaborare l'accaduto. Le donne spiegarono di aver visto lucette brillanti e lampeggianti intorno alla mia testa, mentre parlavo di quell'episodio. La giovane donna si presentò come Sharon Debonis, e disse che un anno e mezzo prima le era stato rimosso un rene a causa di un tumore che aveva raggiunto la dimensione di una pallina da softball ed era resistente alla chemioterapia. Molto recentemente lo stesso tumore resistente alla chemio era comparso nell'altro rene. Comprensibilmente, Sharon era devastata. Aggiunse che se la chemio non avesse iniziato a funzionare non ci sarebbe stato scampo per lei. Fu un momento di grande commozione che non dimenticherò mai. Per tutto il tragitto verso casa pensai continuamente al suo sguardo vuoto e sconfitto, mentre stava rannicchiata sul divano. Pregai per lei ininterrottamente per due ore. *Guarisci Sharon. Stai al suo fianco. Riempi Sharon di speranza e amore. Dai un segno a Sharon, se questo è il tuo volere.* Fermai l'auto nel vialetto, esausto e irrigidito per il viaggio, ma i miei sogni furono lucidi e pieni d'energia. Sognai Sharon. Sognai che era stata toccata dal fenomeno e che la sua strada non era giunta alla fine. La mattina seguente mi recai nel pollaio a prendere le uova fresche e a controllare le quaranta galline. La maggior parte di loro faceva uova almeno una volta al giorno, per cui era un grosso impegno giornaliero per noi. Stavo recuperando i caldi regali, un uovo o due per volta, quando guardando in basso vidi una forma strana nella mia mano. Era un rene. Fu l'unica cosa che mi venne in mente. Era il segnale per Sharon. Lasciai tutto e feci una foto da mandare a Sharon, sapendo quanto avesse bisogno di un segno di speranza. Continuai a pregare per lei in vari momenti della giornata e a sperare insieme a lei.

Il mattino dopo, ricevetti una telefonata improvvisa da Sharon. «Grazie», disse tra un singhiozzo e l'altro. Per combinazione, era il giorno di una visita di controllo per monitorare l'andamento del tumore. L'esito degli esami del sangue aveva un che di miracoloso. Le piastrine erano tornate ai livelli normali e un esame del rene mostrava che il tumore si era ridotto a un insignificante minuscolo granello, proprio come per mio padre.

Non posso speculare sull'effetto del mio incontro con lei, l'importante è essere riuscito a dare speranza a un'anima spaventata. La mia riflessione fu che il processo e le sensazioni legate a Sharon furono simili alle preghiere per mio padre e all'unità della nostra famiglia nell'affrontare l'ostacolo. Forse cambiare ospedale rappresentò per mio padre il lume di speranza che diede la svolta, o forse lui non si arrese perché anche noi credevamo nella sua guarigione. Similmente, non so cosa spinse Junior a farsi avanti e chiedere aiuto per il dolore provocato dall'infezione al rene, ma sono convinto che l'apparizione della signora costituì un'immagine di speranza. Forse Junior si decise a parlare sentendo nascere la speranza di poter stare meglio, invece che continuare a soffrire in silenzio. Tre persone nella mia vita con malattie ai reni, tutte e tre guarite.

Posso solo dire che ho aperto il cuore al cielo, alla verità che ho visto, e ho chiesto di guarirli dal profondo della mia anima. Chiunque ci sia lassù mi ha ascoltato.

Ad oggi, Sharon è viva e completamente sana.

CAPITOLO 25

Larry Frascella, l'organizzatore del *Gathering* del 2012, mi telefonò all'improvviso due giorni prima della festa del 4 luglio 2015. Parlammo per qualche minuto dei nostri programmi per l'imminente celebrazione. Yvonne e io eravamo entusiasti di avere la famiglia riunita, con tutti i figli in visita dai college. Non c'era mai fine ai cambiamenti ogni volta che ritornavano dopo qualche tempo via da casa, e per noi era una benedizione rivedere le loro facce.

Larry disse che un ragazzino dodicenne di nome Brandon aveva bisogno del mio aiuto. Brandon viveva con i suoi genitori a Washington e soffriva di una malattia genetica mitocondriale in forte peggioramento. Secondo i medici sarebbe stato già tanto se fosse vissuto fino a tredici anni. La famiglia era molto agiata e aveva ogni mezzo per poter contattare i migliori esperti al mondo. La madre di Brandon era un medico e il nonno un cardiologo, e la lista di specialisti da consultare era ormai esaurita. La fondazione *Make-a-Wish* aveva appena approvato l'ultimo desiderio di Brandon, ma la famiglia non era ancora pronta a rassegnarsi. Larry era il punto di contatto tra loro e me, e così compresi nel mio studio a Hope Mills di rappresentare l'ultima speranza per quel bambino innocente. Era giovedì sera e siccome avrei preferito trascorrere il weekend a casa chiesi se potevamo aspettare lunedì. Larry rispose che avrebbe voluto dirmi di sì, ma che la condizione di Brandon peggiorava ogni giorno. Il sintomo più preoccupante che presentava era l'impossibilità di digerire il cibo. Tutto il nutrimento necessario per continuare a vivere veniva espulso prima di essere assimilato. Avendo sperimentato una cosa simile a causa della mia lunga battaglia contro la sindrome di Crohn, sentii una grande empatia verso di lui. Lo immaginai debole e sdraiato a letto mentre i suoi coetanei erano fuori a giocare, e il mio cuore sprofondò. Ricordai le parole di Tim Taylor che mi spronavano a usare il mio dono il più possibile, in accordo con le mie energie e il supporto della signora al mio fianco. Sentivo che la signora voleva che condividessi non soltanto le mie visioni, ma anche l'energia che mi aveva trasmesso. La festa del quattro di luglio era appunto soltanto una festa e comunque sapevo che ci sarebbero state altre occasioni di stare con la mia famiglia.

«Larry, mi hai convinto. Mandami il biglietto aereo e ci vedremo domani», gli dissi. Feci altre domande su Brandon e sulla sua malattia in modo da iniziare subito a meditare e pregare per lui. Larry mi diede spiegazioni sul ruolo del mitocondrio nella cellula e una lista degli altri sintomi di cui soffriva Brandon. Era già collegato a un sondino, l'estremo trattamento possibile. Quella notte, mi coricai con una dozzina di termini medici che circolavano nella mia mente. Ero sempre incerto su cosa potessi aspettarmi o cosa sperare: tutto ciò che potevo fare era di sentire il peso della loro familiare sofferenza e affidarla alla luce della signora.

∞

Il mattino seguente, uscendo dall'area ritiro bagagli dell'aeroporto di Washington, Larry era lì ad attendermi con la sua Mercedes nera. Mi aiutò a caricare la valigia in macchina e partimmo per un tragitto di quarantacinque minuti in direzione sud verso Old Town Alexandria, Virginia. Larry mi diede altre informazioni sulla famiglia e su come si erano conosciuti. Erano ebrei, con una lunga storia legata alla medicina tradizionale, per cui questo tipo di approccio olistico era per loro una svolta drastica. In altre parole, avevano terminato le opzioni. Quando avvistai il *Washington Monument* svettare sopra alcuni edifici, mi resi conto che eravamo quasi arrivati. Entrammo in una vecchia area magnifica, con i viali alberati addobbati da bandiere americane e festoni. Soltanto qualche anno prima, la mia comunità mi aveva catalogato come bugiardo, fanatico o in preda alla droga, ed ora eccomi qui reclutato come ultima risorsa da una delle famiglie più rispettate e influenti d'America, sulla base di ciò che avevo visto e sentito, e del mio coraggio di affermarne la veridicità. Esiste un mondo nascosto intorno a noi che chiede di essere riconosciuto. Sta a noi aprirci alla possibilità di vederlo.

I genitori di Brandon ci accolsero sull'uscio con un calorosissimo saluto di benvenuto. Ci condussero direttamente in una bella sala spaziosa di fianco alla cucina, e lì vidi Brandon. Era piccolo per la sua età, e pallido, ma con un gran sorriso naturale. Si capiva subito quanto fosse coraggioso, di come cercasse di nascondere il dolore davanti ai suoi genitori, e della speranza che provava per questa nuova opportunità: il sollievo di un trattamento che escludeva ospedali o cliniche. Quel rifiuto deciso di condividere il proprio dolore mi era altamente familiare.

Parlammo per un'ora delle mie esperienze, comprese quelle di sostegno agli ammalati. Continuavo a guardare Brandon mentre raccontavo, sentendomi fortemente attirato dalla sua presenza. Dissi che Tim Taylor mi aveva incoraggiato ad aiutare i bisognosi il più possibile. Brandon non staccava mai gli occhi da me e sembrava assorbire ogni mia parola. Soprattutto, spiegai che non avevo idea di come avvenissero le guarigioni e nemmeno la NASA sapeva come funzionasse, ed ecco perché Tim Taylor mi spronava a proseguire i miei sforzi. In seguito alla mia esperienza con Sharon sapevo che la speranza, la preghiera e la concentrazione erano parti importanti dell'equazione.

Poi Brandon iniziò a raccontare delle conseguenze provocate su di lui dalla malattia. Era un ragazzino molto dolce ed educato. Ti saresti ragionevolmente aspettato dei crolli, modi bruschi e silenzi deprimenti da un ragazzino di dodici anni malato terminale, e invece nulla di tutto ciò. Occasionalmente

Brandon non poteva celare qualche segno della sua debolezza: una smorfia nel sollevare un bicchiere d'acqua, una stanca espressione del viso, una lenta reazione a qualche domanda dei genitori. Mentalmente, mentre il pomeriggio diventava sera, continuai a chiedere allo spirito santo di farmi da guida. Non esisteva una ricetta per la guarigione. La signora non mi aveva dato linee guida. Potevo solo fissare la sua immagine nella mia mente e provare a indovinare. La sensazione non è molto distante dall'accordare una chitarra: da qualche parte, tra i miei pensieri rivolti a lei, c'è una nota inconfondibile che cerco di ottenere. Sento come un flusso infinito di generosità, empatia e comprensione. È contemporaneamente una postura emotiva, un atteggiamento mentale e un modo di vedere le cose. Durante la mia preghiera costante iniziai a sentire dentro di me l'espansione di un'energia di tipo elettrico. Insieme a questo ronzio interiore si manifestò il pensiero di dover abbracciare Brandon per trasmettergli l'energia di cui aveva bisogno.

La madre di Brandon cucinò una cena fantastica, dopo di che iniziai a provare stanchezza. La giornata precedente il quattro di luglio era stata lunga e impegnativa a causa del viaggio. Stavo sentendo anche la fatica dovuta alla mia artrite reumatoide. Curiosamente però, pur essendo fisicamente esausto, quella specie di brusio elettrico aumentava. Era come se dovesse crescere fino al punto di realizzare l'impulso a cui sembrava essere legato, così mi riproposi di ricordarmi dell'abbraccio prima di andar via. Pensai che, al momento dell'arrivederci, sarebbe stato un gesto naturale.

Dopo l'abbraccio con Brandon che durò alcuni istanti, ritornai all'hotel insieme a Larry. Sorprendentemente, si era fatto tardi in fretta. Mentre abbracciavo l'esile e fragile corpo di Brandon avevo pregato silenziosamente:

Spirito celeste, questo figliolo è così speciale.
È la persona più umile mai incontrata in vita mia.
Merita sicuramente una seconda occasione.
Aiutalo, proteggilo e guidalo attraverso la sua vita.
Donagli questa occasione. Guariscilo.

Io e Larry stavamo per prendere le stanze nell'hotel ed era già quasi l'una di notte, quando ricevetti una telefonata. Era la madre di Brandon, estasiata, che esclamava la sua eccitazione nel comunicare che, dopo essercene andati, suo figlio aveva mangiato due porzioni di cibo. Aggiunse che era da mesi che non lo vedeva mangiare con tanta energia e appetito. Riuscii solo a rispondere che era un ragazzo speciale, che credevo nella sua guarigione, e che l'avrei tenuto nei miei pensieri fin tanto che fosse stato necessario.

I genitori di Brandon sono diventati miei amici per la vita. Era passato soltanto un mese e la mia intera famiglia ricevette l'invito per il bar mitzvah di Brandon a ottobre. Di certo sarebbe stato un avvenimento esclusivo a New York, ma prima di tutto ero entusiasta di poter rivedere il mio giovane amico. Alla fine, gli unici liberi da impegni di lavoro o studio in quel weekend furono Yvonne, Ryan e la sua fidanzata di allora Jennifer, diventata poi sua moglie. Una sera di inizio ottobre, noi quattro salimmo sull'aereo per Philadelphia e trascorremmo la serata con Larry e sua moglie. Ryan fu molto felice di riuscire a incontrare Larry, l'uomo che aveva organizzato il *Gathering* di cui aveva tanto sentito parlare.

La mattina dopo ci recammo a New York. Un'auto Suburban di color nero lucido con vetri oscurati ci condusse in città. Il nostro maestoso hotel era a sud di Central Park. Mentre completavamo il check in, i facchini in uniforme portarono i nostri bagagli in camera. Tutte le spese di viaggio erano coperte dalla famiglia di Brandon che aveva dimostrato una grande generosità, considerando che ci eravamo incontrati una sola volta. La nostra stanza aveva una vista incantevole sulla città e sulle sue strade e intersezioni.

Yvonne, Jennifer e la moglie di Larry passarono il pomeriggio a far shopping e con appuntamenti dal parrucchiere e dall'estetista, mentre io e Ryan andammo in giro a visitare la città. I venditori di hot dog, il parco, l'hotel Plaza. Era un modo per ammazzare il tempo in attesa di un incontro importante. Il motivo dell'invito da parte dei genitori di Brandon era in parte per farmi incontrare un uomo di nome Jim Semivan. Avevo sentito qualcosa su di lui, ad esempio che era una specie di James Bond della CIA e che desiderava incontrarmi, ma dopo aver fatto qualche ricerca nel pomeriggio iniziai a sentirmi un po' agitato. Il personaggio aveva alle spalle una carriera da ufficiale operativo, in pratica una spia, durata venticinque anni ed era andato in pensione come membro del *Senior Executive Service*.

Al contrario di Tim, Hal e altri ufficiali governativi di alto livello che avevo incontrato, l'interesse di Jim riguardo il fenomeno non era strettamente scientifico o spirituale. Era personale. Mi sembrava piuttosto improbabile che qualche aspetto del fenomeno potesse essere utilizzato per attività spionistiche o sforzi antiterroristici. In ogni caso, le persone del governo mi avevano trattato con maggiore rispetto e comprensione della comunità di civili che ruotava intorno all'ufologia, e stavolta non avevo alcuna ragione di aspettarmi un trattamento diverso. Jim era un amico della famiglia di Brandon, anche lui in città per il bar mitzvah, e fu confortante sapere che il nostro incontro sarebbe quantomeno avvenuto in ambito sociale.

Alle 18,30 salimmo con l'ascensore al trentacinquesimo piano e vedemmo la sala conferenze. Gli addetti al catering scherzavano tra di loro, in fase di preparazione del buffet per gli ospiti. Mentre il sole stava per tramontare, condussi la moglie di Larry, Yvonne, Ryan e Jennifer nella sala. Lo skyline imponente di New York iniziava a risplendere. Central Park giaceva come un monolite che si allungava a perdita d'occhio, con le sue ombre di color verde scuro illuminate dai lampioni. Dopo qualche minuto, Larry fece il suo ingresso con altre due coppie e ce le presentò.

Immaginavo che volessero sentire subito la mia storia, direttamente dalla mia voce. Ogni volta che accadeva sentivo nella sala una tensione tipica di quando stai per essere processato: vedevo i nuovi ascoltatori che mi scrutavano per capire dal mio tono di voce se ero bugiardo o veritiero. Avevo raccontato la mia storia una marea di volte ed era sempre un ricordo nitido, come se fosse accaduta ieri. Eppure essere sottoposto a questo test incrociato mi prosciugava emotivamente. Erano necessarie energia e concentrazione per descrivere correttamente ogni dettaglio, e mi sentivo in dovere di essere preciso per la mia famiglia. Non avevo idea delle conseguenze di questo incontro, di cosa sapessero le due coppie a proposito del fenomeno o di come avrebbero reagito. Ero comunque lieto di avere la mia famiglia e Larry accanto a me per sostenermi in quel momento.

Gli addetti al catering portarono il vino e servirono un ricchissimo buffet. Mentre parlavo, mi sentii subito a mio agio con Jim e il racconto filò via liscio. Avevo portato con me il computer e l'avevo collegato a un proiettore in modo da mostrare i video e le foto che avevo del fenomeno, dell'albero infuocato, della visita al Kennedy Space Center e del resto della mia famiglia. Dalla prima apparizione della signora, quando mi venne donata l'abilità di catturare il fenomeno con immagini, avevo raccolto una grande quantità di materiale. Mentre parlavo, Yvonne, Ryan e Jennifer intervenivano per confermare vari episodi a cui avevano assistito. Dal modo in cui Jim mi ascoltava ero certo che credeva alle mie parole. Anche l'altra coppia, amici di Jim che lavoravano al Dipartimento di Giustizia, ascoltava con molta attenzione. Come al solito, non riuscii a trattenere le lacrime malgrado i miei migliori sforzi. Che si venga creduti o no, alla fine è sempre un tuffo al cuore quando una parte così importante della tua vita viene messa in dubbio. Quella sera a New York, dall'alto della città, le lacrime furono di gioia.

Deborah, moglie di Jim e medico di professione, venne a consolarmi. Disse che comprendeva quanto fosse stato difficile per noi. Dopo di me, Jim si mise a raccontare dettagliatamente le sue esperienze con il fenomeno, risalenti ai suoi primi anni di carriera nell'intelligence. Ero felice di essere creduto e pure scioccato di vedere un altro ufficiale governativo parlare apertamente del fenomeno. Ero quasi pentito di aver tenuto su la guardia in principio, ma gli attacchi giornalieri e le minacce che subivo sui social mi costringevano alla prudenza. Mi sentii più vicino che mai a quell'obiettivo elusivo che inseguivo dal momento in cui avevo contattato il MUFON: rivendicazione. Tutti gli scettici e i fenomeni da tastiera che credevano di conoscere tutto avrebbero saputo la verità se si fossero trovati in quella sala. Salire sul tetto e gridare al mondo di questo incontro era ciò che desideravo più di ogni cosa, ma bisognava aspettare. La condivisione di queste storie necessitava di fiducia alla base di tutto, perché chi ne era protagonista metteva a rischio la sua famiglia e la carriera. Sapevo benissimo i danni che avrebbe provocato un tradimento della confidenzialità e mi impegnai al massimo per onorare la fiducia. La serata terminò e Jim e sua moglie diventarono nostri amici per sempre.

La mattina seguente le donne della comitiva uscirono presto per darsi allo shopping e ai trattamenti di bellezza prima del bar mitzvah. Jim, Larry, Bryan e io decidemmo di passeggiare per la città. Fui molto felice di chiacchierare con Jim. Dopo i primi veloci convenevoli passammo presto a discutere delle questioni più importanti per noi riguardo il fenomeno, delle risposte del governo e delle nostre vite.

Mentre camminavamo per una via molto trafficata, Jim mi chiese che cosa mi mancava di più al mondo. Risposi che avrei voluto nuovamente pilotare un aereo. Per ottenere ancora la licenza avrei dovuto spendere molto tempo e denaro, un impegno quasi impossibile tra l'artrite reumatoide e le spese per lo studio e altre necessità dei miei figli. Jim si arrestò sul marciapiede e con occhi sorridenti mi disse: «Chris, tornerai a volare.» Mai potrò dimenticare l'estrema sicurezza della sua affermazione e di come mi riempì di speranza e di ottimismo, perché se ci credeva lui potevo crederci anche io. L'effetto positivo di quella semplice frase dentro di me fu un piccolo miracolo.

Visitammo la città in lungo e in largo, e verso metà pomeriggio arrivò il momento di tornare in hotel per prepararci all'evento. Indossammo i nostri abiti più eleganti. Yvonne e Jennifer, anche grazie all'aiuto di un parrucchiere e un truccatore eccellenti, erano bellissime. Ero eccitato di rivedere Brandon e mi auguravo che la sua festa non avesse alcun intoppo. Dopo esserci radunati con il resto della comitiva nella hall dell'albergo, salimmo su tre auto Suburban con vetri oscurati e partimmo verso la sinagoga di Madison Avenue.

Non avevo idea di cosa aspettarmi da un bar mitzvah, ma sapevo che era una cerimonia molto importante per la crescita di Brandon. Il tempio era magnifico e pieno di gente. Seduti uno di fianco all'altro, lo guardammo recitare la Torah davanti a tutte le persone che conosceva. Ero grato di vederlo meno pallido e di mostrare sicurezza mentre parlava. Più tardi ci riferirono che la sua presentazione era stata perfetta. Durante la malattia non aveva interrotto i suoi studi sull'ebraismo e sulla Torah. Al termine, si alzarono tutti in piedi e Brandon ricevette una standing ovation. Fu una meravigliosa cascata d'amore e sapevo quanto il ragazzo ne fosse meritevole.

Poi arrivò il momento dei festeggiamenti nella sala sottostante la sinagoga. Era un salone bello e ampio, con tovaglie eleganti sui tavoli apparecchiati, una pista da ballo e un'orchestra che già suonava al momento del nostro ingresso. Camminavo al fianco di Jim, che mi disse che la sala si sarebbe riempita di persone dell'intelligence, medici importanti, avvocati e l'ex vicedirettore della CIA Mike Morrell. Trovammo il nostro tavolo vicino a quello di Jim e Deborah e ci godemmo una cena deliziosa. Quindi iniziò la festa.

Tutti si alzarono e si misero a ballare. Osservai i miei famigliari che danzavano e ridevano in abiti eleganti nello splendido salone e non potei fare a meno di sentire la forza trainante della signora. Dopo tanta vergogna e tanti rifiuti, il mio legame con il fenomeno ci aveva trasportati in questo momento di grande gioia.

Improvvisamente sentii urla e grida dietro di me. Guardai intorno per cercare di capire cosa stesse accadendo. L'orchestra smise di suonare. Deborah mi agguantò per le spalle dicendo di correre ad aiutare. Sentii qualcuno urlare *un medico!* Non capivo chi avesse bisogno d'aiuto, ma mi alzai dalla sedia e notai un uomo al tavolo di Deborah con la faccia piegata in avanti. Intorno a lui, tutti cercavano di rianimarlo. Deborah mi condusse a lui tra la folla di gente. Stava succedendo tutto così di fretta e, non sapendo bene cosa fare, gli appoggiai le mani sulle spalle. Sentii che l'uomo aveva perso conoscenza. Stavo per pregare per lui in attesa di un medico, ma non ne ebbi il tempo. L'uomo si risvegliò e, respirando a fatica, si meravigliò di essere attorniato da una folla di gente. Deborah mi fissò e mi disse che lo avevo salvato. In verità, avevo percepito la presenza della signora pochi attimi prima, ma non volli prendermi il merito di aver influito su quell'uomo. Episodi del genere accadono naturalmente e a volte sento la sua inconfondibile energia che scorre attraverso di me.

La festa proseguì senza altri intoppi. Ci congratulammo con Brandon, e vederlo al centro di una celebrazione trionfale e amorevole mi scaldò il cuore. Di nuovo, non mi sento di aver fatto chissà che cosa per lui, però il suo graduale cambiamento avvenne dopo il nostro incontro. Con il passare degli anni, le nostre famiglie si sono ritrovate a passare vacanze insieme e restano sempre in contatto. Attualmente, Brandon è studente al secondo anno di college.

CAPITOLO 26

Fu un periodo intenso e vissuto modestamente. Chi era in controllo del mio percorso stava facendo gli straordinari. L'unica certezza era la sua imprevedibilità. Dovevo aver fatto una grande impressione al colonnello John B. Alexander durante l'investigazione sul tentativo di assassinare il papa a Philadelphia, tanto da chiedermi di poter venire a Hope Mill insieme a sua moglie. Fui onorato di accettare e due settimane dopo il viaggio a New York per il bar mitzvah di Brandon me li ritrovai alla porta di casa. Il caso volle che nel weekend della loro visita avevamo in programma la festa del mio compleanno che quell'anno cadeva di giovedì. I ragazzi erano entusiasti di incontrare il colonnello, avendolo visto tante volte in programmi televisivi sui canali History e Discovery. Nelle comunità del paranormale e degli UFO era uno dei personaggi più rinomati, per non parlare del grande rispetto che riceveva come membro dell'apparato militare e di intelligence. Il colonnello e sua moglie passarono da noi la sera di venerdì per un breve saluto e per programmare il giorno successivo. Stanchi dopo il lungo volo da Las Vegas, tornarono presto in hotel. La mattina dopo l'intera famiglia era riunita con mille domande da fare. Al suo arrivo, lo accompagnai innanzitutto a vedere l'albero infuocato e le altre aree dove si era manifestato il fenomeno. Da quella prima sera in cui, al mio ritorno a casa con Junior, i cani non smettevano di abbaiare si erano verificate frequenti esperienze di vario tipo e ogni volta che mostravo la proprietà a qualcuno me ne meravigliavo. Gli raccontai l'episodio della prima sera e un'altra ventina di incontri tra i più significativi avvenuti negli ultimi otto anni. Tutta la nostra storia familiare era legata a quella terra. Gli stavo presentando sia la mia famiglia che le nostre inspiegabili esperienze. A quell'epoca, il dato più importante per me e John era l'albero infuocato, quello che mi aveva fornito l'informazione che ci aveva fatti incontrare. Dopo aver camminato per un'ora o due intorno all'albero e avergli descritto quell'episodio del passato, andammo nel mio studio e tutta la famiglia si unì a noi per ascoltare le sue storie.

Per farla breve, il colonnello Alexander fu coinvolto nella maggior parte delle imprese elitarie e anticonvenzionali dei militari statunitensi durante la seconda metà del ventesimo secolo. La storia dell'ascesa dell'America come superpotenza mondiale era profondamente interconnessa alla sua carriera. Chiaramente eravamo di fronte a un uomo che destava piena fiducia da parte delle persone al potere sulle questioni e le materie più delicate e pericolose. Sono giunto a conclusione che in casi come il suo e quello di Tim Taylor si può applicare la teoria del ferro di cavallo: quando si arriva a un certo livello, il dovere, il genio e la stoica razionalità non conducono ancor più avanti e, sembrerebbe impossibile, le risposte che diventano più probabili sono quelle antitetiche, malgrado tutti gli stanziamenti e i codici precedentemente impiegati. John e Tim avevano in comune questa ricettività indomita, un atteggiamento che ho adottato tante volte nelle mie esperienze ai confini con la morte e negli incontri più impegnativi con il fenomeno. Ci vuole una certa combinazione di fede, vigilanza e nervi d'acciaio per accettarlo, e John me lo dimostrò mentre raccontava storie che avrebbero fatto impallidire Indiana Jones. Sua moglie Victoria lo aveva accompagnato in molte delle sue avventure – immersioni subacquee tra i grandi squali bianchi, attraversate a piedi nella fitta giungla dell'Amazzonia, galoppate a perdifiato nella Mongolia settentrionale per conoscere i cerimoniali dei pastori nomadi di renne – e annuiva per confermare, seduta tra di noi. John aveva con sé il suo computer e ci mostrò foto di tutte le loro imprese.

Impressionato dai suoi racconti, sentivo la pressione di non deludere le sue aspettative di un incontro con il fenomeno durante la visita. Feci del mio meglio per allontanare l'ansia perché sapevo che il fenomeno e la signora non avrebbero badato alle nostre richieste egoistiche e ai nostri comodi. Io ero pressappoco come una guida durante un tour per avvistare le balene, pensai tra me e me. Se le balene non compaiono, non c'è nulla da fare. Comunque dissi una preghiera affinché il fenomeno di presentasse a John. Pregare e chiedere non avrebbe di certo fatto alcun male. Come recita il versetto di Matteo: "A chi bussa e continua a bussare verrà aperta la porta". Dal mio punto di vista, John era la persona che doveva vedere il fenomeno più di chiunque altro al mondo. Aveva i contatti e l'esperienza per fare la differenza nell'obiettivo di diffondere il messaggio.

A metà pomeriggio, esaurite le chiacchiere, John e Victoria tornarono in hotel per riposarsi un po' prima di cena. Ordinammo il take out da un ristorante cinese e ci ritrovammo di nuovo verso le 17,30. La cena con i nostri ospiti speciali fu molto piacevole. Dopo aver finito di mangiare, John mi prese presto in disparte per accelerare i tempi. Sapevo che John voleva andare al fiume, ma sapevo anche che ora la proprietà aveva dei nuovi padroni e, considerata la mia reputazione generale nella zona, ero convinto che non saremmo stati accolti positivamente. Facevo il possibile per stare alla larga da quelli che mi vedevano come un lunatico o un indemoniato. Comunque la proprietà giaceva ancora su un terreno rurale ed era abbastanza lontana dalle case, per cui immaginavo che una breve visita non avrebbe destato sospetti. Gli dissi di darmi cinque minuti per prepararmi e poi saremmo andati.

Adesso avevo un altro problema. Tutti i ragazzi volevano ovviamente unirsi a noi, ed io avrei voluto portarli, ma dovevo innanzitutto fare in modo che John e la sua signora avessero le migliori possibilità di un incontro. Inoltre, anche dal lato pratico un numero maggiore di veicoli avrebbe dato nell'occhio a eventuali vicini e passanti. Riuscire a prevedere se ci sarà un'esperienza è un calcolo inaffidabile legato più all'istinto che ad altro, sebbene durante gli anni ho individuato alcuni principi di massima. Il più evidente è che gruppi di gente superiori alle dieci persone non riescono quasi mai ad avere un'esperienza. Penso che si spieghi col fatto che ogni volta che ho un'esperienza è presente un coinvolgimento personale dello stato emotivo, ad esempio le parole delle mie preghiere e le persone per le quali prego. Un largo gruppo non potrebbe sincronizzarsi adeguatamente alla concentrazione che metto in atto in quei momenti. Il secondo principio è di focalizzarmi precisamente sull'intenzione. La mente deve liberarsi di preoccupazioni come i piatti da lavare nel lavello o la giornata faticosa al lavoro prevista per l'indomani. Bisogna offrirsi totalmente in quel preciso istante. Il terzo è che non si può provare rabbia, odio, violenza o qualsiasi pensiero negativo e dannoso quando si cerca di osservare il fenomeno. Se volessimo indicare un tipo di personalità, potremmo descriverla come giocosa, superiore alla nostra intelligenza e che aborrisce ogni tipo di crudeltà. La mia sensazione è data dallo stato di disperazione in cui mi trovavo quando ci fu la prima apparizione, e dalla dolcezza e delizia che mostrano alle anime in preda allo smarrimento e allo strazio più profondo.

Pensando a chi avrei portato con noi, ricordai le parole di Tim Taylor la prima volta che lo incontrai. Disse che era proprio come il versetto della Bibbia, "Poiché dovunque due o tre sono riuniti nel mio nome, io sono in mezzo a loro". Per qualche ragione, quel ricordo mi diede l'impulso di portare solo Emily insieme a John e a sua moglie. Pensavo che tutti i miei figli avessero una sorta di magnetismo verso il fenomeno, ma Emily era la più giovane e semplicemente mi sembrava giusto così. Avendo da poco piovuto e poiché non possedevo più il pick up, salimmo sull'auto affittata da John e iniziammo il tragitto di dieci minuti fino al luogo dove tutto quanto ebbe inizio l'8 gennaio 2007. La luce si stava affievolendo quando imboccammo la strada sterrata. Sentivo lo stomaco restringersi dall'agitazione. Volevo assolutamente che John vedesse qualcosa. Parcheggiammo l'auto davanti al vecchio cancello dove avevo scambiato le prime due sfere per due soli. Scendemmo dall'auto e, non potendo aprire il cancello e non volendo rovinare i fossati e i solchi ai fianchi della strada, proseguimmo camminando verso il fiume, mentre ripassavo gli eventi che si erano manifestati quella sera. Mi rincuorò notare che c'era ancora la stessa fila di alberi e che il sentiero che fiancheggiava il fiume alla sua destra verso sud non era troppo nascosto dalla vegetazione. Però era molto infangato come nel 2007 e si procedeva lentamente. Così come nel pomeriggio dietro casa, feci loro da guida indicando i vari punti: il fossato dove mi ero nascosto, il punto dove erano apparse le sfere nel cielo, dove Junior aveva visto gli occhi degli esseri per la prima volta, e infine lo spiazzo dove avevamo acceso il falò. Mi rallegrai della mia efficienza. A patto di non passare troppo tempo al fiume, saremmo ritornati all'auto al calar della sera. Le condizioni parevano favorevoli per avere un incontro. Un brivido attraversò il mio corpo, ripensando alla confusione provata da Junior e dagli uomini che erano con noi quella sera. Erano passati otto anni e c'erano ancora gli stessi pini, querce, hickory e alberi della gomma che però proiettavano ombre più grandi e più lunghe. Quando indicai il punto in cui avevo trovato Junior, nascosto e paralizzato, provai dolore nel ripensare all'espressione del suo sguardo. Il sole tramontò. Le ombre del crepuscolo volgevano all'oscurità e dopo dieci minuti a parlare vicino al fiume decidemmo di tornare indietro.

Il percorso nel tunnel buio e fangoso tra la vegetazione era diventato più difficile da attraversare, ancor più con tutte le foglie autunnali cadute. Alla fine del sentiero, una piccola luce che si apriva su un campo ci faceva un po' da guida. Quando lo raggiungemmo e vidi la strada con la salita che conduceva in cima alla dolce collina, fui raggiunto da un brivido. Mi sembrava di essere ancora nel 2007, quasi sprovvisto di denaro per mantenere la mia famiglia e con una tremenda malattia che m'impediva di lavorare. Allontanai quel pensiero e continuai a camminare, seppur con una mezza sensazione di essere in procinto di vedere due sfere sopra al cancello, di fronte all'auto che John aveva parcheggiato pronta a partire, nel caso dovessimo filarcela da lì.

Ero di nuovo nel luogo dove avevo pensato che fosse impossibile veder tramontare due sfere di sole. Era quello il punto in cui mi ero tuffato dentro ai cespugli. Percorrendo gli ultimi quindici metri mi misi a pregare, ma non apparì nulla finché raggiungemmo l'auto. Malgrado ciò, sentivo un soffio dell'energia della signora dentro di me, e feci del mio meglio per ignorare le aspettative e la pressione. Sapevo che il mio incontro con John era stato in qualche modo preordinato, ma non c'era modo di sapere se avremmo avvistato qualcosa in quell'occasione. Rivedevo di continuo le mie visioni della signora. Ripetevo nella mia mente le sue parole riguardo alla mia missione: dovevo semplicemente raccontare ciò che vedevo. Di ogni altra cosa se ne sarebbe occupata lei. Avevo fede in lei, e ricordarmi della promessa fatta mi aiutò a rilassarmi e a concentrarmi. Il cielo era privo di nuvole. Era un buon segno.

Quando arrivammo all'auto, sull'orizzonte occidentale c'erano ancora dei barlumi di luce che rendevano fioche le stelle. John se ne accorse e chiese se potevamo restare ancora un po', fino a quando non fosse diventato buio. Non avevamo fretta di andarcene e nessuno era venuto a indagare che cosa ci facessimo sulla loro proprietà, così restammo vicino all'auto. Lentamente, le stelle iniziarono a brillare intensamente. Era una fortuna essere in quel luogo, poiché le luci di Fayetteville non interferivano tanto in confronto a quelle di altre città. Ad oggi, ogni volta che vedo un chiaro cielo stellato mi sento pieno di meraviglia e gratitudine.

Victoria, stanca per il lungo viaggio e il tratto percorso camminando in mezzo al fango, si sedette a riposare sul sedile posteriore dal lato destro. Emily si sedette al suo fianco per parlare con lei, ma lasciando la portiera aperta e le gambe fuori a penzoloni, in modo da avere una vista più completa del cielo. John, appoggiato al cofano sul lato della guida, guardava all'insù, mentre io stavo tra lui ed Emily appoggiato alla portiera anteriore chiusa. Mentre si faceva sempre più buio, John volle saperne di più su alcuni aspetti delle mie passate esperienze. Mi pose una serie di domande precise e peculiari, che mi fecero capire quanto prendesse seriamente l'argomento, e fui felice di rispondere nel miglior modo possibile. Era ormai diventato buio pesto e dopo un po' fui pervaso dalla vecchia familiare carica d'energia. Ne ero sicuro, come è sicuro che la pioggia è bagnata. Non potevo sbagliarmi. Avevo la pelle d'oca. Fui costretto a staccarmi dall'auto a cui ero appoggiato. Ero elettrizzato da quest'energia. Non riuscivo a star fermo.

Nel sud degli Stati Uniti, specialmente nelle aree boschive, il suono dei grilli, di altri insetti e del vento tra gli alberi è solo leggermente attutito dagli squillanti ambienti sonori dell'estate. Avevo passato tutta la mia vita ad ascoltare il suo crescendo e calando, in corrispondenza alla temperatura e alla luce stagionale. Ricordo che dall'età di cinque anni, quando mio padre iniziò a portarmi a caccia mi diceva di stare in silenzio e ascoltare. Ricordo l'importanza che dava a ogni suono che sentivamo durante la caccia: un ramoscello che si spezzava, il tipo di cinguettio di un uccello, la frequenza e il tono dell'abbaiare dei cani. La scossa attraversò il mio corpo facendomi quasi vibrare e dopo pochi istanti ogni suono del bosco intorno a noi si arrestò, come azionato da un interruttore. Il silenzio era totale.

Chiesi in fretta a John se si era accorto. In quell'attimo, mi ero dimenticato che portava l'apparecchio acustico ed ero confuso. Poi ecco il rumore dell'abbaiare dei cani, sia da nord che da sud, rispetto alla nostra posizione lungo il fiume. Mi ricordai di qualche casa nei dintorni, ma erano poche in verità e non tenevano i cani all'aperto. Si percepiva una strana paura nel loro tono. Stava per accadere. Doveva essere quello il motivo. Era solo questione di tempo. Poi apparve un gufo, rumoroso e ravvicinato. Ricordai il mio primo incontro a dieci anni, e il suo sguardo vuoto proprio una settimana prima di essere ferito alla schiena da un colpo di fucile. Mentre mi sentivo sopraffatto dal coro d'allarme, la carica dentro di me aumentò. La stessa adrenalina e concentrazione presero il sopravvento su di me.

Immediatamente capii, erano sopra di noi.

Feci un passo in avanti affinché John potesse vedermi con la coda dell'occhio e indicai in alto, dicendo: «Oh, credo che siano qui».

John si staccò dal suo punto d'appoggio. Guardò verso la direzione indicata da me. Ero sicuro che anche Emily stesse guardando. Ecco le costellazioni a me familiari. Passarono altri secondi con le stelle che risplendevano su di noi. Passarono altri secondi. Nulla, nonostante l'energia mi stesse facendo quasi scuotere, mentre allungavo il collo all'insù. Passarono altri secondi. Nel punto esatto del cielo dove stavo guardando, una sfera brillante lampeggiò di fronte a noi, pulsando per due o tre secondi di un bianco e di uno splendore più intensi che mai. Ancor prima che qualcuno di noi potesse aprire bocca schizzò via in una scia di luce verso sud. John rimase senza

fiato e poi lanciò un grido: «Oh mio Dio!! Victoria, l'hai vista?»
Victoria non fece in tempo a uscire dall'auto perché seduta
dalla parte opposta con la portiera chiusa, ma Emily la vide.
Mi voltai e la vidi con la bocca spalancata.

Dopo qualche momento di silenzio per elaborare ciò che
aveva visto, John si allontanò con il cellulare in mano. Lo
aspettammo mentre faceva varie telefonate. Venni a sapere
in seguito che una delle persone contattate era Jim Semivan.
Lasciai uscire lacrime di gioia e di gratitudine. Era una palla
di luce di una bellezza e brillantezza rare, ed era giunta nel
momento di maggior bisogno.

John tornò all'auto e ci dirigemmo verso casa. Eravamo tutti
estasiati. John si lasciò andare in un sorriso, ed ebbi l'impressione
che il fenomeno fosse già apparso davanti a lui in precedenza. Ci
disse che tra i due incontri decisamente inspiegabili che aveva
avuto nel corso della sua vita questo era di gran lunga il più sconcertante e significativo. Il fatto che io avessi sentito e anticipato
l'apparizione del fenomeno l'aveva totalmente scioccato. Disse
che aveva trascorso cinquant'anni a inseguire lo stesso tipo di
relazione che gli avevo dimostrato. Apparentemente, possedevo
quello che nel gergo della cerchia di esperti veniva definito come
"connessione temporale". In altre parole, secondo la spiegazione
di John, possedevo quella che veniva chiamata connessione
telepatica con un'intelligenza non umana.

Più tardi, cercai di spiegare la sensazione che mi aveva
avvisato del loro arrivo. Era più semplice spiegare i fattori
fisiologici piuttosto che il mio stato emozionale. Alcune

profonde esperienze che avevo vissuto in chiesa erano per me la miglior similitudine al feeling provato. La preghiera, la musica delle funzioni religiose, i pensieri di quei momenti avevano provocato brividi di commozione e pelle d'oca. Così era successo fin da quando ero piccolo. Attualmente, mi arriva ancora un impulso improvviso che mi incita a uscire con la mia macchina fotografica: o stanno già lì ad aspettarmi oppure mi basta attendere per un breve momento ed ecco che appaiono. Prego e penso alle persone a me care. Molti testimoni, inclusi ufficiali governativi, hanno assistito a questo processo.

Mentre guardavo John ed Emily raccontare al resto della famiglia cosa avevano visto, non potei fare a meno di sorridere. Il militare pericoloso e misterioso visto in televisione era lì nel nostro soggiorno a convalidare tutta la loro infanzia. Un accenno della sensazione provata mezz'ora prima nel campo si ripresentò dentro di me: chiamalo spirito divino, chiamalo amore, la stanza ne era piena e ne risplendeva. Lo capirai quando lo vedrai.

CAPITOLO 27

*Il profumo e l'incenso allietano il cuore, così fa la dolcezza
di un amico con i suoi consigli cordiali.*

—Proverbi 27, 9

Un anno intero di terapie per l'artrite reumatoide mi costrinse
a casa per gran parte del 2016. Continuavamo a vedere e
documentare il fenomeno con crescente frequenza, ma la
difficoltà di viaggiare rendeva più semplice avere ospiti a casa
mia. Fu un anno lungo e difficile. Verso la fine dell'estate, io
e Yvonne arrivammo alla conclusione di non essere più in
grado di mantenere la proprietà dove avevamo vissuto per oltre
dodici anni. C'era troppa erba da tagliare e le troppe faccende
richiedevano uno sforzo che le mie articolazioni doloranti non
potevano ormai sostenere. Non volevo imbrigliare i miei figli
con tutti quegli impicci. L'idea di lasciare una casa con tanta
storia era devastante, ma non avevamo altre opzioni.

Jim Semivan e sua moglie Deborah vennero a trovarci
nel weekend del mio compleanno, un anno dopo la visita di

John Alexander. Fu un sollievo pensare che Jim avrebbe visto la proprietà prima del nostro trasloco, perché non avevamo modo di sapere cosa sarebbe accaduto alla casa e all'albero infuocato. Quando Jim e Deb arrivarono, andammo tutti a pranzo in città. Junior, Emily e Jeremy non avevano ancora incontrato Jim, e tutti erano eccitati e desiderosi di fargli domande sulla sua carriera nella CIA.

Jim è un uomo estremamente intelligente e osservatore, indubbiamente grazie a decenni passati a procurarsi informazioni cruciali per la sicurezza della nostra nazione. L'unico al tavolo che non gli chiese nulla fu mio figlio Jeremy. Il suo relativo silenzio spinse Jim a fargli domande dirette sui suoi interessi accademici, che presentavano alcuni aspetti in comune con la carriera di Jim nell'intelligence. Dopo un lungo dibattito tra i due, Jim chiese di scatto: «Perché ti vergogni di tuo padre?».

La conversazione aveva preso una piega inaspettata e Jeremy non sapeva cosa rispondere. Anche io ero piuttosto sorpreso, e mi girai a guardare gli altri ragazzi facendo finta di non aver sentito la domanda. Intanto Jim si era lanciato in una difesa appassionata del fenomeno, citando episodi in tutto il mondo relativi a ingiuste persecuzioni dei contattisti fin dai tempi remoti. Jeremy aveva avuto molte esperienze con il fenomeno, ma le opinioni altrui lo avevano segnato molto più degli altri miei figli. Nel 2007, Jeremy aveva quindici anni, un'età vulnerabile, e aveva subìto i maggiori danni. Durante il liceo restò isolato e una volta al college non tornò quasi mai a casa. Era troppo per lui avere a che fare con certa gente, e anche i suoi zii, le zie e i cugini potevano essere ostili nei nostri confronti.

Jim continuò a fare domande ai miei figli, facendo emergere un quadro totale del loro ambiente sociale. I dettagli sulla portata degli abusi sofferti da tutti loro mi rattristarono profondamente. Era dura per me stare seduto ad ascoltare, ma non si poteva nemmeno ignorare quello che era diventato il succo della conversazione al nostro tavolo. Praticamente ogni classe, sport o attività extracurriculare era stata oscurata dalle ripercussioni di un'unica sera del 2007. Era palese adesso che bisognasse fare i conti con questa situazione insieme. Sembrava un compito impossibile.

Jim fece una pausa. Con aria autorevole disse che avremmo trascorso la serata a osservare le stelle nel cielo e che i ragazzi dovevano invitare tutti quelli che conoscevano. Jim disse di dare la priorità ai compagni di scuola e agli amici che erano stati più crudeli con loro. Voleva dire due parole a tutti quanti. Poi passò all'azione, dando ordini ai miei figli come se fossero nuove reclute a Langley. Finito il pranzo, i ragazzi si sparpagliarono per le strade della città a spargere la voce.

Io e Yvonne portammo Jim e Deb a vedere la casa dove ci stavamo trasferendo. Era più piccola, ma più semplice da gestire. La casetta era in una zona riparata di fianco a un laghetto, dove sostai insieme a John a guardare lo specchio d'acqua. Ero preoccupato per la reazione del fenomeno al nostro trasloco. Le sfere mi avevano seguito per tutta la nazione, eppure ero là a sperare e pregare che sarebbero ancora apparse dall'altra parte della stessa città. Come al solito, mi ripromisi di non dare nulla per scontato. Il dolore artritico mi stava debilitando, ma la nuova proprietà prometteva di darmi un po' di sollievo.

Parlando con Jim di tutti questi cambiamenti, mi disse che la mia vita era proprio come il libro di Giobbe. Quella frase mi colpì nel profondo. Era vero che avevo sofferto tanto, guadagnato e buttato una fortuna, e perso alcuni famigliari. Un brivido mi attraversò, poiché ricordavo bene tutto ciò che Giobbe aveva dovuto affrontare. Se era in atto una scommessa tra Dio e Satana nei miei riguardi, fortunatamente il mio grado di sofferenza non era così estremo come quello di Giobbe. Jim mi parlò anche di uno studio che era stato fatto. Disse che non poteva divulgare l'esatto scopo dello studio o di come ne era venuto a conoscenza, ma risultò che per le persone come me che vivevano esperienze con il fenomeno c'era sempre una svolta positiva dodici anni dopo il primo incontro. Ogni singola persona studiata da questa ricerca aveva ricevuto una benedizione dopo quel lasso di tempo. Jim disse che avrei riavuto tutto quello che avevo perso, che le mie condizioni di salute sarebbero migliorate e che la mia famiglia sarebbe stata benedetta da successo e felicità. Mancavano ancora tre anni all'8 gennaio 2019, ma mi convinsi di ciò guardandolo negli occhi. Una brezza accarezzò lo stagno poco familiare. C'era qualche speranza all'orizzonte.

∞

A casa stava facendo buio. I ragazzi erano concitati, impegnati a parlare con gli amici e ad inviare messaggi a tutti con il cellulare. Io avevo raccolto la legna per il falò. Avevo accumulato una bella pila, non sapendo quanto tempo saremmo stati all'aperto a osservare il cielo.

Calata la sera una piccola folla si era radunata intorno al fuoco, attirata dalle voci secondo le quali un emissario della CIA avrebbe discusso le mie asserzioni con chiunque avesse delle domande. I visi degli amici e dei nemici dei miei figli luccicavano nell'aria notturna. Alcuni li riconoscevo, erano nel mio salotto il giorno prima, altri non li vedevo da quando i miei figli frequentavano l'asilo. Tre di loro si erano appena diplomati all'accademia di polizia di Fayetteville ed erano giunti con l'auto di servizio. Quello che John stava per raccontare avrebbe ricevuto lo scrutinio di un pubblico composto da una dozzina di persone, metà delle quali a me estranee. In lontananza, potevo vedere la sagoma dell'albero infuocato svanire nella notte.

Jim si alzò e si schiarì la voce. Il gruppo tacque. Si presentò descrivendo il più possibile la sua carriera nella CIA e tralasciando i particolari che non poteva rivelare. Era un relatore pubblico esperto e solido, con uno sguardo diretto in cerca di informazioni sulle facce illuminate dal falò. Avendo lavorato come spia, sapeva come leggere le persone. Con tono di assoluta certezza, dettagliò l'importanza ottenuta dal mio caso. Jim spiegò che la NASA, la CIA, l'FBI, l'NRO, il Vaticano e ogni divisione del *defense department* avevano messo le mani sul mio caso. La Casa Bianca e altri leader mondiali erano a conoscenza degli eventi occorsi sul terreno in cui ci trovavamo. Jim denunciò l'episodio del canale Discovery come un momento di intrattenimento ridicolo e profittatore che ci aveva procurato soltanto un immenso disservizio.

Mentre lui parlava, fui pervaso da un senso di calore e gratitudine. Era esattamente il tipo di vendicazione diretta che avevo sempre desiderato. Non mi ero mai preoccupato più di tanto del giudizio della gente su di me, ma conoscere l'umiliazione e l'ostracismo vissuti dai miei figlioli mi aveva distrutto. In molte occasioni avrei voluto provare a fare una cosa del genere, però probabilmente avrei forzato troppo la mano, peggiorando la situazione. Era il mio compleanno e Jim mi stava donando un regalo che avrei ricordato per sempre. Junior, Jeremy, Ryan ed Emily sorridevano. Non c'erano ombre di vergogna intorno a loro. Solo orgoglio sincero e inconfondibile. I miei occhi si riempirono di lacrime. Tirai un sospiro di sollievo, il primo da oltre un decennio.

Quella sera non apparve alcun fenomeno, trattandosi di un largo gruppo di gente, ma accadde qualcosa di ancora più importante e miracoloso. Da quel momento in poi, le cose cambiarono per noi Bledsoe ogni volta che ci recavamo in città. Stavolta la velocità di diffusione dei pettegolezzi fu un beneficio per noi. Le pesanti accuse svanirono, in concomitanza con la realizzazione da parte di molte persone di quanto le battute e le voci su di noi ci avessero ferito. La mia impressione fu che adesso la gente non mi vedesse più come un indemoniato, un folle o un intossicato, ma semplicemente come un uomo che aveva visto cose impossibili da spiegare.

Il mio rapporto con Jeremy, il più massacrato dallo scherno durante gli anni scolastici, migliorò moltissimo. Il circolo degli amici di Emily e Ryan, i più giovani, era stato più clemente nei loro confronti. Il risultato di una sola sera fu di avere la famiglia più unita che mai e di cancellare la perniciosa vergogna e il risentimento che ci aveva perseguitato per lungo tempo. Iniziammo a difenderci e sostenerci l'uno con l'altro come non era stato possibile prima di allora. Finalmente le ferite cominciavano a guarire. Mi sento in grosso debito con Jim per la sua magnanimità. Attualmente, i miei ragazzi invitano gli amici a osservare il fenomeno e quando la sera usciamo a scrutare il cielo lo facciamo insieme.

Durante la visita di Jim e Deborah, lui mi disse che Tom DeLonge, del gruppo rock Blink-182, aveva formato una nuova compagnia di ricerca e diffusione di informazioni sugli UFO, nominata *To The Stars Academy* (TTSA). Jim aggiunse che avrei dovuto incontrarlo.

Due settimane prima di Natale, mentre ero a cena con Yvonne in un ristorante messicano locale, il mio cellulare suonò. Era Tom DeLonge. Non ci potevo credere! Una famosa rockstar che mi chiamava in un ristorante messicano. Mi alzai immediatamente dalla sedia e, lasciando Yvonne seduta da sola, mi recai nel parcheggio per parlare privatamente dalla mia auto. Yvonne terminò il pasto in solitudine.

Fu una bella conversazione che si concluse con il suo invito ad andare a trovarlo in California. Tom non badò a spese, mi fece volare in prima classe e mi fece soggiornare nell'hotel più lussuoso del centro di Hollywood. Fui impressionato della sua ospitalità e gentilezza.

Un venerdì mattina incontrai Tom insieme a Chad e Carey Hayes per discutere la possibilità di un progetto cinematografico. Il meeting si svolse a Hollywood, nell'agenzia di talenti che Tom possedeva. Dopo il meeting, decidemmo di ritrovarci il giorno seguente ad Encinitas, la città di Tom.

Il piacevole viaggio in auto per raggiungere Encinitas durò due ore e, all'arrivo in mattinata, feci check in nell'hotel sull'oceano, a nord della città. Il rumore ritmico dell'oceano era rilassante. Fu una giornata fantastica, durante la quale pranzai con Tom e alcuni dei suoi amici, tra cui Bill Tompkins. Parlammo a lungo del fenomeno e della mia capacità di interagire telepaticamente e di registrarlo in foto e video. Durante la sera ci mettemmo a osservare il cielo e avvistammo diverse sfere.

L'interesse di Tom arrivò al culmine quando gli dissi di essere in possesso di un po' di materiale rilasciato dalle sfere. Gli dissi che anche due miei amici possedevano dei metalli fusi che secondo loro provenivano da sfere.

Dopo un paio di giorni interessanti trascorsi con Tom e altra gente meravigliosa, ero di nuovo sull'aereo in direzione North Carolina. Non riuscivo a credere che quattro anni prima ero pronto a mollare tutto.

Passarono alcuni mesi e verso la primavera Tom mi chiese notizie dei metamateriali posseduti da me e dai miei due amici. Gli risposi che avrei sondato la situazione e gli avrei fatto sapere. Susseguentemente, riuscii a convincere Benny F. e Larry C. a incontrare me e Tom nella città di Columbus, Ohio. Anche Lue Elizondo sarebbe stato presente. Benny, Larry e io portammo i materiali che avevamo visto cadere o venire espulsi dalle sfere.

Incontrai Tom e Lue all'aeroporto di Columbus. Ero felice di vederli e mi auguravo di avere un incontro positivo. Affittammo un'auto e andammo a trovare Benny e Larry. Erano entrambi entusiasti di pranzare con una famosa rockstar e con Lue, che stava guadagnando popolarità in quel periodo. Alla fine, Lue ricevette tutti i nostri materiali extraterrestri e ritornò in California con Tom.

I materiali furono poi testati in laboratori specializzati e nessuno tra me, Larry e Benny li rivide più da allora. Mi fu detto che i materiali erano stati secretati e non saranno più restituiti.

CAPITOLO 28

Passarono tre lunghi anni dalla visita di Jim Semivan. L'artrite reumatoide, gli immunosoppressori e il ciclo incessante di chemioterapia con metotrexato mi avevano spossato. Le mie mani – lo strumento che avevo utilizzato per costruire un'infinità di case, un aeroplano e un orto, oltre che per badare alla famiglia – erano diventate virtualmente inutili, sempre gonfie e doloranti. I miei figli più giovani erano alle prese con lo stress di decidere una carriera che avrebbe permesso loro di ripagare i prestiti per gli studi. Io e Yvonne li sostenevamo e condividevamo con loro il peso di tali preoccupazioni. Oramai mi dovevo far aiutare ad abbottonare i pantaloni, e ogni nostro spostamento avveniva lentamente.

In quegli anni continuavo a sperimentare il fenomeno almeno due volte a settimana, e sia in caso di apparizioni fugaci che di soste prolungate, facevo del mio meglio per riprenderli con il cellulare. La signora e i suoi esseri erano sempre con me, e ciò mi teneva concentrato sullo scadere dei dodici anni, anniversario cruciale riferitomi da Jim. Le feste di Pasqua e di Natale erano sempre tra le esperienze più significative dell'anno. Nella mia mente, sapevo di dover attendere fino all'8 gennaio 2019 prima che arrivasse qualche tipo di benedizione. Dopo la visita di Jim, rinunciammo alla proprietà dove avevo trascorso gran parte della mia vita e ci trasferimmo nella casetta di legno. Essendo più vicina alla città le stelle erano meno visibili, però era molto più privata e riparata della vecchia casa. Fu un grosso sollievo che il fenomeno continuò a manifestarsi anche lì. Nella comunità, sono in molti a credere che le sfere e gli esseri siano legati ai luoghi o a uno spazio particolare, e invece dopo il trasferimento non ci fu alcuna variazione nella frequenza e nella sensazione delle mie esperienze. Non so come o perché, ma c'è qualcosa in me che li eccita e che li fa uscire allo scoperto. Col tempo mi resi conto di riuscire a permeare certi individui con questa abilità di catalizzare il loro ambiente, causando l'apparizione di sfere ed esseri. A volte capita con queste persone di vedere la stessa sfera o una simile nello stesso momento, sebbene ci troviamo a centinaia di chilometri di distanza.

In quel periodo, desideravo che i miei figli avessero successo e fossero felici, e che io riuscissi a lavorare fisicamente, continuando anche a diffondere il messaggio della mia conoscenza. I primi due obiettivi si rivelarono un grande ostacolo che mi impediva di impegnarmi con il terzo. Non partecipavo quasi più alle conferenze sugli UFO a causa della mia difficoltà a viaggiare. La fatica collegata all'artrite reumatoide mi impediva di accettare interviste o di parlare a lungo. Il tutto era demo-ralizzante, ma andavo avanti a testa alta, consapevole che c'erano stati periodi molto peggiori in un passato piuttosto recente. Qualche volta, quando ero in presenza di parenti che avevano sempre dubitato di me, una sfera si mostrava a loro sopra la mia testa, facendoli restare a bocca aperta. La natura giocosa e infantile del fenomeno era una gioia costante in quei periodi duri.

Dopo la visita di Jim, il susseguirsi di festività fu un caro-sello che condusse fino allo scadere del terzo anno, quando iniziai a fremere di anticipazione per l'avvicinarsi dell'8 gennaio. Ero seriamente preoccupato per la mia salute, con l'artrite reumatoide in peggioramento. Ero spaventato dalle linee guida che mi avevano dato, con la descrizione di una lista di malattie fatali collegate alla mia patologia e soprattutto l'aspettativa di vita ridotta per i pazienti con artrite reumatoide. Soprattutto, volevo essere presente per i miei figli che erano in un momento delicato, con l'ingresso alla vita adulta.

La sera dell'8 gennaio mi recai allo stagno dove Jim mi aveva parlato per la prima volta dello studio e dei suoi risultati inerenti alla scadenza dei dodici anni. Guardai lo specchio d'acqua, ricordando le sue esatte parole. Vidi passare qualche nuvola. Poi ricordai quella prima sera di dodici anni fa, così distante eppure così vicina. La mia disperazione e poi lo shock, l'espressione terrorizzata di Junior, la sfera sulla curva della strada dove era morta la mia prima moglie, i latrati dei cani, e addormentarmi in auto di fianco a mio figlio: erano tutte scene diventate parte profonda di me.

Osservai in attesa. Sentivo fastidio alle ginocchia, poi bruciore, poi diventò un grido di dolore. Mi alzai comunque e pregai per avere sollievo. Passarono alcune ore e non apparì nulla. Tornai dentro casa e andai a letto, facendo del mio meglio per ricordarmi del piano esistente. Ero convinto che il crescente numero di apparizioni fosse un segnale che conduceva a qualcosa. Ricordai il consiglio di Tim Taylor di prestare attenzione ai miei sogni e di annotarli. Spostai lì la mia attenzione e la mia speranza, in quella notte e in molte altre successive. C'era sempre la Pasqua in arrivo dietro l'angolo.

Trascorsero diverse settimane e finalmente arrivò aprile. Le sfere avevano continuato ad apparire, e a un certo punto arrivai alla conclusione che lo studio di Jim fosse giusto una stima approssimativa. Mi venne in mente il suo incoraggiamento a pregare per me stesso. Mi sembrava arrogante farlo, essendo talmente abituato a pregare per coloro che avevano più necessità di me, ma avevo provato di tutto e così feci un tentativo dopo una giornata orrenda a sopportare i sintomi della mia artrite. Feci fatica all'inizio ed era come dover imparare una nuova lingua. Mi impegnai a ricordarmi il motivo per cui pregavo per me stesso: essere un marito e un padre presente e in buona salute.

La mia speranza aumentava con il sopraggiungere del Mercoledì delle ceneri, del Giovedì santo e del Venerdì santo, ma stavo attento a non aspettarmi nulla. Credo sia cruciale essere il più ricettivo e presente possibile. Sabato sera, passai una bella serata insieme a Yvonne. Mi stavo ancora abituando a osservare il cielo da una nuova diversa prospettiva, e quando fece buio uscii di casa. Questa era la serata. Ogni anno a partire dal 2012, ricevevo un segno la sera della vigilia di Pasqua. Era bello vivere vicino a un grande stagno: in aggiunta alla flora e alla fauna della zona, c'era l'occasionale tuffo di un pesce che veniva in superficie o una tartaruga che da un tronco si immergeva lentamente in acqua. Portai una sedia, immaginando che sarebbe stata una lunga notte. Avevo certamente pregato per me stesso con maggiore frequenza, e speravo che ciò avrebbe avuto un effetto positivo.

Restai seduto lì, fin dopo la mezzanotte. Non accadde nulla. Avviene un tira e molla doloroso in serate del genere, e la disperazione e la fatica si dibattono contro i miei tentativi di restare positivamente ricettivo. Aggiunsi preghiere per tutti quelli che mi venivano in mente, ma non arrivò alcun segnale. Andai a letto esausto, e mi risvegliai il mattino dopo ancora più esausto, irrigidito e demoralizzato. Riuscivo a malapena a parlare. Pensavo di aver fatto qualcosa di sbagliato e ora la mia artrite reumatoide era più forte che mai.

Due pensieri mi evitarono di cadere nella totale disperazione. Il primo era che, per come la vedevo io, la natura del fenomeno non era in alcun modo punitiva. Era possibile che io e la mia famiglia fossimo stati messi alla prova, ma errori a parte, non era plausibile che la signora o i suoi guardiani utilizzassero uno strumento come il dolore. Il secondo era che qualunque fosse il significato della Pasqua in relazione al fenomeno, avevo la sensazione che l'appuntamento annuale potesse avvenire in qualunque momento della giornata stessa. Tuttavia fu un giorno triste e quieto, e dopo cena mi trattenni dentro casa, non volendo restare nuovamente deluso.

Rimasi seduto vicino a Yvonne mentre lei controllava la sua posta elettronica, ascoltando il rumore dei grilli attraverso una finestra aperta. A un tratto mi raggiunse internamente, quella carica elettrica inconfondibile che mi fa rizzare i peli e formicolare tutto il corpo. L'avevo sentita tante volte in passato, e immancabilmente appena uscivo all'aperto vedevo una sfera sospesa sopra la casa. Erano qui. Erano in ritardo, pensai, ma erano arrivati. Dissi a Yvonne che sarei tornato più tardi e uscii dalla porta posteriore di casa.

Con gli occhi fissi all'insù e le articolazioni gonfie, mi feci strada fino al bordo dello stagno. La distesa d'acqua era di aiuto, poiché l'assenza di alberi permetteva la vista sulla volta celeste. Immancabilmente c'era una sfera dall'altra parte dello stagno, ad un'altezza di circa sessanta metri sopra i pini che raggiungevano i venticinque metri. Fu un'apparizione insolita, perché sembrava che fosse lì ad aspettare che uscissi dalla porta. Di solito una sfera appare e lampeggia nel momento in cui mi metto a osservare.

Un attimo dopo il mio contatto visivo, la palla di luce biancoblu iniziò la sua discesa. Si abbassò con un movimento a spirale come un cavatappi, lampeggiò rapidamente e brillantemente, cambiando colore nella sequenza bianco-giallo-arancione-rosso. Completò una distanza di oltre ottanta metri in circa cinque secondi a velocità costante. Si fermò un momento sulla riva cosparsa di canne, dalla parte opposta dello stagno rispetto a me. Sentii il formicolio intensificarsi, con il suo avvicinarsi a terra. Improvvisamente iniziò a schizzare su e giù, sempre con l'alternanza di colori nello spettro dal bianco al rosso. Si alzava a circa tre metri per poi tornare a terra. Il paragone più calzante che mi viene in mente è quello di un bambino che non riesce a controllare le proprie emozioni.

Raramente avevo sentito una tale carica nel mio corpo. Sapevo che stava per avvenire un incontro. Feci qualche passo verso il bordo dell'acqua e caddi in ginocchio, pregando che non mi fosse fatto del male. Tutti i miei amici nel governo mi avevano avvisato di non avvicinarmi troppo. Diana Pasulka aveva anche suggerito che la mia artrite reumatoide fosse analoga alle stigmate che perseguitarono San Francesco d'Assisi. Malgrado questo avvertimento, e il fatto che tremavo come una foglia, non era possibile scappare da una visione del genere. Avevo talmente bisogno di sollievo per la mia malattia che valeva la pena correre qualunque rischio.

Mentre a occhi spalancati fissavo la sfera che andava su e giù, iniziai a intravvedere la sagoma di una figura alta. In qualche modo, la sfera era contenuta all'interno del suo corpo, come se movimenti e colori fossero legati alla sua espressione. Era una figura maestosa con spalle apparentemente larghe, anche se non aveva nulla di prettamente fisico. Era come se potessi captare la sua forma solo dalla luce indiretta emanata dalla sfera. Dopo qualche secondo, pensai di tirar fuori il cellulare e mettermi a filmare.

Restando attendo a non perdere il contatto con l'entità, accesi lo schermo e in fretta e furia cercai di premere il tasto per la registrazione. Ci misi più del dovuto perché dovevo restare incollato con lo sguardo a quella visione. All'improvviso iniziò ad avvicinarsi a me, scivolando sull'acqua. Eccitato e concitato, riuscii finalmente a far partire la registrazione e puntai il cellulare verso il lago, posizionandolo sotto il torace. Continuai a guardare direttamente verso lo stagno e, con sollievo, constatai che la mia registrazione non aveva assolutamente modificato il suo atteggiamento. Ero entusiasta di esserci riuscito, ma con il timore che mi stavo avvicinando troppo. La signora mi aveva detto che mi avrebbe aiutato a essere testimone del fenomeno e a condividerlo con il mondo, e sapevo che era finalmente giunta la mia migliore occasione.

L'entità si arrestò al centro dello stagno e io mi sentii in pace. Non mi avrebbe fatto del male. Di nuovo, la sfera che era parte di lui s'innalzò e cadde alla stessa velocità, cambiando colore. Mi inginocchiai, imbambolato da quell'essere grandioso e traslucido a soli otto metri di distanza. Sentivo i peli delle braccia pungere come aghi, mentre l'adrenalina scorreva per le vene. Osservandolo sospeso sopra all'acqua, mentre lampeggiava con i suoi incantevoli colori, pensai di controllare se stavo ancora filmando con la giusta angolatura. Rimasi stupito nell'accorgermi che erano già trascorsi dieci minuti. Avrei giurato che fosse passato a malapena un minuto. Rialzai la testa per guardare di nuovo la figura come per trattenerla lì, poi controllai ancora il telefono per assicurarmi di aver letto bene il tempo. Era proprio così, soltanto che nella fretta iniziale di filmare non avevo in realtà fatto partire la registrazione.

Nel momento in cui premetti il tasto video, lo schermo diventò scuro. Ero abbattuto. Poi nel video apparve un flash, più piccolo e debole, dove era posizionata l'entità. Nei successivi diciassette minuti registrai lo stesso bagliore, accendersi e spegnersi periodicamente. Ero incantato. Doveva aver saputo quando non stavo registrando, motivo per cui si era mostrato così apertamente. La sua forma diventò meno impressionante e più prudente una volta avviata la registrazione, tuttavia fu incredibile poter catturare, così da vicino e così a lungo, quella che solitamente era un'apparizione fugace. Indubbiamente, era la conferma da parte della signora del permesso di registrare e testimoniare.

Dopo il flash finale, esattamente come avvenne nel 2012 con la prima esperienza di Pasqua, fui sopraffatto da una profondissima spossatezza. Tra la fatica causata dall'artrite e il crollo di adrenalina, mi sentii totalmente prosciugato. Riuscii soltanto a trascinarmi a letto, imbambolato. Se non fosse stato per lo sfinimento, avrei chiamato tutti quelli che conoscevo per raccontare l'evento. Invece l'unica cosa che desideravo fare era dormire. Non appena appoggiata la testa sul cuscino crollai in un sonno profondo.

∞

La mattina dopo mi svegliai ancora intontito. La mia mente era bombardata da un flusso di visioni che faticavo a elaborare. Ero pieno di convinzioni e di consapevolezze che non mi erano mai state insegnate. Come durante il mio primo incontro con la signora, avevo la sensazione di essere stato programmato come un computer.

I messaggi si manifestavano con frasi brevi. «Ti consentiremo di filmarci maggiormente e di avere testimoni al tuo fianco. Diffondi la verità. Tempi difficili in arrivo.»

Carestie, piaghe e disordini erano all'orizzonte. Ora il mio compito era di preparare gli altri a tutto ciò, oltre che a raccontare il fenomeno. Combattei tra me e me per tutta la settimana, non sapendo come parlarne ai miei famigliari senza allarmarli troppo. Trovavo difficile conciliarmi con questo nuovo spaventoso messaggio da parte del fenomeno che ritenevo di aspetto benevole. Mi sembrava esagerato parlare di *Armageddon*, e non volevo rischiare la nostra reputazione o spaventare la gente, nel caso stessi interpretando il messaggio erroneamente.

La domenica successiva capii cosa dovevo fare. Innanzitutto lo dissi alla mia famiglia. Reagirono bene, senza andare nel panico. Non facevo interviste dal 2012, per cui avevo accumulato una lunga lista di creatori di podcast e di pubblicazioni che avevo rifiutato. Lo stesso giorno contattai tutti via email e nell'arco di sei mesi rilasciai una decina di interviste, descrivendo dettagliatamente le mie esperienze e lanciando un avvertimento. Da quanto avevo capito, erano in arrivo tempi travagliati e la gente doveva fare provviste di cibo e prepararsi a vivere in casa, in un prossimo futuro, senza le comodità moderne. Non si trattava di una profezia apocalittica con rospi caduti dal cielo, ma piuttosto di un avvertimento più ampio.

Dopo aver partecipato a un podcast, uno scienziato californiano mi spedì una costosa videocamera Sionyx adatta alla registrazione notturna. Lo considerai un segnale della signora per spingermi a continuare a filmare. Ho ricevuto altro equipaggiamento in seguito e col mio piccolo arsenale ho cumulativamente catturato migliaia di immagini e video.

Dopo aver ascoltato un podcast nel periodo del *Thanksgiving* di quell'anno, ricevetti una bella lettera dal dottor Bob McGwier, uno scienziato che chiedeva di incontrarmi. Come Tim Taylor, il dottor McGwier aveva lavorato sulla più avanzata ricerca tecnologica militare per molti anni. Era professore al Virginia Polytechnic Institute e a State University (Virginia Tech), di cui era pure direttore dello *Hume Center for National Security and Technology*. Aveva inoltre un dottorato in matematica alla Brown University, per cui lo reputavo esattamente il tipo di personaggio ibrido accademico-governativo con cui mi ero trovato bene in passato. Gli risposi che sarei stato onorato di riceverlo a dicembre.

Il venerdì dopo il *Thanksgiving* era in programma una visita da parte di Hal e Katie Povenmire. Hal era stato uno de primi ufficiali governativi a bussare alla nostra porta. Nel corso degli anni avevamo stretto un legame con quel gigante robusto e geniale spedito dalla NASA per smontare l'incidente al fiume di Cape Fear. Quando si rese conto di non poterlo smontare, Hal divenne nostro amico e ci diede il sostegno di cui avevamo un gran bisogno nei primi anni. Era da tanto che non ci vedevamo e tutta la famiglia era felice di ritrovarlo.

La sera di venerdì non avevamo ancora notizie di Hal o Katie, e iniziammo a preoccuparci. A un tratto, ci chiamò Katie per avvisarci che Hal era caduto in bagno ed era entrato in coma. Eravamo tutti devastati dalla notizia. Un terribile tempismo. Ci augurammo tutti di poterlo rivedere ancora e passammo mestamente il periodo festivo. Purtroppo Hal ci lasciò qualche giorno più tardi, il 6 dicembre. Non dimenticheremo mai la gentilezza e la generosità di Hal nei nostri confronti durante il periodo più critico.

Scrissi a Bob per posticipare la sua visita a gennaio. Arrivò con sua moglie Sharon un venerdì sera, con l'intenzione di restare fino a lunedì. Le prime due sere, dato il maltempo e temporali sparsi, restammo in casa a conoscerci meglio. Erano una coppia meravigliosa e trovammo subito una bella intesa. Il cielo si schiarì durante la domenica. Cenammo presto in un ristorante del posto e quando tornammo a casa si era appena fatto buio. Stavamo conversando in salotto da qualche minuto, quando iniziai a sentire quella carica abituale su di me. Mi distrasse da ciò che stavo facendo al momento. Nella mente riuscivo solo a pensare *ci stanno aspettando*. Chiesi immediatamente a Bob e Ryan se volevano uscire con me a guardare. Andai a prendere la mia Sionyx e li condussi in una zona del terreno, vicino alla mia officina, dove c'è maggiore oscurità che nel resto della proprietà. Da quel punto si ha un'ampia visione del cielo, verso nord e nordest. Noi tre stavamo in piedi al freddo a osservare il cielo notturno, e il formicolio persistente mi faceva rizzare i peli. Passai la videocamera a Ryan e gli dissi di star pronto se fosse apparso qualcosa.

Trascorsero alcuni minuti. Una sfera biancoblu lampeggiò appena sopra gli alberi a ovest, poi si spostò lentamente verso nordest. La indicai e vedemmo tutti la sua traiettoria silenziosa che scivolava per aria sopra di noi. Bob gridava e Ryan filmava. Quindi la sfera svanì, ritirandosi in direzione nordest. Bob era estasiato. Continuammo a guardare e a registrare. Dopo qualche minuto Bob, rimasto senza fiato, indicò intorno alla mia testa, dicendo di vedere tantissime lucette come scintille di un accendino. Sono state descritte così anche da altre persone che le hanno viste, ma a me non è mai capitato di vedere almeno un accenno. Vengono descritte a volte come scintille, a volte come fiammelle gialle.

Tornammo in casa raggianti. Ero più convinto che mai che stavo portando avanti il piano della signora così come lo aveva inteso. Senza sapere perché, dissi a Bob che il fenomeno lo avrebbe seguito a casa. Come facevo a saperlo? Poteva solo essere un'intuizione: c'è chi ha questa specie di attrazione magnetica e chi non ce l'ha. Bob e Sharon partirono per Blacksburg la mattina seguente.

Era trascorsa solo una settimana quando ricevetti una telefonata eccitata da parte di Bob. Apparentemente, si materializzava acqua dal nulla sui pavimenti della loro casa, sugli abiti di Sharon e sul loro letto. Sentii paura nella sua voce e lo rassicurai dicendogli che nessuno gli avrebbe fatto del male. Aggiunsi che erano là per aiutarli, in qualche maniera a noi incomprensibile. La settimana dopo Bob mi chiamò nuovamente, stavolta con tono di voce felice, per dirmi che sua moglie era guarita dagli strascichi legati a un ictus. Andammo avanti a parlare mentre lacrime di gratitudine riempivano i miei occhi.

Nel febbraio 2020, io e Yvonne facemmo un viaggio a San Francisco dove avrei parlato a una conferenza. La mia artrite reumatoide era ancora così grave che Yvonne doveva spingermi con la sedia a rotelle negli aeroporti. Era la mia prima apparizione pubblica dopo anni, ed ero grato per la sua programmazione perché il mio senso di timore stava crescendo. Nei miei sogni ricevevo messaggi di tempi duri in arrivo. Inserii questo monito nel mio discorso, stando attento a non essere allarmista, in quanto il messaggio della signora non era chiaro come i precedenti.

Dopo il nostro ritorno a Fayetteville, sentimmo le prime notizie su un certo coronavirus. Quando sentii quella parola fui convinto che fosse ciò a cui la signora ci voleva preparare: sofferenze, morti, lockdown e quarantene. Ero terrorizzato anche per me stesso. Le terapie contro l'artrite reumatoide mi avevano fatto calare di peso fino a 68 chili, e tra i vari medicinali c'erano gli immunosoppressori che assumevo da sei anni e mezzo. Sapevo di essere fragile e presi appuntamento con il mio medico per l'inizio di marzo. Il covid stava raggiungendo il North Carolina, ma era importante mantenere l'appuntamento.

Durante il consulto, il medico raccomandò di interrompere gli immunosoppressori e il prednisone. A metà marzo non li prendevo più. Uno dopo l'altro Yvonne, Emily e suo marito si presero il virus e io fui costretto all'isolamento nella mia officina. Alla fine, tutta la famiglia si ammalò di covid, tranne me. Passai sei settimane da solo là dentro, e pian piano notai che il dolore alle mie articolazioni era diminuito. Una mattina mi guardai le mani e quasi non le riconoscevo perché il gonfiore era sceso tantissimo. Al termine di quelle sei settimane potevo camminare senza il bastone. Stavo riprendendo peso e potevo anche abbottonare i pantaloni. Il dolore maggiore l'avevo provato a un fianco, e anche quello era notevolmente diminuito. In sostanza, mi accorgevo di essere libero dal dolore a cui ero ormai abituato. Ero più energico e riuscivo a partecipare attivamente alla vita famigliare.

Forse erano proprio quei medicinali la causa dei miei sintomi e pertanto fu la loro sospensione a causare la svolta. Comunque ero sicuro che fosse merito del consiglio di Jim di pregare per me stesso. La mia famiglia era piena di gioia vedendo il miglioramento, e fu un conforto incredibile durante un periodo di enorme sofferenza in tutto il mondo.

CAPITOLO 29

Chiedete e vi sarà dato, cercate e troverete, bussate e vi sarà aperto.

—Matteo 7:7

Il colonnello John Alexander mi scrisse a settembre del 2021. Nel corso degli anni avevamo discusso regolarmente delle nostre esperienze con il fenomeno, ma stavolta c'era un tono di urgenza nella sua email. Voleva che mi mettessi in contatto con David Broadwell, che era in comunicazione con il fenomeno nella Virginia settentrionale. Ero felice di fare un favore a John e lo inserii nella mia lista.

Dal 2019 molte persone mi hanno contattato per le più svariate ragioni e mi riesce difficile star dietro a tutti. I lockdown del covid e il caos generale di questi anni hanno contribuito a complicare le cose, e senza accorgermi, una settimana volò via. Allora John mi chiamò per chiedermi se avevo già sentito David. Gli risposi che lo avrei fatto immediatamente. Stavo per parlare con l'uomo che sarebbe poi diventato uno dei miei principali confidenti e collaboratori.

Quando David rispose alla chiamata e si presentò, capii subito che c'era qualcosa di diverso in lui. Possedeva un'energia contagiosa e un entusiasmo indomabile. Era in grado di concentrarsi a regola d'arte ed era di animo buono. Sia serio che vivace, era informato su tutto e aveva una famiglia che chiaramente adorava. Mi piaceva tutto di lui e mi misi comodo ad ascoltare la sua storia straordinaria.

In una bella giornata di giugno del 2017, David stava guidando sulla *Route 7* a nord della Virginia quando un oggetto bianco, a forma di disco e largo una decina di metri, gli apparve di fronte. Sospeso silenziosamente a circa seicento metri d'altitudine, l'oggetto dava proprio l'impressione di cercare di attirare la sua attenzione. David non aveva mai visto nulla di simile e ne fu immediatamente attratto. Mentre osservava, si accorse di due sfere bianche più piccole, a sinistra e a destra del disco. I tre oggetti avevano movimenti leggermente diversi, separati e a distanze diseguali, ma apparivano collegati. Era una tranquilla mattinata nelle montagne di *Blue Ridge,* e gli unici rumori provenivano dal vento e dall'occasionale sfrecciare di un'auto. Poi, così com'era apparso, il fenomeno svanì in un baleno.

David si ricordò di trovarsi a soli tre chilometri a nord di Mt. Weather, una struttura governativa con un ruolo fondamentale nella *Continuity of Government*. Si tratta del luogo dove è prevista la ricollocazione delle più alte cariche militari e civili nell'eventualità di una catastrofe nazionale. È anche la location del *FNARS*, il sistema radio ad alte frequenze che connette la maggior parte delle agenzie federali di pubblica sicurezza e l'apparato militare statunitense con gli altri stati. Il *FNARS* autorizza il presidente ad accedere all'*Emergency Alert System*. Nella base c'è anche una struttura sotterranea designata "Area B", nella quale furono evacuati i giudici della Corte Suprema e i leader del Congresso dopo gli attacchi dell'11 settembre.

Incerto sul significato della prossimità degli UFO a Mt. Weather, David era ancor più perplesso in quanto non avevano alcuna rassomiglianza con qualsiasi apparecchio di volo. Pilota e proprietario di aeroplano, David aveva volato in quell'area per oltre vent'anni, e sapeva che quello che aveva osservato non era un aereo e oltretutto era alquanto vicino alla *Air Defense Identification Zone* (ADIZ).

David raccontò a sua figlia cosa aveva visto e le raccomandò di controllare fuori dalla finestra della sua camera il più possibile. Ossessionato, era convinto che l'oggetto sarebbe tornato. Le disse che lo sapeva inconsciamente. Due settimane dopo, di mattina presto, David stava guidando sulla stessa strada appena a nord di Mt. Weather, quando sentì una spinta interna a guardare sopra la spalla sinistra e così facendo lo vide. Lo stesso oggetto, silenziosamente sospeso quasi nella stessa posizione e altitudine. David arrestò l'auto, scese e s'incamminò verso l'oggetto lasciando aperta la portiera. L'oggetto bianco a forma di disco era immobile, fermo e quieto nel cielo azzurro e limpido. David rimase folgorato: ancor più potente della prima volta, l'oggetto sembrava comunicare qualcosa e mostrava di aver notato la sua presenza. Ebbe la distinta impressione che l'oggetto volesse farsi notare da lui.

David restò paralizzato in mezzo alla strada, con il motore acceso e la portiera aperta. Dopo circa un minuto di intensa connessione, la sfera iniziò a muoversi verso destra inclinandosi leggermente, e poi si smaterializzò svanendo nell'aria come per nascondersi. Semplicemente era sparito. L'incontro suscitò un'emozione profonda in David. C'era una specie d'intelligenza legata all'oggetto, e sentì che una sorta di linea di comunicazione era stata avviata.

David si mise a indagare, confidandosi con un amico ingegnere elettromagnetico e optoelettronico che lavorava all'*Office of Naval Research*. Contattò anche il manager della *Federal Aviation Administration* del Potomac TRACON, il centro di controllo radar del traffico aereo nella zona aerospaziale di Washington DC, e chiese se c'erano state segnalazioni di UFO nell'area di Mt. Weather. Risposta: negativo. David parlò con Chris Mellon, ex *Deputy Assistant Secretary of Defense for Intelligence* a proposito della sua esperienza telepatica. Ne parlò anche con Bryan Bender, corrispondente nazionale di POLITICO che, in sua vece, depositò alla FAA una richiesta di accesso alle informazioni (FOIA, #2019-009871) riguardo l'avvistamento "sopra o vicino a Mt. Weather". Dopo molti mesi, Chris e Bryan comunicarono telefonicamente a David l'esito della richiesta, che senza alcuna sorpresa dichiarava:

"La nostra ricerca ha concluso che non esiste alcun dato in merito alla vostra richiesta".

∞

David ebbe una rivelazione: la telepatia era il fulcro. Ossessionato dall'aspetto comunicativo del suo incontro, parlò con John Alexander che gli fece il mio nome. Fui impressionato dalla sua storia, ma per nulla sorpreso. Dapprima, gli feci le consuete domande che faccio ai tanti che si mettono in contatto con me. Nello specifico, volevo sapere di eventuali traumi nel passato di David. La cosa più importante che ho scoperto in sedici anni, dalla prima volta che vidi le sfere, è che la maggioranza di quelli che vivono esperienze di questo genere sta affrontando qualche tipo di tragedia. Immancabilmente, David mi raccontò alcuni dettagli personali sulla salute di sua moglie, dettagli che avevano fatto crollare tutto il loro mondo, e fu proprio durante quel periodo che cominciò la relazione di David con il fenomeno.

Mentre parlavamo al telefono, sentii un legame intenso con David e una bella energia a me familiare. Il suono della foresta iniziò a rimbombare nelle mie orecchie, e capii che mi stavano aspettando. Ancora al telefono con David, afferrai la videocamera e aprii la porta. Il cielo fu immediatamente cosparso di luce. C'erano dappertutto sfere bellissime, o come vengono denominate dai testi antichi "Carri Infuocati". Iniziai a filmare e dissi a David che i cieli erano molto eccitati di vederci parlare l'uno con l'altro. Realizzai all'istante che volevano farmi incontrare con David. Mai prima d'ora avevo visto una tale reazione.

Ero pieno di carica elettrica.

Altrettanto eccitato, David uscì dalla sua casa in Virginia e guardò in alto. Così come sopra casa mia, iniziarono ad apparire e a lampeggiare diverse sfere. Era come se stessero segnalando a entrambi, sopra la sua casa in Virginia e sopra la mia in North Carolina. A quel punto, David mi chiese se poteva venire a trovarmi e io acconsentii immediatamente.

Passata una settimana, eravamo seduti insieme nel mio salotto. Era domenica e trascorremmo la giornata a conoscerci meglio e a raccontarci storie. Erano presenti anche Yvonne ed Emily con suo marito Jack, e la compagnia di David fu così gradevole che il tempo volò via. Si era fatta sera ed Emily andò con Jack a ritirare la cena in un ristorante locale. Yvonne trafficava in cucina, mentre David e io eravamo seduti uno di fronte all'altro in salotto. Eravamo nel bel mezzo di una profonda conversazione personale riguardo a un'esperienza, quando all'improvviso iniziai a sentirmi attraversato da un'energia.

Guardai David e dissi: «Sono qui.»

David saltò subito giù dal divano e schizzò fuori dalla porta principale, e io ero dietro di lui a schivare il colpo della porta che si richiudeva. David fece solo qualche passo e guardò direttamente in aria. Eccola lassù, direttamente sopra le nostre teste, una bella sfera brillante in lento movimento. Non era molto in alto, poco più di centro metri, e restammo lì muti a guardarla.

Poi spezzai il silenzio: «Di solito sono tre.»

Immancabilmente, dopo qualche istante una seconda sfera apparve dietro alla prima, viaggiando nella stessa direzione e alla stessa velocità, e poi una terza. David mise la mano in tasca, afferrò il suo cellulare e iniziò a filmare. Mi guardò e disse: «Mio Dio Chris, John me l'aveva detto che sei connesso con loro. È incredibile.»

Alla fine Emily e Jack ritornarono e rientrammo in casa a mangiare. Sul finire della cena David ebbe un'idea.

«Chris,» disse in un lampo di ispirazione, «ti devo portare al Monroe.»

Non avevo idea di cosa stesse parlando, ma mi spiegò che il Monroe Institute era un importante centro di ricerca sugli aspetti più profondi della coscienza. Con l'utilizzo di ogni tipo di tecnologia, specialmente sperimentazioni audio, l'istituto era pioniere nella ricerca sulla coscienza e si impegnava all'esplorazione di cosa c'è oltre la barriera di spazio e tempo.

In quell'attimo nacque l'idea di un raduno segreto al Monroe, che ci avrebbe permesso di sfruttare le tecnologie sonore dell'istituto per approfondire le esperienze che stavano vivendo. Tali tecnologie sono improntate nello specifico ad aumentare l'abilità di visione remota e telecinesi. La nostra speranza era che se avessimo messo insieme un gruppo di contattisti UFO altamente sintonizzati sarebbe stato possibile aumentare e comprendere meglio questo stato precognitivo.

David si lanciò a organizzare il meeting e il suo entusiasmo mi contagiò. Nel frattempo concordammo di continuare l'esperimento di coordinare le nostre esperienze di avvistamenti.

Era diventato chiaro che ogni volta che io e David parlavamo al telefono, il fenomeno compariva nello stesso momento. Che sia questo un esempio della famosa definizione di Albert Einstein come "azione spettrale a distanza" – entanglement quantistico – ossia l'abilità di oggetti separati di condividere uno stato o condizione?

David acquistò una videocamera uguale alla mia e sincronizzammo le impostazioni. Io puntavo l'obiettivo verso un punto preciso nel cielo e David faceva lo stesso a casa sua in Virginia. Tenevamo i cellulari in vivavoce per poter registrare la stessa conversazione in entrambe le località. Poco dopo aver meditato e posto l'attenzione su quell'area celeste compariva un flash di luce sopra la mia testa, e un altro sopra quella di David nello stesso istante. Considerata la scarsa altitudine del punto di apparizione, era impossibile che stessimo filmando lo stesso oggetto a 600 chilometri di distanza. Una volta, mentre stavamo sperimentando, David filmò una sfera in alto e gridò «Flash!», mentre io contemporaneamente filmai un'altra sfera a livello del terreno a una ventina di metri da me. Decisamente da brividi. Avevamo appena registrato due oggetti separati che condividevano lo stesso stato o la stessa condizione? Il fenomeno cerca di comunicare con noi? In ogni caso, presentammo la registrazione a John Alexander.

Il professor Jeffrey Kripal un tempo disse: «Nel passato, interpretavamo gli UFO come divinità, angeli e demoni, e oggi i più interpretano gli UFO come un'avanzata forma di tecnologia. Perché non interpretiamo più gli UFO come divinità, angeli e demoni?» Sebbene io non possieda credenziali accademiche, tesi postulanti, o documentazioni speculative ciò che possiedo sono reali, genuini video del fenomeno testimoniati in diretta da ufficiali governativi e da persone laiche, da giovani e da anziani. I miei video mostrano interazione, chiaro e semplice. Ormai ho all'attivo migliaia di video e stanno aumentando per ragioni a me non note.

In breve tempo David riuscì a ottenere dal Monroe Institute il permesso di tenere una conferenza privata a invito, a maggio del 2022. L'obiettivo era di radunare un gruppo di contattisti e ricercatori aventi la medesima intenzione, e nell'arco di cinque giorni utilizzare le tecnologie del Monroe per interagire con il fenomeno. Il gruppo eclettico che fu infine formato spaziava da un'attrice di Hollywood, a una medium sensitiva e ad un esploratore UFO di fama mondiale. C'erano ex militari, compreso John Alexander, un impiegato del governo, professori universitari, un autore di podcast, una hippie, un analista finanziario della *Bank of England*, un argentino e, per buona misura, un robusto texano col sigaro in bocca. In breve, c'erano persone di ogni tipo, tutte unite dalla loro esperienza con il fenomeno e da un appassionato desiderio di imparare ed esplorare.

Io ed Emily arrivammo insieme e fummo lieti di incontrare tutte quelle persone incredibili. Si sentiva ovviamente una grande quantità di energia ed eccitazione per i giorni a venire. Il Monroe Institute è un luogo bellissimo e magico, isolato tra le montagne della Virginia nei pressi di Charlottesville. Alle sue spalle si estende una grande radura verde che declina dolcemente verso le montagne lontane. A un centinaio di metri giù per la collina giace un enorme cristallo di quarzo della dimensione di un paio di metri in altezza.

La prima sera, il gruppo di una ventina di persone si sistemò a semicerchio a conversare, in attesa che facesse buio. Improvvisamente sentii un'energia alquanto familiare. Guardai John Alexander e dissi a lui e a David che sarei andato con Emily giù al cristallo. Ci facemmo strada fino al cristallo gigante e lo costeggiammo fermandoci dalla parte opposta. Ci appoggiammo a questa roccia insolitamente calda, riscaldata durante la giornata dalla sua esposizione ai raggi del sole. Con l'arrivo dell'oscurità la temperatura era calata, pertanto la roccia era molto gradevole e ci permetteva di restare al caldo.

Alzai le braccia e pronunciai qualche frase in privato, chiedendo un'interazione per quella sera e per l'intera settimana. Riuscivo a percepire la loro presenza in quel momento. Abbassai le braccia e istantaneamente apparve un enorme flash bianco sulle montagne di fronte a noi. Per me era difficile manifestare le mie intenzioni in mezzo a un largo gruppo, ma qui solo con Emily era più facile concentrarmi, ed ero lieto di aver ricevuto un segnale positivo. Nel prosieguo della serata continuarono ad apparire altre sfere, seppur mantenendo la distanza.

∞

Ogni giornata iniziava con una colazione fantastica seguita da presentazioni e discussioni sul fenomeno. Partecipavamo a esercizi guidati di telecinesi, piegamenti di cucchiai, visione remota ed esercizi precognitivi accompagnati da meditazioni sonore. Questi esercizi sonori erano una delle cose più sorprendenti che io abbia mai sperimentato. Venivano condotti in cubicoli privati denominati *Controlled Holistic Environmental Chambers* (unità CHEC). Queste stesse unità erano utilizzate anche per dormire. Ogni unità CHEC è una piccola struttura a forma di cubo che blocca totalmente la luce. È dotata di altoparlanti ad alta fedeltà, incastonati nelle pareti da entrambi i lati vicino alla testa, che introducono specifiche sequenze sonore atte ad alterare il campo elettromagnetico del cervello. Queste frequenze sono progettate per sincronizzare gli emisferi cerebrali sinistro e destro.

Dopo un particolare esercizio sonoro tutti quanti uscirono dai loro cubicoli piangendo. Alcuni di noi si ritrovarono insieme nel corridoio guardandosi l'uno con l'altro e domandandosi cosa fosse successo. Rob Freeman, ricercatore UFO a livello mondiale, uscì dalla sua stanza e asciugandosi una lacrima disse sorridente: «Questo non accade online.» Scoppiammo tutti a ridere. Fu un bellissimo momento.

∞

Il quarto giorno dopo pranzo, David accennò che il dottor Ross Dunseath, uno scienziato della University of Virginia, voleva farmi partecipare a un esperimento con l'elettroencefalogramma. Lo seguii in una stanza rivestita in rame appositamente attrezzata per le visioni remote di Joe McMoneagle, e poi in un ufficio adiacente. Una donna di nome

Nancy McLaughlin-Walter era seduta alla sua scrivania mentre preparava un computer e una macchina per il cablaggio. Non avevo mai fatto un EEC e non sapevo cosa aspettarmi.

Ross e Nancy mi fecero accomodare su una comoda poltrona, vicino alla scrivania con l'equipaggiamento. Nancy cominciò a preparare un complesso sistema di cablaggio elettrico per poi collegarlo al mio cranio per mezzo di un denso gel. Ben presto i miei capelli furono ricoperti da una specie di vaselina. Quindi Nancy attaccò gli elettrodi alla mia testa, al collo e alle dita. Mi venne in mente il test della verità a cui il MUFON mi aveva sottoposto a sorpresa, però questo era molto più sofisticato e professionale, oltre che meno invasivo.

Dopo aver sistemato gli elettrodi, Ross collegò i fili al computer. Lo accesero senza troppe parole e dopo qualche minuto che maneggiavano i fili e facevano ripartire il computer mi resi conto che qualcosa non andava per il verso giusto. Feci un sorriso e pensai, *se solo sapessero quanti elettrodomestici e circuiti elettrici intorno a me sono andati in tilt!*

Ross e Nancy continuarono ad armeggiare e resettare il computer, ma non facevano progressi. Apparentemente veniva captato il lato sinistro del mio cervello e basta. Staccarono i conduttori e sorprendentemente la parte sinistra del mio cervello stava ancora registrando nel pc anche dopo aver scollegato tutto.

«Hai sconfitto il nostro macchinario.» Disse Nancy sorridendo.

Ross ci lasciò per un momento per poi ritornare con un altro apparecchio, nuovo di zecca, dentro una scatola. La aprì, collegò i tutti i fili e resettò di nuovo. Ancora senza successo – riusciva soltanto a leggere il lato sinistro del cervello. Staccarono e riattaccarono tutto quanto, ma non voleva proprio funzionare.

«Non riesco a crederci,» disse Nancy, «Questa è la nostra macchina più affidabile.»

Trascorse quasi un'ora nel cercare di far funzionare i due apparecchi. Alla fine, li misero da parte e tirarono fuori un terzo. Questa macchina era vecchia ed era equipaggiata con un tappo di gomma e trentadue conduttori.

«Se sconfiggi anche questa,» disse Ross, «vuol dire che sei Superman.»

Accesero la vecchia macchina, che iniziò a funzionare perfettamente. La lasciarono riscaldare per alcuni minuti, poi dissero che mi avrebbero dato due oggetti. Volevano che mi rilassassi e immaginassi cosa contenevano. Il primo oggetto che Ross mi diede era una scatola di plastica quadrata come una scatola con ami da pesca, ma che non permetteva di vedere l'interno. La tenni un momento e vidi un quadratino rassomigliante la carta di un francobollo postale. Ross la riprese e la sostituì con un'altra scatola identica. Era diverso stavolta. Vidi un flash blu intenso i cui bordi esterni mostravano una gradazione di colori che variavano da blu a verde a bianco. Sentii che dentro c'era come un insetto vivo e brillante. A quel punto, soddisfatti dei dati registrati, mi liberarono dalla cuffia con gli elettrodi incorporati. Appena sganciato dal macchinario, andai direttamente a farmi una doccia sperando di eliminare l'enorme quantità di vaselina dai miei capelli in tempo per la cena.

A mia insaputa, Ross aveva ricevuto dal dottor Harold Puthoff un minuscolo pezzo di metamateriale che, data la sua costruzione e composizione, era ritenuto non appartenente al pianeta terra. Il dottor Puthoff era un rinomato scienziato che aveva lavorato per lo *Stanford Research Institute* (SRI) e per l'allora segreto *Stargate Program*, sovvenzionato dalla CIA. Aveva anche condotto svariati esperimenti con Uri Geller negli anni '70. In pratica, avevo appena partecipato, ignaro di tutto, a un doppio esperimento di EEG al Monroe Institute, usando materiale fornito dal dottor Puthoff. Ero sbalordito. La seconda scatola, che avevo descritto come viva, conteneva il metamateriale. Più tardi durante la giornata, David mi disse che Uri Geller aveva avuto un'esperienza simile alla mia con un pezzo di metamateriale ricevuto da Wernher von Braun nel laboratorio di ricerca spaziale della NASA, il *Goddard Space Flight Center*, appena fuori Washington DC. Uri descrisse il sottile pezzo metallico lungo trenta centimetri di un colore mai visto prima, perlaceo, quasi traslucido con tinte verdeblu. Mentre lo teneva in mano disse a Wernher che lo sentiva "vivo," e che "respirava."

Ogni sera dopo cena, ognuno di noi tornava in camera per gli esercizi sonori, dopo di che ci riunivamo per osservare il cielo notturno. Malgrado tutti lo sperassero, finora non era apparso alcunché durante le osservazioni. Volevo che il fenomeno si mostrasse, ma avevo l'impressione che tutta quella scienza fosse di ostacolo, insieme a una sorta di scetticismo senza fine. In particolare, c'erano due individui che bramavano per discreditare ogni barlume legato al fenomeno.

Durante il giorno pregai diverse volte affinché riuscissi ad affrontare la situazione nel miglior modo possibile. L'ultima sera, Emily e io facemmo ancora una passeggiata fino al cristallo e restammo là per qualche minuto prima di tornare insieme al largo gruppo. Quando arrivammo, provai una grande calma e mi rivolsi ai due scettici: «Sentite, vi chiedo soltanto di aprire la vostra mente e di non cercare automaticamente di negare ogni cosa che vedete.» Dissi loro di lasciare fluire l'energia senza giudicare, e magari sarebbero stati sorpresi da ciò che sarebbe potuto accadere.

Si stava facendo tardi e alla fine uno dei due scettici mi venne incontro e mi offrì le sue scuse.

«Mi dispiace Chris,» disse. «Mi hai aperto gli occhi su qualcosa che non riuscivo a vedere.»

Mi alzai sentendo una grande gioia perché la mia preghiera era stata esaudita. Mi avvicinai e lo abbracciai e gli chiesi scusa anche io. E proprio allora, in quel preciso istante, qualcuno gridò, «GUARDATE!»

Alzammo tutti lo sguardo e vedemmo una sfera che lampeggiava, mentre noi due ci stavamo scusando a vicenda. Un tempismo perfetto. Rob, esploratore mondiale a caccia di video sul fenomeno, aveva installato una videocamera da duecentomila dollari a otto metri di distanza. Per un'ora filmò quella sfera che pulsava sporadicamente, e mentre il campo stellare usciva dall'inquadratura la sfera non si spostò mai. Fu la nostra ultima sera insieme e un gran bel modo di concludere una settimana di trasformazione.

Gli ultimi sedici anni hanno rappresentato un formidabile test per la mia fede. Ma questa storia non termina qui. Continua con te. Vuoi sperimentare il fenomeno?

Tutto ciò che devi fare è un bagno di umiltà al cospetto del cielo. Significa semplicemente esci e guarda in alto. Connetti il tuo cuore e la tua mente come se fossero una cosa sola, sii umile, e pronuncia questa frase ad alta voce: «Io sono qui.» Non ci sono altre complicazioni. Dio, l'universo – o come si desideri chiamarlo – non ha reso difficile la connessione. Non c'è bisogno di seguire istruzioni formali, imparare versi o acronimi sofisticati per vivere il fenomeno. È fra te e Dio. Basta solo scegliere un luogo nel cielo notturno, lasciarsi abbandonare, e dire, «IO SONO QUI.» E non arrenderti. Sii positivo. Questo è solo l'inizio.

RINGRAZIAMENTI

Voglio ringraziare Yvonne per essere sempre stata al mio fianco e per avermi mostrato il significato del vero amore.

Voglio ringraziare i miei figli, mia fonte di ispirazione quotidiana.

Voglio ringraziare David Broadwell, mio amico e compagno di viaggio, la cui lealtà e tenacia ha reso possibile questo libro.

Voglio ringraziare Hayes Cooper per avermi aiutato a scrivere la mia storia e avermi sempre ascoltato con empatia.

Voglio ringraziare Adriana Galimberti per la sua traduzione italiana. Grazie alla sua instancabile dedizione molti italiani in tutto il mondo conosceranno ora la mia storia.

E soprattutto, voglio ringraziare Dio.

www.UFOofGOD.com

Made in United States
Orlando, FL
22 January 2025

57573168R00232